湛庐CHEERS

与最聪明的人共同进化

HERE COMES EVERYBODY

# 热手效应

# The Hot Hand: The Mystery and Science of Streaks

[美]本·科恩 Ben Cohen 著

靳清 李澍 郝思琪 译

浙江教育出版社·杭州

献给我的父母和斯蒂芬妮

# 你了解“热手效应”吗？

扫码鉴别正版图书
获取您的专属福利

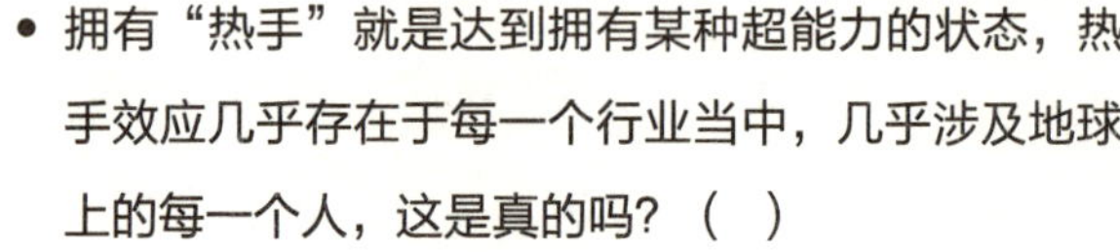

- 拥有“热手”就是达到拥有某种超能力的状态，热手效应几乎存在于每一个行业当中，几乎涉及地球上的每一个人，这是真的吗？（ ）

  A. 真

  B. 假

扫码获取全部测试题及答案，
测一测你了解“热手效应”吗

- 如果一位篮球运动员手感极佳，连续投篮命中，那他的下一投也很可能命中。这种现象被称为什么？（ ）

  A. 热手效应

  B. 认知偏差

  C. 随机选择

  D. 赌徒谬误

- “将长期趋势放在短期运气之上”——这是股神巴菲特投资制胜的不二法门吗？（ ）

  A. 是

  B. 否

扫描左侧二维码查看本书更多测试题

# 百发百中，连战连胜：真有热手这回事吗

我一生中最不可思议的一刻发生在一场无关紧要的篮球比赛中，其他人不会有任何理由记住这场比赛。那一天，我感受到了一种神奇的魔力，此后便再也没有忘记它。但这花了我很多年的时间去弄清楚它的缘由。这一切都源于一种我尚不能理解、无法解释，或许都不一定真实存在的现象。本书的内容就是关于这一现象的一个感性想法。

我曾在一所小型高中读书，那里的学生很少，一支校篮球队都是勉强凑成，更别提组建一支少年篮球队了。我就是这支球队的一员。那场比赛开始的时候，我坐在替补席上，因为每场比赛我都只能坐在替补席上。在那个百无聊赖的冬日下午，我们球队来到了一个小体育馆，我照例做了赛前的热身，球队

投失的球比投进的多。但是接下来发生的事，我却不能告诉你了。遗憾的是，我几乎不记得关于那场比赛的任何实质性细节了，比如，我对最终比分没有一点印象了，我也不知道是哪支球队赢得了那场比赛。我心中唯一能确定的事是，在某个时刻我突然停止了热身，转而走上了球场，否则，我将要描述的事情就不会发生了。这样的事之前从未在我身上发生过，在这之后也再没有发生过。这也是为什么这么多年后我还对这件事念念不忘。

我有热手了。

这一系列神奇的事件从下半场我开始上场，并在第三节唰一声投中第一个球开始。我感觉不错，然后我又一次投球进筐了。我的感觉更好了，我想要再投一次。就在那一刻，我又空心入篮。从那时起，我开始隐隐地觉得，只要敢投，我就能弹无虚发。

事实证明，与我之前可怜的篮球生涯的所有证据相反，对方球队也得出了同样奇怪的结论。后来当我再次拿到球的时候，我发现自己被双人包夹。我骗过了对方球员，让他们以为我很有天赋。就是在这个时候，我在电视上看过的球赛技巧都派上了用场。我想到了一个擅长投篮的人应该怎么做。等球到了我手里的时候，我仿佛也是那些明星投手中的一员。我做了一个投篮的假动作，对于一个从未尝试过这个动作的人来说，也是迷之自信了。竟然成功了！两位防守球员慢动作似的在我面前飘过。在我投出的那最后一球划着弧线飞向篮筐并嗖一声命中之前，那些可怜的家伙还给我留够了喝杯咖啡的时间。整件事简直令人吃惊。在整场比赛的一节时间里，我的得分比我之前所有的得分加起来还多。

那场比赛后不久，我就放弃打篮球了。主要原因是我打得太糟糕了。不过还有部分原因是我知道自己的巅峰期已过。我再也不会经历那种拥有热手的激情时刻了。

拥有热手就是达到某种拥有超能力的状态，在这种状态里，你会短暂地感觉自己是个超人。对人类来说，没有比这更令人愉悦的了。即使你不熟悉篮球，你也很可能熟悉这种非比寻常的感觉。热手效应几乎存在于每一个行业当中，几乎涉及这个星球上的每一个人。

在篮球比赛中拥有热手意味着什么呢？就是当你连投连中几次后，篮筐看起来就像直升机停机坪那么大，而且你相信你下一次也很有希望把球投进篮筐，因为前面的那些投篮都中了。那是你毕生都难忘的光辉时刻。但这并不是关于热手的唯一定义。你可以简单地表述为，当球员手感“发热”时，他们会感觉整个人都熠熠生辉。

我知道那种感觉是什么样的。我看了很多篮球比赛，常常觉得打篮球就像在新泽西的高速公路上开车一样惬意。那天晚上，当我有了热手之后，我欣喜若狂。我丝毫没有把球传给队友的愚蠢想法。“均值回归”[①] 这种扫兴的想法并没有在我心中出现。我几乎一拿到球就准备投篮，没有任何人能阻止我。我的手很热。那是我的高光时刻，我觉得我在挑战可能性。如果不是因为球场上的每一个人都相信这是合理的，整件事看起来其实是毫无道理的。他们以前看到过这样的事，我也看到过，只是从来没有在我身上发生过。

在我的篮球生涯结束后很久，我那热手似的笔力却一直伴随着我。像很多不再从事体育运动的人之后会做的那样，我也开始写有关体育运动的文章，不过我仍然惦记着热手这件事。我是《华尔街日报》NBA 版块的记者，我写了数百篇关于篮球的故事，还利用我的记者证进入过联盟 30 支球队的内部私室。发现其他人的热手成了我现在的工作。然而有一天，当我专注于本职，通过阅读最新学术研究来寻找故事的创作灵感时，我恰巧撞上了来自过去岁月的幽灵。原来有数百篇学术论文都是关于热手概念的。

① 金融学的一个重要概念，根据均值回归理论，一种上涨或者下跌的趋势不管其延续的时间多长，都不能永远持续下去。——编者注

我情不自禁地阅读起那些论文，比研究我的公寓租约还要仔细。我发现它们如此迷人，因为热手是一个我不必阅读教科书就能理解的科学议题。至少我是这么认为的。我读了一篇又一篇。我爱不释手地读着关于热手的所有论文。我不停地读啊读，直到我把经济学家、心理学家和统计学家数十年来的研究都读完了，我才意识到为什么有那么多人写了那么多有关热手的论文：因为根本就没有热手这种东西。

○ ○ ○

美国明尼苏达州的派恩城在地图上是一个不起眼的小点，正好位于明尼阿波利斯与德卢斯之间。不久前的一个冬日下午，我驱车前往这个乡村小镇，想弄明白那里的一所小型高中是如何成为全美国最令人意想不到的体育创新实验室的。我去参观了派恩城巨龙篮球队。

派恩城高中篮球队巨龙队的教练是一位历史、政治、地理和经济学教师，他名叫凯尔·艾伦（Kyle Allen），有一双大眼睛和浓密的黑胡子。他刚到派恩城的时候，这所学校最广为人知的是其出色的艺术教育。篮球队的大多数队员都会演奏乐器。许多队员都是合唱团团员，会在赛前高唱国歌。他的一个队员退出了篮球队去参加冬季音乐剧的演出，而这个队员碰巧是队里的明星球员。所以那次派恩城巨龙队看起来几乎没有什么亮眼的表现。

但他们赢了。他们赢了很多比赛。他们赢了很多看起来毫无理由赢得的比赛。

不过，他们赢球的方式倒是让我好奇不已。我飞到了明尼苏达州，开车去了派恩城，然后走进了这所高中，艾伦的球员们正在教室里大吃奶酪凝乳和饼干。这群忙着吃高热量食品的孩子不一会儿就变成了强大的篮球机器。

来到派恩城的艾伦为他的第一份教练工作所做的第一件事就是把他的预算全部花光。他是热衷于在技术上花钱的众多教练中的一员，这些技术生产了以前只有在 NBA 球队才能获得的有用的统计数据。派恩城的球员很快就可以使用个性化的指标，观看制作的视频以及看到比他们在数学课上看到的还要多的数据。大量的数据是艾伦教练理念背后的指导力量。他在体育史上一个非常特别的时间点来到了派恩城。迈克尔·刘易斯（Michael Lewis）的开创性著作《点球成金》（*Moneyball*）是他还在高中任教的时候出版的，这本书让他成为那个跨越了代际鸿沟而激荡体育运动的年龄层的人。当时体育界的争论焦点是竞技运动统治的起源。艾伦意识到他要以数据作为决策基础，尽管那些与他相关的数据在那之前尚未存在。不过，一旦机会出现，他就会抓住它。他想要更多的数据，他想要更大的数据，他想要更好的数据。

在他此前的生涯中，篮球队对自己的了解通常很少。这种情况不仅仅存在于明尼苏达州的小型高中，即使在最高水平的运动队也是如此。一些基础的统计数据，例如每场比赛的得分，可能会给球员一种价值感。然而，除此之外再也没有比用分数除以比赛次数更深刻的数据了。

情况即将发生改变。艾伦几乎花掉了派恩城巨龙队的每一分钱，他需要在这些数据中发现某些价值，这是他的一部分使命。他想让他的球员能更聪明地去打球，篮球界很快就会明白，打得聪明意味着要区分价值更高的好球和价值更低的坏球。这一简单的道理却是几十年来才实现的突破。好球指的是直接上篮和三分球，坏球则是介于这两者之间的所有投篮。派恩城巨龙队成为一支几乎从不投坏球的球队。

他们的整个战略是基于最大限度地增加他们的好球次数。对艾伦那一群快乐的篮球反叛者来说，在他们的一场典型球赛中，他们大约会投 85 个好球和几个坏球。在一场完美的比赛中，他们只投好球，而且他们比任何一支球队都接近完美。他们的坏球数占比不到 5%——这比任何一支 NBA 球队、大学球队和知名高中球队的坏球率还要低。“老实讲，”艾伦说，“这个成绩甚至高于我们想要达到的目标。”[1]

在第一次尝到甜头后，艾伦就成了一个数据狂。很快他就开始把自己球队的比赛加以量化。不久，派恩城巨龙队就开始在州级的一个统计类别中名列第一、第二、第三，这个统计类别便是一个赛季中最多的三分球。他们把自己的数据记录在平板电脑、传统的记分簿和更衣室的白板上。他们计算了那个夏天他们待在体育馆的总时长，甚至雇人来记录他们在练习中相互交谈的次数。“基本上，”艾伦说，仿佛这好像真的是一件基础的事，“对我们而言，所有的行为都要被归结为一个数字。”

在一个周日夜晚，派恩城体育馆里那似曾相识的场景让我变得怀旧起来。我以前也去过这样的体育馆，以前也曾在这样的体育馆里打过篮球，就是在这样的一个体育馆里我曾拥有热手体验。我理应能够理解艾伦的队员。

但是，观看派恩城巨龙队的比赛就像是看到了篮球的未来。他们正在我眼前把这项运动改造成一种无法辨识的东西，就像是在告诉人们天是绿色的，而草是蓝色的。我不能理解这些球员，因为我从未思考过哪些投篮是最有价值的。那时我唯一看重的事是不让自己尴尬地回家吃晚饭。这不仅仅是因为我作为一个糟糕的篮球队员，没有想过这些事情，而是当时根本就没有人想这些事情。

派恩城里的这些孩子只是在简单地积累一些理念并把它们

运用到超现实的极致，而这些理念甚至能帮助他们重击其他高中球队、大学球队和 NBA 球队。这项反直觉的投篮策略被灌输到他们的大脑里，即靠近篮筐投篮是对的，离篮筐很远投篮也是对的，只是不能在两者之间。最后这个理念转变成了直觉。球员们不再需要教练反复告诉他们只投好球。他们要做的就是观察他们的球场。油漆区域和三分线外的区域是硬木的颜色。两者之间的区域，即球场的这一部分则是翠绿色的，看起来就像在和食人鱼一起游泳。在派恩城，球场地板上令人恐惧的那部分区域看起来却有些不一样，而这是对于球员思考他们想怎么打球的又一种提示。

“你就是应该这样打球！”当我告诉一位 NBA 教练关于这样一支令我有点着迷的古怪球队时，他这样说道，“他们是不是表现得更好了？”[2]

是的。派恩城巨龙队已经成为明尼苏达州最令人生畏的球队之一。他们利用新数据、新技术，以及新的令人兴奋的思维方式打破了人们长久以来的共识，得出了惊人的新结论。就在 10 年前，我曾在这样的体育馆里尊严尽失。但才经过一代人，情况就已经改变了。我曾经认为是正确的那些事情，现在显然都不是了。

○ ○ ○

我本来以为是机缘巧合让我在最喜欢的运动中发现了热手。然而事实并不是这样。热手效应的历史根植于篮球运动之中。篮球之所以出现在这本书里，是因为它必须被写进本书。如果不写篮球，也就无法理智而诚实地描写热手效应。那些已经研究热手效应很长时间的聪明人懂得，篮球正好是一个探索热手世界的极佳窗口。

不过，那些总能引起我共鸣的故事并不全是关于体育运动的。一些天才学者和诺贝尔奖获得者把他们的注意力集中在研究篮球中的热手效应上，因为他们不只是研究篮球。事实上，当你开始寻找热手效应时，会发现它无所不在。

这就是为什么当我读到那篇 1985 年发表的关于热手效应的论文时，我不得不先确认自己没有丧失理智。它之所以成为心理学领域的经典研究，是因为它得出了惊人的结论：热手效应并不存在。这听起来似乎太疯狂了，不可能是真的。但我很快就发现，我不是唯一一个这么震惊的人。这篇论文引起了广泛的讨论，部分原因是没有人相信它。

我们都见过热手效应，我们都感受过热手效应，它被烙在了我们的记忆里。这篇迷人的论文的吸引力在于，它挑战了一些我们都认为是真实的东西。这项研究很容易理解，并迫使我们去思考有关人类状态的一个永恒问题：我们应该在多大程度上相信自己的所见所感？

从那以后，那些聪明的学者就一直在努力寻找热手效应存在的确凿证据。他们狂热地寻找他们无法找到的东西存在的证据，不经意间把热手效应变成了篮球界的“大脚怪”[①]。但是那些几十年来的发皱的纸稿、用短了的铅笔，还有被删除的电子表格只会强化那篇论文的结论。随着时间的推移，这件事变得越来越清楚了，那就是相信热手效应是愚蠢的。

真的是这样吗？这是本书最核心的问题。我们只是刚刚开始聆听那些学术专家的观点并试着接受这样的观点——我们对热手效应的集体认知可能是错误的。然后，难以置信的事情发生了。原来我们相信热手效应存在这件事情居然是对的。

现在你可能在思考：热手效应是真的吗？是的，但又不是。这很复杂（考虑到你即将阅读整整一本关于它的书，或许你已经做了很多思考）。在某些情况下，你可以利用热手效应，而在另外一些场景中，让热手效应来指导你的行为又可能是灾

---

① 又被称为大脚或北美野人，是北美洲民间传说中的一种神秘生物。——编者注

难性的。盲目相信热手效应与忽视热手效应的代价一样大。

但我们总会到达目的地。你即将阅读的故事是对热手效应进行的一场从头至尾的追寻。这不是一本关于篮球的书，但你能够坐在前排座位观看 NBA 巨星斯蒂芬·库里（Stephen Curry）职业生涯中最重要的比赛；这不是一本关于金融的书，但你会听到一位亿万富翁投资者的秘密，他靠连续做空而发了大财；这不是一本关于艺术的书，但你会遇到那些发现了失传已久的凡·高画作的人；这不是一本关于音乐的书，但你会听到一位被历史遗忘了的传奇作曲家的故事；这不是一本关于文学或医学的书，但你将读到比你所希望的还要多的关于莎士比亚和瘟疫的内容；这不是一本关于技术的书，但当你再次收听你的声田（Spotify）播放列表时会思忖再三；这不是一本关于旅行的书，但你将前往亚马孙雨林和位于北达科他州与明尼苏达州边界线上那个我最喜欢的甜菜农场作一次旅行。

这不是一本关于其中一些事情的书。这是一本关于所有这些事情的书。这是一本关于热手的伟大力量的书，而它从人类与火开始。

目 录

THE HOT HAND

The Mystery and Science of Streaks

第 1 章

# 从游戏和篮球开始认识热手效应

在街机游戏《NBA嘉年华》中，如果游戏人物连进三球，那他一定能进第四球——这个设置使该游戏在一年内狂揽10亿游戏币，成为经久不衰的爆款。而它之所以如此流行，正是因为这暗合了人们心中的某种期待：如果一位篮球运动员手感极佳，连续投篮命中，那他的下一投也很可能命中。这就是“热手效应”。

## 拒绝比尔·盖茨的游戏天才

马克·特梅尔（Mark Turmell）从一个古怪的男孩成长为一位极其成功的男士有两个方面的原因。第一个原因是，他在很小的时候就找到了自己要奋斗一生的事业，从此矢志不渝。而造就他非凡成功的第二个原因就是，他是一个爱玩火的人。

20 世纪 70 年代，在还是个孩子的时候，特梅尔就喜欢在密歇根州贝城沿着污水沟闲逛，他划着一根根火柴丢在沟边，走开，再回头一瞥。这让他享受到童年所需的那种兴奋和悸动。在他回过头的瞬间，那种不可预见性是如此震撼，让他感觉一切皆有可能。火柴有时候没有点着，有时候只是冒着一团烟，有时候则蹿出熊熊燃烧的火苗。特梅尔喜欢看到火柴燃烧起来。

在不玩火的时候，特梅尔就会玩电脑来打发时间。他一个朋友的父亲是当地一所社区大学的教授，有时候会让孩子们去他办公室玩电脑。特梅尔很快就迷上了电脑。确切地说，他迷上了电脑上的电子游戏，比玩火还喜欢。然后，特梅尔意识到他应该去开发电子游戏。他对于自己未来的事业如此充满信心，以至于他跟代数老师说，他不需要学习代数课，因为设计游戏用不着代数。而关于他用来逃避做家庭作业的这个理由最可悲的一点是，他是对的。

不久，他便只在上午去学校，下午则到社区大学学习计算机科学，整个晚上都待在学校的计算机实验室里。“像马克这样的孩子，他们唯一的问题是不想回家。”他的一位教授说道。[1] 15 岁的他对电脑如此狂热，以至于连他心爱的篮球运动都放弃了，尽管他在小镇上是个高个子，拥有打球的身高优势，但是球场上的时间就是他不能玩电脑的时间。

决定给自己买一台电脑后，特梅尔花光了修剪草坪赚来的钱，为自己购置了一台新款苹果电脑。特梅尔的投资几乎立刻就有了回报。对他而言，赚点钱只需要在犯罪边缘游走一下。特梅尔用苹果电脑入侵了社区大学的网络，搜到了学校为保密花了大价钱的敏感信息。当特梅尔承认自己入侵校园网络的事实后，学校雇用了他。他的工作就是确保不会有别的人再干他曾经干过的事。他的“才干”在小镇上传开后，机会也越来越多了。贝城[①]的工程师们是如此渴望获得电脑极客[②]的专业技能，他们甚至决定将当地的污水系统软件交给一个还没有驾照的青少年手里。

尽管特梅尔很快就成了附近最有钱的孩子，但他对于监督基础设施这事并不满意。相比于给贝城清理污水粪便，他梦想干更大的事情。他依然想做电子游戏，并且现在没有什么事能阻挡他了。他买了合适的电脑，订阅了专业的杂志，并且还自学了编程语言。少年的青春之火在胸中燃烧，让他夜不能寐，在自己的童年卧室里他通宵达旦地摆弄着苹果电脑。“我所向披靡，只求一败，”他说，“但从未失败。”[2]

1981 年，特梅尔凭借他制作的第一款游戏展露了自己的过人天赋。任何玩过他那款名为《卑鄙者》（*Sneakers*）的枪战游戏的人都会明白，这是他这类人才能做的工作，他确切地知道自己要干什么，尽管他现在应该做的是学习代数。特梅尔通过联邦快递把《卑鄙者》的光盘寄给了出品过他最喜欢的游戏的天狼星软件公司（Sirius Software），他那时并不知道自己是否能得到回复。几天后他的电话响了。天狼星想买下他的游戏，并保证他每月会得到 10 000 美元的版权支票。“我爸爸开

① 美国密歇根州东部湖港和工业中心。——编者注

② 英文单词 geek 的音译，现在通常被用于形容对计算机和网络技术有狂热兴趣并投入大量时间钻研的人。——编者注

了一个账户，买了些共同基金，投了一些钱到里面，”他说，“我不知道发生了什么。”当最权威的苹果电脑杂志将《卑鄙者》冠以“年度最受欢迎游戏”时，第一款游戏所取得的意义重大而又令人惊喜的商业成功也只是坚定了特梅尔的决心。天狼星公司再一次打来电话，给了一份他梦寐以求的全职工作：开发电子游戏。他再也不需要去学校了。他搬到了加州，和他的同道中人生活在了一起。

在特梅尔到达西海岸之前，他的名声就已经传开了。很多人在跟他见面之前就已经知道他的大名，其中一位正巧是他所使用的苹果电脑的负责人。苹果公司的联合创始人史蒂夫·沃兹尼亚克（Steve Wozniak）的公司当时上市了，这使他成了一位百万富翁，他决定向女友求婚以表庆贺。[3] 沃兹尼亚克刚刚拿到他的飞行驾照，就购买了一架单引擎飞机。他想沿着海岸飞到圣迭戈去看望他的叔叔。他叔叔是个珠宝商人，可以帮他们设计婚戒。但是他们没能飞到那里。飞机起飞后不久就坠毁于附近一个滑冰馆的停车场内。沃兹尼亚克受伤严重，接下来的几个月他都在和一种阻止他形成新记忆的遗忘症作斗争。他记得打开油门前的所有事情，而对于后面 5 周的事却全然没有记忆。后来他才知道他那时花了大量时间玩苹果电脑中的游戏，当他康复并感觉可以结婚了的时候，沃兹尼亚克向他最喜欢的苹果电脑中的游戏《卑鄙者》的创作者发出了婚礼请柬。“这是他起码应该做的事。”特梅尔很理智地说道。

特梅尔成了沃兹尼亚克婚礼上的名人。就在那时他认识了另一个年轻的极客。

“马克·特梅尔！”那位极客说道，“我们都喜欢你制作的游戏。”

这位极客最终向他介绍了自己。他在西雅图附近成立了一家软件公司，想要特梅尔来为他工作。他会有兴趣吗？“不行，伙计！”特梅尔拒绝了。他忙着制作电子游戏呢。

这就是马克·特梅尔错过比尔·盖茨的经过。回想起来，放弃成为微软公司的第一批雇员可能是个错误的决定。但20世纪80年代早期是特梅尔这些极客的“黄金时代”。他开着一辆红色的敞篷保时捷，登上了《人物》（*People*）杂志，收到了数百封粉丝来信，里面甚至有一些是求婚信。男孩们想成为特梅尔；女孩们想成为特梅尔的女朋友。他凭借创作电子游戏的天赋而名满天下。他可以到任何想去的地方工作。

而他唯一想去工作的地方就是中途公司（Midway）。中途公司的办公大楼可以说是业界的创新中心。在芝加哥这栋建筑里办公的公司负责创作和发行了数量惊人的偶像级电子游戏，包括《吃豆人》（*Ms. Pac-Man*）、《真人快打》（*Mortal Kombat*）和《大蜜蜂》（*Galaga*）等，数不胜数。几乎可以肯定的是，那些风靡一时的美国街机游戏几乎都是由中途公司的团队推出的，很快这个团队就迎来了开发了电子游戏《卑鄙者》的那个小伙子。

特梅尔在中途公司备受重视，公司总裁会直接走进他逼仄的办公室问他最新的游戏什么时候能够完成。“我会直白地说，‘该完工的时候自会完工，请出去’。”特梅尔回忆道。特梅尔可以如此不客气地跟老板说话，是因为他们都懂得这个行业的残酷现实：中途公司把游戏卖给分销商，分销商把游戏卖给街机游戏厅，然后游戏厅告诉分销商这款游戏的市场表现如何。只有游戏表现良好时，分销商才会从中途公司大批量地购买。“没有多少营销、宣传和促销可以影响销售，”特梅尔说，“一切都只关乎金钱，其他的都无关紧要。它必须赚钱。”而特梅尔的才干就是开发能赚钱的游戏。

中途公司的游戏制作遵循一套严谨细致的流程。在向那些愿意把数万亿游戏币投入机器的人们发布一款新游戏之前，中途公司的员工会花很长时间测试和微调这些游戏。特梅尔的游戏经过各种极致的精细推敲之后才能走出中途公司的办公室。它们也不会走远，下一站便是附近的一个试验性的街机游戏厅。

“在你把游戏呈现给内测用户之前，你不会知道你是成功了还是失败了，”特梅尔说，“所以，我们得坐到那里观摩。”

特梅尔就是这样一位坐着观摩的专家。他会在那里观摩很长时间，以便能在几分钟之内预测他的游戏是否能成为爆款。1992 年的一个晚上，当他来到中途公司最中意的一家测试游戏厅时，他意识到他的最新作品将会是他职业生涯中最大的成功。这款游戏的名字叫作《NBA 嘉年华》（*NBA Jam*）。

## 三分王斯蒂芬·库里

世界上最有篮球天赋的球员最乐意去麦迪逊广场花园球馆打球。多年来，这个坐落在纽约市中心的圆形球馆一直是上演奇迹的地方，让人惊叹不已的是，它也是逐渐衰落的纽约尼克斯队的主场馆。在这座神圣且历史悠久的竞技场上发生的许多伟大的比赛中，有三场可谓精彩绝伦。三位球员创造了这座球馆的史上最高得分，他们是：迈克尔·乔丹、科比·布莱恩特和勒布朗·詹姆斯[①]。那些让花园球馆大放异彩的球员名单是 NBA 历史上空前豪华的阵容。

2013 年 2 月 27 日傍晚，下班的人们如潮水般涌进纽约的

① 《勒布朗·詹姆斯的商业帝国》讲述了詹姆斯从篮球明星到商业大亨的惊人转变，揭开了詹姆斯 10 亿美元身家背后的运作秘密。该书中文简体字版已由湛庐引进，由广东经济出版社于 2021 年出版。——编者注

宾夕法尼亚车站。当斯蒂芬·库里走进花园球馆时，没有任何迹象表明他能加入这个豪华阵容。不过，没有人对那天晚上的库里有过高期待，这并不奇怪。在库里的职业生涯中，他也从没停止证明人们的想法是错误的。库里在一所小型私立学校上高中，人们不认为他能成为一流的大学生球员；当他成了顶级的大学生球员时，人们又不认为他能成为合格的 NBA 球员；当他成了合格的 NBA 球员时，人们还是不认为他能成为伟大的 NBA 球员。他长着一张娃娃脸，谦逊随和，像一只可卡犬一样缺乏威胁性。

不过，有一件事，库里比他的前辈做得都好，那就是投篮。尽管 NBA 中的每一个人都擅长投篮，但是没有人可以像他那样投篮。最厉害的球员常常能云淡风轻地做到那些不寻常的事，而库里的过人之处则在于将寻常事做得非同寻常。

那个晚上，当库里有点费力地走进花园球馆，他即将迎来职业生涯的转折点。踝关节受伤使他不得不退出了上个赛季的大部分比赛，但改变比赛的能力仍然潜伏于他身体中的某个地方。如果你把做职业球员看作一项日常工作，在很多方面也确实如此，但在更多方面却又不是这样，那么库里就像大多数 24 岁的年轻人一样，大学毕业后便在同样的公司做着同样的工作。老板赋予了他更多的责任，年度涨薪和年终奖金也足够多，省去了他再去四处寻找更好机会的烦恼。在另一个他需要每天坐在办公桌后面的平行世界里，库里的业绩评价也一定是极其出色的，他去商学院读书的推荐信也一定是热情洋溢的。仰慕他的同事会邀请他出席自己的婚礼。他会是一名理想的公司雇员：工作出色，充满自信，而且会是公司垒球队的主力。他比你想的还要更接近那样的工作。

库里还是大学二年级学生时，他父母在他的一场比赛后偶遇了一位 NBA 球队总经理。库里的母亲索尼娅·库里（Sonya Curry）忍不住好奇地问道："你认为斯蒂芬能打进 NBA 吗？"连库里母亲都不能确定他在篮球方面是否真的有发展的可能性，这其中是有原因的。作为一位 NBA 球员的儿子，相比于他遗传到的基因优势和社会经济上的优势而言，他有一个无法克服的明显劣势。"在他曾经效力过的每一个球队中，"他的父亲戴尔·库里（Dell Curry）说，"他都是个子最矮的那个。"

库里在与那些更强壮以及更优秀的球员打球时（而且他们还在不断地变得更强壮、更厉害），能够坚守自我的唯一办法就是不断地改变投篮方式。这让库里陷入了一种有点讽刺意味的尴尬处境。自他孩童时期在家玩费雪牌篮球时，投篮就是他一项了不起的技能。但是，现在有人不断告诉他做得还不够好，他只能听着，因为这个人是他父亲。

戴尔·库里知道儿子的强项很快就会变成弱项。他清楚儿子投篮的出手点低，这也就意味着任何比他高的人都能封盖他的投篮。他也明白球场上的其他球员个子都比库里高。戴尔因此采取了一个极端措施，让库里暂时停止参加竞技篮球赛。在高二升高三的那个暑假，别的同龄孩子忙着申请大学奖学金的时候，库里则忙着练习投篮。把球举过头顶，然后在跳起的那一刻把球投出去，这样他实际上也就让自己变高了。但是，他的学习曲线是不断起伏的。他每天在他家车库外的球场上投几百个球，当投篮失准时，那里的紫薇树可以防止球掉到泳池里，而库里频频失误，以至于他都开始讨厌投篮了。[4] 这是一个让他备受煎熬的残酷夏天。他甚至几乎就要放弃篮球了。

不过，那个艰难的夏天为库里打造了一件终身受用的武器。在那个夏天，他成了篮球运动史上从未出现过的最佳投手。也是那个夏天的努力让他成了大学校园明星，然后成了一名 NBA 球员。

库里成为职业球员后，又经历了一次挫折并迎来大觉醒。他很优秀，但还没到出类拔萃的地步。在库里的新秀赛季中，有一场勇士队对尼克斯队的比赛，这也是他作为 NBA 球员第一次出现在花园球馆，然而他发现自己结结实实地坐在了替补席的板凳上。他发现了一个令人尴尬的事实：他既不会得到 NBA 的重用，也不会受到他人的指责。

库里的武器便是弹弓式的投篮。对任何掌握了这种技能的人来说，回报都是立竿见影的：他的投篮是三分而不是两分。除了《圣经》中的牧羊人大卫，还没有人把这种技能发挥到如此极致。不过，库里的弹弓不是巴祖卡火箭筒。他还要考虑投篮时机、投篮地点以及为什么要投篮。他不能在 24 秒的进攻时间里过早投篮，也不能在三分线外太远的地方投篮，他的投篮次数也不宜太多。在那个 2 月，在麦迪逊花园球馆的那场比赛之前，这些限制始终像枷锁一样把他牢牢套住。库里一直不能在合理的范围内想投多少次就投多少次。

但是，如果他这样做了又会怎样呢？

## 赢了还能赢，游戏中的成瘾机制

没有办法绕过它。《NBA 嘉年华》是一种奇异而壮观的篮球游戏。在这个游戏里，人物的卡通头像比身体还大，人物之间的肘推、冲撞或者拳击对手都是完全合规的。游戏人物可以任意投空心球，还能翻个跟头来一个帅气的扣篮。马克·特梅尔的设计违背了体育游戏的惯例，因为它本身就不是真实的篮球运动。他的灵感来源于一个叫作《恐龙格斗》（*Primal Rage*）的科幻游戏。这款篮球电子游戏的原型是后启示录风格的恐龙之战。

不过在最初，特梅尔认为《NBA 嘉年华》有潜力取得巨大的成功。他制作这款电子游戏的精细过程始于他把中途公司的同事变成实验室里的小白鼠。只要他的实验对象玩这款游戏的次数足够多，用不了多久他们就需要更多的刺激。于是他们开始打赌。当他们测试游戏的第二版时，他们都变成了上了瘾的赌徒。他们一开始用巧克力棒当赌注。等他们成为这款游戏的故障检验员时，他们的决战变得异常激烈。开发人员选择了另外一种不同形式的赌注：现金。“这很有趣。”特梅尔心想。

就在《NBA 嘉年华》进入当地的丹尼斯游戏厅时，特梅尔听说他的新游戏出了一些问题。《NBA 嘉年华》运转失常了。特梅尔亲自去游戏厅检查，并迅速判断出了问题根源。机器盛不下更多的游戏币了，但这不是因为机器坏了，而是装硬币的盒子被塞满了。丹尼斯游戏厅的孩子们飞速地把游戏币塞进《NBA 嘉年华》的机器里，以致游戏厅员工不得不每隔一小时就要清空一次机器好让他们继续玩。“这就更有趣了。”特梅尔心想。

随着游戏测试的继续，统计数据简直要爆表了。不同于以往的任何一款电子游戏，每一项测试数据都显示《NBA 嘉年华》必将引起轰动。但中途公司的领导层起初并不相信这个数据。“我们认为反馈回来的数据是疯狂的，”巅峰时期的中途公司总裁尼尔·尼卡斯特罗（Neil Nicastro）说道，“我们还没有见过能赚那么多钱的游戏。”[5]

在 1993 年夏天，对于一款还算成功的游戏来说，它一周要在游戏厅里挣到 600 美元左右。在开创性的突破与史诗级的失败之间存在一条细微的界线。如果一款游戏每周只挣到 150 美元，那它就是失败的。如果每周能挣到 1 500 美元，它就算是爆款。《NBA 嘉年华》创下了一周挣 2 468 美元的纪录，此前在丹尼斯游戏厅还没有任何一款游戏能一周挣到 750 美元。这个数字是如此不可思议，以至于特梅尔留存了一份当时的收入表复印件作为证明。“你自己算一算，”特梅尔说，“玩一局游戏用时 10 分钟，游戏厅一天营业 12 小时，要赚到那么多钱，几乎要每天不停地玩才行。”

丹尼斯游戏厅里的喧嚣是对即将席卷全国游戏厅的狂热现象的一次预演。中途公司需要销售大约 2 000 台游戏机才能实现合理的盈利，而《NBA 嘉年华》的销售大概会超出预期的 10 000 台，最终疯狂卖出了 20 000 台游戏机。特梅尔这款游戏引起的狂热可以用一位缺货的分销商写给中途公司的一封充满怨气的信来概括。“你们的程序员制造了一个怪物。”他写道。

《NBA 嘉年华》太成功了。它成了有史以来最赚钱的游戏之一。在不到一年的时间里，《NBA 嘉年华》就赚了 10 亿游戏币。

但这是为什么呢？

《NBA 嘉年华》的成功没有什么显而易见的原因。那些一直怀疑这个数字的高管绝不会想到连 NBA 球员也玩《NBA 嘉年华》。这不是因为它不寻常的人物卡通造型，或者杂耍式的灌篮，甚至也不是因为它对篮球规则表现出来的公然蔑视令人解气。他们着迷于《NBA 嘉年华》，原因在于游戏力学里的奇思妙想。

对特梅尔而言，他的每一款游戏除了使人们击打电脑之外，还包括另一个目标，就是要使人们不停地把游戏币塞进钱箱，这是极具挑战性的。但是体育项目的一个固有问题就是很难被游戏化。因为它们本身就已经是游戏了。赢得一场篮球比赛是很令人振奋的，不过那又怎样呢？这又不是什么超能力。有一天在去汉堡王吃午餐的路上，特梅尔反复思考这个问题。他点了一份只加芝士的鸡肉三明治。特梅尔一直在工作，即使是在吃饭的时候，他跟中途公司的另一个开发员杰米·里维特（Jamie Rivett）提到他的两难处境。“我们需要某种模式。”特梅尔说道。

等特梅尔的鸡肉三明治好了的时候，里维特已经提出了一个想法，他们立刻都意识到这是一个绝妙的想法：“着火”模式。他们在午饭期间讨论了大致的细节，然后走回了中途公司的办公室，下午就完成了这个模式设置。他们决定，如果一个球员能连续投中两球，他就会一直变热。如果他能连中三次，那么他几乎肯定可以完成下一次投篮。什么样的投篮方式都没有关系，但是球会“着起火”来。球员也将进入“着火”状态！

这也是为什么马克·特梅尔的街机游戏会让人上瘾。我们的大脑程序会自动寻找模式，而他只不过是把早已存在的大脑特性编成了《NBA 嘉年华》的游戏程序。我们投中一个，再中，连中三球，便会本能地盼着第四个也能命中。我们在混乱中渴望秩序。特梅尔开发的游戏则确保这样的表现会得到奖励，他把热手效应变成了《NBA 嘉年华》的超能力。

那次在汉堡王吃了工作餐后不久，特梅尔把配旁白的工作给了当地一个名叫蒂姆·奇兹罗（Tim Kitzrow）的喜剧演员。解说台词只有两页。这确实是一种没有人了解的工作。不过丹尼斯游戏厅里的测试受众开始迷上奇兹罗的声音了。他们不停地把游戏币塞进《NBA 嘉年华》游戏机，因为他们想听到一些时髦的游戏词。

“嘣沙卡拉卡！”

“他在变热！”

他们最想听到的则是奇兹罗吼出以下四个字:“他着火了! ”

特梅尔能理解他们的感受。当他还是游戏厅里那些孩子的年龄时，他也喜欢那些“着火”的 NBA 球员。他们会连续投中一个、两个、三个球，场上的所有人都满心期待他能投中第四个球。他最喜欢的球员是底特律活塞队的后卫维尼·约翰逊(Vinnie Johnson)，他的绰号是“微波炉”，因为他可以瞬间变热。由于特梅尔的三个童年爱好，他崇拜约翰逊并不奇怪。这三个爱好，第一是玩电脑，第二是打篮球，不过，特梅尔的第三个爱好解释了为什么在游戏中，当一个球员变热的时候，要将篮球燃爆成一个火球。如果不是自己第一个开发了《NBA 嘉年华》，特梅尔也会迷上它。

《NBA 嘉年华》成了特定年龄的男孩女孩无法抗拒也绕不过去的话题。他们玩了那么多次这个游戏，以至于马克·特梅尔仿佛洗了一代年轻人的脑，让他们相信了“热手”的概念。这个概念被系统地灌输给他们：任何能连中三球的人几乎都能够确定无疑地投中第四球。

但是有一个孩子不为所动。这个孩子有充分的理由玩《NBA 嘉年华》，因为他父亲就是篮球运动员，他甚至可以假装他自己就是篮球运动员，因为他和父亲共享同一个名字。但是没有人管这个小孩叫沃德尔·库里。人们叫他斯蒂芬。

## 载入 NBA 史册的库里热手时刻

金州勇士队（Golden State Warriors）迟到了。三辆巴士开往花园球馆，准备和纽约尼克斯队进行一场比赛。斯蒂芬·库里应该在第二辆巴士上。他总是坐第二辆车。但是那个晚上，他不知为什么上了第三辆巴士。“我从没那样做过。”几年后他这样跟我说。瞬间他便后悔做了那个决定，第三辆巴士在宾馆外违章转弯，被一个严格执法的交通警察拦在路边。

当这辆巴士最终缓缓驶进竞技场馆时，队员们已烦躁不堪，极其暴躁，而这也不全是巴士司机的错。对勇士队来说，他们刚刚度过一个艰难的晚上，他们前一天晚上输给了印第安纳步行者队，那场比赛被一起打架事件毁了。他们登上飞机，着陆时不幸地听到新闻说：因为打架事件，一个队友被停赛，而库里受到了现金处罚。

在库里被困在第三辆巴士上，不停地与纽约市警察局交涉之前，他就已经度过了倒霉的一天。但当时他什么也做不了。到应该热身的时间了，他走到篮下做准备，接着不停地向后退。最后，在球迷们落座后，他还在三分线外某处练习连续投篮，球场上的这些油漆线将要重新定义这项运动的规则。

几十年前，三分线就被引入了 NBA 的赛制中，因为大个球员在球场上优势太明显。这项运动曾经也变得不太公平，它歧视像库里这样身高的球员。面对无精打采的球迷，这项运动渴望新的变化，NBA 能够想出的最民主的解决方案就是数学。他们在距离篮筐 7.25 米的地方画一条线，不为别的，只是因为它看起来是一个合适的距离。任何线内的投篮得 2 分，线外的投篮得 3 分。

我们可以用另一种方式来思考这种对于篮球玩法的全新转变。那些负责 NBA 健康发展的人一直在调整算法。今天，“算法”这个词会让人想起那些坐在电脑屏幕前写代码的极客，而这些代码主导了我们的生活。不过话说回来，算法确实是解决问题的手段。当 NBA 出现问题，NBA 便重写算法。联盟改变了规则，使比赛更加令人兴奋，也激励了球员待在三分线外投篮——在一系列不相关的事件中，这是第一件与斯蒂芬·库里的“热手”相关的事情。

不过，球员们没能立刻响应这种激励。在 1979—1980 年的赛季中，只有 3% 的投篮是三分球。只有当他们的好奇胜过怀疑时，NBA 球员才理解三分线的意义，而不觉得它是愚蠢的伎俩。于是三分球的比例慢慢爬升，到了新世纪前 10 年的后半段，每个赛季的三分球已达到总投篮的 22%。然后一些有趣的事发生了。在近 30 年的平稳增长后，三分球的占比在接下来的 5 年里都保持着稳定。它不再有什么增长。NBA 球队好像已经算出了三分球的最佳比例，从而找到了它的平衡点。

不过，有两件事即将发生，而这个比例也即将不复存在。第一件事是斯蒂芬·库里被一个他自己并不想去的球队选中：金州勇士队。这支球队已经奄奄一息，球队老板受人唾弃，在库里加入球队后不久，他决定卖掉球队。第二件事是一群几乎没有篮球经验但非常有钱的人以一个创纪录的价格买下了勇士队。他们摒弃了所有建设 NBA 球队的正统观念，用大胆的理念重建了他们的球队。重建过程历经曲折，有几次差点失败，但勇士队采纳了一个非同寻常的战略，从而奠定了它的统治地位。他们颠覆了这样一个传统的观念：三分线是一种显而易见的市场无效。

就整个篮球史而言，自从詹姆斯·奈史密斯[①]将两个桃子筐钉在健身房的墙上，并由此创立了这项运动以来，球场内最重要的区域便一直是篮筐周围。最好的投篮往往都发生在那些离篮筐最近的地方，至少人们是这样想的。而勇士队对此却不再那么确信了。"当你能利用三分线的时候，"勇士队的总经理说，"离篮筐近就不一定是个更好的选择。"

---

① 詹姆斯·奈史密斯（James Naismith）是篮球运动的发明者，也是第一位倡导在美式橄榄球运动中使用头盔的人。——编者注

勇士队的球员们开始相信三分线是一条分界线。在这条线内是这项运动的过去，而篮球的未来在三分线外。

勇士队是最先认识到他们没有充分利用三分球的球队之一。不过，现代篮球的精奥玄妙与困惑悖论是人们花了那么长时间领悟这一点的原因。在2009赛季的收尾阶段，也就是库里的新秀赛季之前，一名为ESPN① 写稿的篮球顾问发表了一篇文章，为篮球比赛的成功提出了一个公式："如果你想出其不意，那就从远离中心的地方开始投篮。而如果你想让所有人失望，那就停止投三分球。"他又补充道："三分球的比例每个赛季都在增长，并且一段时间以来一直沿着这个方向发展，这一点不足为奇。"[6] 然而事实并非如此，至少一段时间以来都不是这样。在预测人类行为这件事上，ESPN的篮球专家也变得没那么专业了。

一群见多识广的思想家怎么会在这么长一段时间里对这么重要的事情抱有错误看法呢？皮特·卡里尔（Pete Carril）从未理解这一点。卡里尔是普林斯顿篮球队的传奇教练，他又被叫作尤达，一部分原因是他像极了电影《星球大战》里的那个同名角色，另一部分原因是他本身就是一个绝地大师。在篮球

① 娱乐与体育电视网，全称Entertainment and Sports Programs Network，它同时拥有全球最大的体育网站以及全球发行量最大的体育杂志之一《ESPN杂志》。——编者注

这个行当里，他比任何人都更早意识到了三分球的价值。“我爱三分球，”卡里尔曾写道，“你知道为什么吗？因为这意味着那些常常只被算成两分的投篮拿到了三分。”[7]很显然，球队应该专注于那些值得再加一分的投篮。这些常识却让他成了一个叛逆者。但是，与他那时说了什么相比，他说话的那个时间点更加重要。在卡里尔鼓励他的球员利用好三分线的时候，库里还是个孩子。

卡里尔职业生涯的最后一场胜利是 1996 年的大学生体育协会（NCAA）篮球锦标赛的第一轮。普林斯顿队颠覆性地击败了上届冠军加州大学洛杉矶分校队，这种可能性本来就和卡里尔成为一个内衣模特一样微乎其微。大学篮球界也对此做出了反应，它们完全疯狂了。不过，被人们忽略的统计数据已经解释了这个出人意料的结果的产生原因：那个晚上，普林斯顿队的投篮有一半以上是三分球。

当比赛快要结束时，电视摄像机摇向了加州大学洛杉矶分校队的替补席，然后对准了一个正紧张地咬着衬衫的球员。他的表情正是他们想要捕捉的：痛苦。多年以后，这个球员被 NBA 雇用，随后他组建的球队投出一大堆三分球。

他的名字是鲍勃·迈尔斯（Bob Myers），金州勇士队的总经理。

迈尔斯从小在旧金山湾区长大，高中时是一个不错的篮球队球员，但他从未打算进入大学篮球队。那时他的计划是成为一名划船选手。而他在与普林斯顿队比赛期间能够坐在替补席上的唯一原因是他在几年前去加州大学洛杉矶分校找过一个划船教练。他没有想过他能在加州大学洛杉矶分校队打篮球。事实上，在去一所常春藤大学做类似的拜访之前，他曾写信给那个学校的篮球教练请求见面。然而他甚至都没能得到一个礼貌的回复。不过，当迈尔斯在加州大学洛杉矶分校的体育场馆周边闲逛时，他偶遇了一位篮球教练。这位教练注意到迈尔斯出众的身高，就鼓励他参加个试训。迈尔斯接受了他的邀请。他在这个球队里起先只是个龙套角色。当波士顿棕熊队赢得全美冠军时，他仍然坐在冷板凳上，之后不久却登上了《体育画报》的封面，封面上的他正在庆祝胜利。这就是迈尔斯的风格，他总是有本事成为热门事件的一部分。"我们把迈尔斯叫作我们的阿甘①。"他的教练说道。[8]

到迈尔斯大四的时候，他不再只是为加州大学洛杉矶分校队打球，而成了这支球队里上场首发的球员。那个得不到常春藤学校奖学金，甚至连面试机会都没有的孩子，现在却以一个强大的篮球机构最好的五名球员之一的身份享受着奖学金，而

① 电影《阿甘正传》中的主角，阿甘是个智商只有 75 的低能儿，却自强不息，在多个领域创造奇迹。——编者注

且所有人都喜欢他，校报上一则关于他的故事报道的标题即是："人人都爱迈尔斯"。

毕业之后，迈尔斯凭借自己的经验、人格魅力以及每个人都喜欢他的这个事实，成了一位成功的体育经纪人。他精于此道，也乐于不停地去跟人谈合同。当他家乡的 NBA 球队被卖掉后，迈尔斯跟勇士队约见了一面。他迫不及待地想加入一支像他的大学球队那样的球队。当他结束了和乔·拉科布（Joe Lacob）的会面后，迈尔斯相当肯定他不会被勇士队雇用，乔·拉科布是一位傲慢的硅谷风投家并买下了这支球队。在一段时间里，他都是对的。时间一天又一天，一周又一周，一个月又一个月地过去了。迈尔斯和拉科布的交流次数就和那位常春藤教练的次数是一样的。然后有一天，他接到了一个意想不到的电话。

"当你说这可能是你感兴趣的事情的时候，你是认真的吗？"拉科布问道。[9]

迈尔斯辞掉工作，加入了勇士队，而且很快就升任总经理，成了他最喜欢的 NBA 球队的最高决策者。斯蒂芬·库里是他接任的球队阵容中的球员之一。他也是迈尔斯再一次成为热门事件的一部分原因。

迈尔斯总觉得存在一种心理激励来使球员投出更多的三分

球。他从自己的亲身经历中懂得了三分球是如何让对手丧失斗志的。当年加州大学洛杉矶分校队输给了普林斯顿队，这始终是他心中的一块旧伤疤。“我不曾忘记那种感觉，当你为你心仪的球队加油的时候，对方球队却投中了一个三分球，那感觉更像是一个五分球。”他说道。那时，NBA 的球队已不再试着投更多的三分球了。那对勇士队来说是令人费解的。去投更多的多得一分的三分球，这似乎是个好主意。“有一些分析法上的理由让我们去这么做，”迈尔斯说，“不过那时我还不确定人们会认为这是可行的还是应该更谨慎。”但有时候，往往最显而易见的想法也是最激进的想法，有时也是最成功的想法。“风险投资和创业中最有趣的事情便是使我们意识到整个世界是如何犯错的，”拉科布说道，“还没有人为三分球制订一套比赛计划或组建一支队伍，三分球能帮你赢得比赛吗？”[10]

答案是可以。不过首先，你最好的投手不能仅把自己的武器当作弹弓，而应该把它当成巴祖卡火箭筒一样。

在与尼克斯队的比赛中，因为一些他无法控制的因素，所有围绕库里的那些智慧之线都缠绕在了一起。当 NBA 回看前一天晚上勇士队与步行者队打架的录像带时，库里是第一波参与斗殴的球员之一，当时他正试图阻拦身高 2.12 米、体重 127 千克的罗伊 · 希伯特（Roy Hibbert）。其结果无异于一只蚊子试图对抗一头驼鹿。“我甚至感觉不到他的存在。”希伯特后来说道。[11] 使库里得救的是他的体型。他不够壮硕，在斗殴事件中，他不会对别人造成什么伤害。在他的职业生涯中，库里一直都是球场上最瘦小的一个，这一点一直是他的劣势。但就这个晚上而言，他反倒因此获益。联盟决定对他罚款 35 000 美元，而不是对他做出禁赛处罚。

破点儿财反倒成了他的好运。在与尼克斯队的比赛中，勇士队需要得分，除了派库里上场，他们别无选择。他要比之前的比赛投进更多的球，而他们也只能寄希望于他的手变热。

一直到比赛的第二节，库里才投中第一个三分球。不过一分钟后，他又命中一个超远三分球。他开始变热。一分钟后又是一个三分球。无论以什么标准衡量，那都是一次很糟的投篮。库里抢到球，冲过半场，直奔篮筐。接着就应该直杀篮下，这几乎是所有打过篮球的人都会选择做的事，但是他没有，他停住了。他选择留在三分线后，在库里和篮筐之间有两名防守球员，他们好像被他的胆量震慑住了。库里在可以选择命中率更高的投篮的情况下，尝试了一个命中率低的投篮。他选择投一个三分球碰碰运气，而不是去接受一个两分球。当球空心入篮时，他仿佛听到了蒂姆·奇兹罗在《NBA 嘉年华》里的标志性欢呼。斯蒂芬·库里着火了。

一分钟后，库里在离弧顶线后几米的地方又投了一个三分球。这个投篮如此肆无忌惮又毫无道理。球看起来并不像要进筐的样子。然而它进了。它当然会进！库里有了“热手”。“我感到自己被紧紧地包围，”他回忆道，“只要看到一丝光亮，我就会出手。”

每当像库里这样的运动员变热的时候，他们就像吃了效力强大的灵丹妙药，那就是自信。同样的道理，得到老板的夸奖会让你工作更努力，投中一个、两个、三个球会让你忍不住再次出手投篮。你大脑里正常的化学物质被多巴胺冲洗殆尽，大脑额叶仿佛暂时与神经系统脱离了联系。你的肌肉融化成了果冻，你停止了思考，开始跟着感觉走。

不过，你不必成为斯蒂芬·库里才能体会那种被肾上腺素浸泡的感觉。能与他产生同样感觉的还有克瑞顿大学球队的前锋伊桑·雷格（Ethan Wragge）。他胡须浓密、体型微胖，像一个在前往森林的路上迷了路的伐木工人，他与NBA球赛最近距离的接触就是去买一张球票。依照几乎所有的打篮球指标衡量，他都十分平庸。只有一点例外，雷格是一个了不起的投手。

在过往的一些训练中，他曾连续投中很多球，几乎都数不过来。想防守他并不难。雷格的球探报告上最重要的内容，也许是唯一重要的内容，那就是不让他投篮。不过有一个晚上，在克瑞顿大学队对阵维拉诺瓦大学队的比赛中，在克瑞顿队开球时，球到了雷格手里，他嗖的一声便投了出去。那个投篮使雷格感觉他已处在变热的起点。他看到的一切仿佛都成了慢动作，自己像是众人皆醉我独醒。他一旦投中一个，就想再投另一个。在克瑞顿大学队再一次拿到球之后，雷格尝试了一个更远的投篮。又一次唰一声，进了。就这样他得到了第三次投篮的机会。“我感觉无论如何这个球都会进。”他说。他是对的。雷格的第三次投篮也进了。第四次投篮也是。接着第五次，然后第六次，甚至第七次。直到失手时，雷格已为他的球队拿下了27分中的21分。这是有史以来最令人惊叹的投篮表演之一。“它好像是一种不假思索的、无意识的感觉，”他说，“我甚至不知道该怎样形容它。”

这种不假思索的、无意识的感觉有一个不科学的名称叫“开挂”（the zone）。开挂是一种迷人的状态。如果你正好需要用几个词来描述开挂状态，你可能不会想到比“不假思索”和“无意识”更恰当的词。那些费心研究这种“心流状态”（flow state）的科学家开始意识到，获得热手状态是少思考而不是多思考的结果。研究这个课题的先驱是一位美籍匈牙利裔心理学家，名叫米哈里·希斯赞特米哈伊（Mihaly Csikszentmihalyi）[①]，

① 米哈里·希斯赞特米哈伊（又译为契克森米哈赖）是“心流”（flow）理论提出者、积极心理学奠基人之一。其著作《创造力：心流与创新心理学》是他历时几十年潜心研究的经典之作。该书中文简体字版已由湛庐引进，由浙江人民出版社于2015年出版。——编者注

他用了近60年的时间来研究“心流”。他有很多关于“心流”的思考。他认识到：处在心流状态是一种极其愉悦的体验。“当一个长距离泳者横渡英吉利海峡，或一个棋手角逐锦标赛，抑或一位攀岩者向上攀登一个艰难的岩石面时，他们的感受几乎是一样的，”他写道，“他们体验快乐的方式千差万别，比如上了年纪的韩国人喜欢冥想，而年轻的日本人喜欢骑着摩托车成群结队出行，不过，他们在描述他们享受自我的那种快乐时，几乎都采用了相同的描述。”[12]

热手状态使他们快乐。这也是库里、雷格以及所有感受过它的人对其如此念念不忘的原因。

花园球馆的那个晚上并不是库里第一次体验“燃烧”的感觉。在别人的记忆中，库里第一次出现热手状态还是他6岁的时候，他为一个球队打球，那个队的名字正好叫作“燃烧”。不过，他自己记忆中的第一次已经是在八年级的时候了。库里一家搬到了加拿大，斯蒂芬和他弟弟赛斯就读于金钟道基督教学院（Queensway Christian College）。[13]“那是一所很小的教会学校，所有愿意一试的人都可以进入校队，”他们的教练詹姆斯·拉基（James Lackey）说道，“他们俩和一群其他孩子在前一年赢了三场比赛。”

斯蒂芬·库里来到金钟道队的那一年，他们赢了每一场比赛。库里能在比赛中如此高频地燃烧起来，以至于他的教练经常会惊诧不已地摇着头，心想："这到底是怎么一回事呢？"库里上一次爆发是在一场有着极多观众的八年级的比赛中。在那场比赛中，库里不断受到包围和攻击，就好像《NBA 嘉年华》里的规则同样适用于现实的比赛。对方的战术十分有效。还剩一分钟的时候，库里的球队落后 6 分，拉基叫了暂停。他认定他的球队没有赢的机会了。因为这是一场中学篮球赛，他想提醒他的球员在输球后要保持冷静，并在比赛结束后向对手表示祝贺。至少那是他本来想要说的话。然而库里打断了他有关体育精神的宣讲。

"我们还没有输，"他说，"把球给我，我保证我们会赢。"

"好吧，"拉基说，"我想这场比赛从现在真正开始了。"

他们把球交给库里，在接下来的 30 秒里，他投中了 4 个三分球。金钟道赢了。库里的过往充满了这样的故事，它们听起来都像是神话。然而拉基发誓说这个故事是真的，人们没有理由不相信拉基，毕竟他在加拿大的一所教会学校教书。

那天，库里为什么会有热手状态？为什么库里每一天都会有热手状态？这是身体上的还是精神上的？这是由于他在一个清晨匆匆吃下的麦片粥，或是去花园球馆的路上一辆巴士停下来正好有一个座位带来的运气吗？库里自己也不知道。他无法预知自己什么时候开挂。但是他知道他必须拼尽全力以尽可能长久地保持那种心流状态。

“它一旦出现，”库里说，“你就要欣然拥抱它。”

在接下来对阵尼克斯队时，库里投失了一球。如果他是在《NBA 嘉年华》的游戏中，他本来会变回正常的状态。而在真实的 NBA 比赛中，库里在上半场的剩余时间里都没能再中一个三分球。不过，这并非他主动选择降温，而是因为和勇士队一样，尼克斯队也明白库里依然手热。库里的队友会避免碰到他的右手，只因他们不想让他的手变凉。[14]

不过，有些事情是尼克斯队可以做的：不再让他出手投篮。尼克斯队对库里实施了双人包夹。他一摸到球，他们就将他围住。他们的目标不再是打败勇士队。他们唯一在意的事就是不让库里投篮。

库里深知那种被对手 5 人视作唯一焦点的感觉。当他还是戴维森学院一个初露锋芒的新星时，在一场与马里兰洛约拉大学的比赛中，对方球队的教练就试图通过不让库里投篮来击败戴维森队。他的战术就是双人包夹库里，不管他在场上的什么位置，也不管他手里有没有球。这个教练宁愿他的球队以三敌四，也不愿他的人以五敌五。库里意识到了这个计划的愚蠢，便一个人站在球场一角，拖住洛约拉队的两个防守队员。这就意味着他的一个队友总是处在无人防守的状态。库里本可以坐在前排和球迷一起吃着玉米片，尽管这样，他也能帮到戴维森队。当他注意到有两个家伙如影随形时，库里便想着他或许可以了解一下他这两个保镖似的对手。“你们这两个家伙真的要整场比赛都包夹我吗？”他问他们。他们不知道说什么，所以就什么都没有说。若非这是一场彻底的灾难，这个花招本来是很有趣的。库里是学院篮球队的主力得分手，而他以个人得分 0 分的成绩结束了对洛约拉队的比赛。他所在的戴维森队大获全胜。

不过现在，尼克斯队或多或少也采用了洛约拉队的战术。库里懂得这又意味着他的一个队友将无人盯防。这样他就可以传球给没人盯防的队友，使他们轻松投篮。他的投篮会吸引很多对手的注意力，以致他身边的人反而能够轻易投篮得分。确实存在一个有趣的篮球术语：引力。库里总是能用这种引力吸引来贴身防守。不过，当他拥有热手状态时，他的吸引力则把他变成了黑洞。他的冲击力使比赛围着他转。双方球队都表现得好像库里即将又投出一个三分球，而且他们对“热手”的集体信念与热手状态本身一样强大。球场上没有人不相信“热手”。事实上，在 NBA 没有任何人不相信“热手”。“我还没有遇见过这样的人。”库里说道。

对他来说，在下半场比赛中找到空档投篮并不容易。尼克斯队满场追着他跑，仿佛要用一桶冰水把他浇成落水狗。中场休息后，库里投进了第一个球，这增强了他接下来不断投篮的信心。他一拿到球，便提醒自己在对方的围攻下要保持冷静，控制住自己。他做了一个投篮的假动作，就和我有热手状态时会做的假动作没什么两样，然后看着对方防守从自己身边飞过。他稳住自己，投篮，空心入篮，展现出了一种极致之美。

库里的手没有凉下来。他一旦确认手在发烫，就会投出三分球，这使替补席上的任何人都将永远坐在那里。一个球是在被双人包夹时在三分线后约 1 米处投出的，一个是在三分线后 1.5 米处投出的，还有一个是被一个约 2.3 米高的巨人挡住时投出的，库里的脑袋还撞上了他的屁股。

有某种声音始终伴随着这些投篮。从篮球出手那一刻开始，球迷们便充满期待地集体屏住呼吸。这个声音伴随着人们肺部的充气而不断提高，当球划出一条抛物线飞向篮筐时，这种声音在歇斯底里的人潮声中达到了顶峰。但是库里的投篮位置是如此之远，它划过的弧线是如此之长，以至于那些球迷都要缺氧了。就是这种噪声：属于库里的小调。那是一种更易识别的尖叫声。

那晚最后的库里小调出现在比赛的第四节，那时库里抢到了一个篮板球，甚至在拿到球之前便已经要运球到前场。他两次运球通过半场线，然后再次运球来降低他的冲力，然后开始投篮。在毫秒之间，库里便一跃而起，控球的天平已经向他那边倾斜。防守他的那些球员措手不及，库里已经跃过了他们。在球落入篮筐之前，他便已经胜利地开始后退。他飞奔着再次回到自己的篮下。毫不夸张地说，库里仿佛真的着了火，他需要熄灭自己。他就是那么炙手可热。“我以前从未有过那种状态，”库里后来说，“从来没有。”[15]

目瞪口呆的尼克斯队球迷起立给对方的这位球员鼓掌。他们不知道除此之外还能做什么。库里已经获得了 54 分，这是他在篮球比赛中得到的最高分。在 NBA 历史上，没人能投出并且投中这么多三分球，他在数量和效率之间找到了最佳平衡点。

三分球不再只是弹弓，库里把它变成了巴祖卡火箭筒。那个晚上在花园球馆发生的一切并非特例。这是一个顿悟的时刻。库里的表现更加使他相信自己可以进更多的球而且他也应该进更多的球。这是他第一次充分释放自己，其结果使人们大为震惊。他燃炸了整个比赛。

那个晚上之后，库里得到了勇士队的全力支持来保持那样的投篮频率。这个决定一部分是战略，一部分是它被偶然发现是有效的，还有一部分是人们足够聪明地意识到，只有允许库里做一些没有人做过的事情的时候，他才会发挥最大的效率。在他此前的篮球生涯中，他每场比赛的平均得分是 18 分，一场比赛会投出 5 次左右的三分球。在那场比赛之后，库里的场均得分为 26 分，试投三分球为 10 个。库里开始尽可能多地投三分球，这个次数超出了所有人的想象。只要对方球队给他出手的机会，球场上没有什么地方是他不可以投篮的。比起 NBA 球员平均 0.9 米～ 1.2 米的投篮距离，库里的平均投篮距离是 9 米～ 12 米，在这样的距离他表现得更好。他在半场徽标附近的投篮命中率胜于大力灌篮。他在一个赛季中创造了投出最多三分球的纪录，甚至还以超 40% 的幅度打破了自己的纪录。这个数字与其说是一个统计学上的异常值，不如说更像是一个统计错误。他的表现总让人难以理解。这就像罗杰·班尼斯特[①]（Roger Bannister）用两分半的时间打破了他自己 4 分钟内跑完一英里的纪录一样不可思议。

在麦迪逊花园广场拥有热手状态的那个晚上改变了库里的一生。在接下来的两年里，他成了 NBA 最有价值的球员，不到三年，他成了联盟史上第一个没有争议的最有价值的球员，不到四年，他成了当今最有影响力的篮球运动员。勇士队成了

① 英国短跑运动员，神经学家，世界上第一个突破 1 英里（约 1 600 米）跑 4 分钟大关的人。——编者注

以库里的投篮能力为中心组建而成的NBA一代王朝。在他最受欢迎的时候，球迷会在勇士队比赛开始的前几个小时就来观看他的热身训练。不过，当他们花钱来看库里本人时，他们真正希望看到的是他拥有热手状态的一个晚上。在体育竞技中，简直没有什么比观看库里变热更让人兴奋的事了。

如果你询问他的职业突破点，即当他开始感觉到他之前只能在孩童时代玩《NBA嘉年华》时想象的那些伟大时刻时，库里会告诉你三个突破时刻。[16]一是他赢得第一个冠军的时刻，二是他受白宫之邀去和美国前总统奥巴马打高尔夫的时候。不过，要不是他拥有第三个时刻——他着火的时刻，上面那两个时刻也不会成为可能。

## 其他领域存在“热手”吗

在一个典型的完美夜晚，冲浪者们正在日落之前追赶最后的浪头，我走进了圣迭戈附近的一家海滨餐厅。天空是粉色的，温柔的微风吹进窗户，空气中弥漫着咸味、青草味和汗味，我却仍感到烦躁不已，总觉得有什么不对劲。我终于意识到为什么了。这是一个如此宜人的仲夏之夜，以至于没有一个人在玩手机，而唯一一个对此有理由感到烦躁不安的便是我约着一起吃晚饭的那个人。

马克·特梅尔如今已年过五十。他依然很高，足以当一名篮球运动员，不过他的腹部变得有些松垮，而且他浅棕色的短发根根直立，好像在替那些年他的垂肩烫发而致歉。特梅尔坐下，接着要了一个芝士汉堡，就和他在汉堡王点鸡肉三明治的要求一样。他拿出他的苹果手机，浏览着他妻子的照片，他们是在网上认识的，这看起来合情合理。当然，他是通过计算机认识并迎娶了他生命中的那个人。接下来，他又开始浏览他手机上的应用程序，给我看这些日子他在做的东西。他近 40 年来都在做同样的事情。特梅尔依旧在创作电子游戏。

他曾效力于金格公司（Zynga），这家公司因发行《单词接龙》（*Words with Friends*）和《开心农场》（*Farm Ville*）等具有上瘾性的游戏而受到谴责。而特梅尔的工作就是以某种方式使人们不自觉地对电脑和手机产生依赖。他的工作十分出色。人们浪费在玩金格游戏上的时间如果用来工作，可以帮助特梅尔建立一个真正的农场。

当他受雇于这家公司时，他的老板恳求他创作一款农场游戏，不过，特梅尔再次有了另一个更加雄心勃勃的想法。

他发布的第一款游戏叫《漫游泡泡》（*Bubble Safari*），它具有经典街机游戏的所有特质，可以完美适配丹尼斯游戏厅。它的设定也十分愚蠢。游戏的主角是一只名叫泡泡的猴子，肩负着去拯救被偷猎者抓走的女友的使命。在泡泡的这趟英雄之旅中，它保证生存的唯一办法就是采集水果，而要采集到水果的唯一办法就是通过拼接弄破那些包裹着水果的泡泡。游戏的剧情基本上就是这样。这就是这个游戏的全部内容。

《漫游泡泡》于 2012 年 5 月上线，到 6 月，便成了 Facebook 上增长最快的游戏。到了 7 月，它已经比《开心农场》和《单词接龙》更受欢迎。后来又有了它的衍生版《漫游泡泡海洋版》，后者和原版一样，只不过游戏场景被设定在了海洋而不是丛林，主角从小猴变成了小螃蟹。到了次年 1 月，它也变得一样让人上瘾。在一段时间内，玩《泡泡漫游》的人一度超过了 3 000 万。

Facebook 上最流行的游戏居然是关于一只猴子一路上采集椰子和草莓去拯救另一只猴子，这听起来并没有那么诱人，至少对特梅尔来说不是这样。这使他想起了早年生活的一段经历。《泡泡漫游》与《NBA 嘉年华》的相同点多得惊人。

“道理都是一样的，”特梅尔说，“在这类已经如此饱和的市场中获得成功的关键因素是创新、惊奇以及无处不在的快乐。”

《NBA 嘉年华》有神秘人物和疯狂灌篮。《泡泡漫游》有黏性炸弹、油漆斑点和双彩虹。它们还有一个共同之处。

在《泡泡漫游》的玩家连续做对三次拼接后，泡泡的弹药会变成篮球的颜色。它不再射击水果，而是变成了喷火。蹦沙卡拉卡！猴子泡泡着火了。在《NBA 嘉年华》成功之后，特梅尔对自己发誓，他将把热手原理运用到他余生中创造的每一款游戏中去。这个年少时爱玩火的人仍在玩火。

与在丹尼斯游戏厅玩游戏的孩子们相比，金州勇士队会面对更多的成败关隘吗？当然会。不过，特梅尔的深刻见解是，斯蒂芬·库里和那些满脸青春痘、兜里揣着一些硬币的少年其实都在追求一样的东西。他们都想利用那些限制他们所在环境的规则来超越他们在世界上的地位。《NBA 嘉年华》玩家的回报是一种短暂的战无不胜的感觉以及奇兹罗喊的趣味欢呼声。而库里的回报是 NBA 冠军。

有无数人致力于探究为什么 NBA 球员和《NBA 嘉年华》玩家的行为方式会如此相似。特梅尔却因忙于制作电子游戏而无暇思考它。他确实对于这个叫作“热手”的概念知之甚少，而且他不知道他不了解的到底有多少。

THE HOT HAND

The Mystery and Science of Streaks

第 2 章

# 热手期：让你事业开挂的高能时期

爱因斯坦最伟大的发现在几个月内面世，莎士比亚最好的作品成群结队而来，这并不是巧合。经研究，在“有作品公开发表/上映”的筛选条件下，91%的艺术家、90%的科学家和82%的导演在职业生涯中至少有过一个热手期。成功带来成功，荣誉接着荣誉，这个长期的高能状态一般会持续3～5年。

## 莎士比亚“疯狂飚分”的 1606 年

那是 1605 年的 1 月，英格兰女王想要享受一段惬意时光。当她决定花一个晚上的时间在剧院款待一位外国使节时，这个计划看起来似乎是万无一失的。女王是艺术的忠实赞助商，她十分欣赏那个时代的剧作家们。身为皇室成员的额外好处之一就是，在任何一个晚上，在任何一家剧院都能确保得到一个前排的位置。不过，那一天晚上是个例外。

然而，在那个特别的晚上，对女王来说，已经没什么好看的了，因为演出的戏剧她都已经看过了。

在英国历史上的那个时期，即使女王陛下也难以摆脱相同的剧目重复上演的单调，这其中是有原因的。这是因为她那个年代最值得信赖的剧作家最近没能写出多少新的作品。莎士比亚陷入了创作瓶颈期。

不过，这种状况没有持续多久。莎士比亚的这段休眠期即将为他接下来无可匹敌的人生传奇让路。在一年的时间内，他写出了《李尔王》《麦克白》《安东尼与克莉奥佩特拉》三部作品。一些文学评论家认定这三部传世的戏剧作品是在短短的两个月里创作完成的。两个月！一些自制果汁减肥计划所需用时都不止两个月呢。话说回来，即便这三部作品花了比两个月更长的时间，从1605年初至1606年末这段时间无疑如学者约翰·利兹·巴罗尔（John Leeds Barroll）所说，是“莎士比亚创作生涯中的一次创作力的集中爆发”。[1]

马克·特梅尔也许会说，莎士比亚着火了。

在1605年初还无法忍受观看重演剧目的女王突然在1606年岁末得以愉快地坐在前排欣赏莎士比亚的伟大戏剧，而且还欣赏了不止一两部，而是三部。莎士比亚如此光辉灿烂且令人意想不到的文学成就不禁让人好奇，到底是什么发生了变化？

是他，抑或他身边的世界？

## 三战三捷：丽贝卡·克拉克作曲生涯的高潮

这一章的内容有关你如何拥有热手状态。对不同职业的不同人而言，它所需要的条件也是完全不同的。但是，如何将昙花一现的成功变成持久的成功，这需要我们解决和莎士比亚一样的问题。是他，还是他身边的世界？答案可能是前一个或是后一个。不过，最理想的情况其实是两者都有。因为热手状态不是一个随机事件。它是天赋、境遇加上一点点运气的巧妙融合。

丽贝卡·克拉克（Rebecca Clarke）的确很有天赋。但她不可能知道的事，或者她能知道但知道后已为时太晚的事，是她是否能时来运转。

19 世纪末，克拉克出生在伦敦城郊，她是一名中提琴手，梦想有朝一日能成为作曲家。[2] 对于那个世纪之交的女性来说，这是一个非同寻常的决定。不过，她确实天赋异禀，甚至一位从未指导过女性作曲家的传奇教授破格决定栽培她。1916 年，她移居美国，没过多久，初出茅庐的克拉克就在职业生涯当中开始崭露头角。1918 年 2 月 13 日下午，她在纽约风神音乐厅举办了独奏会。克拉克演奏了三首作品，包括首次公演的英国作曲家安东尼·特伦特（Anthony Trent）的中提琴与钢琴奏鸣曲《梦神》（*Morpheus*）和她自己作曲的两首中提琴和大提琴二重奏。一位评论家盯着她提琴上的摆簧夹盛赞她，“作为一个作曲家，这个年轻姑娘同样光芒四射”。

克拉克的未来一片光明，比纽约风神音乐厅里的任何一个人所能想象的还要光明。这是因为还有一些事是他们所不知道的：丽贝卡·克拉克就是安东尼·特伦特。她为独奏会创作了三首而不是两首作品。“如果我的名字作为作曲家在节目单中出现三次，我认为这是愚蠢的。”克拉克说道。[3] 她选择使用化名，而不是欣然接受她应得的荣誉。

有一件事对安东尼·特伦特是有利的：他是“男性”。这是克拉克自己无法体会到的。克拉克并没有对她以一个男性名字创作的那首乐曲感到格外骄傲，这只会让《梦神》引起的反响更加令人不解。“人们将更多的注意力集中在了这个名字上，而不是我写的乐曲上，”她说，“这简直就是个笑话。”[4] *Vogue* 杂志（注意这可是本女性时尚杂志）甚至有一篇文章写道，作为一个作曲家的“他”（指安东尼·特伦特）值得受到更多的关注。克拉克怀抱中提琴的照片也一同出现在这篇文章里。文章还提醒道：“我们不应该忽视克拉克小姐本人的优美作品。”[5] 但是，她的照片并不是因为那些漂亮的作曲而登上 *Vogue*，而是因为她完美呈现了特伦特的原创作品而获得了巨大荣誉。特伦特在一片质疑声中受益良多，因为他不是女性。

这类尴尬的事会让任何身在她这种处境的人都想钻进地洞。但是不可否认，也有一些事情为克拉克的发展给予了鼓舞，即便她要眯起眼睛才能看到一线希望。那些对安东尼·特伦特的喝彩事实上是对她才华的肯定。

一个绝好的机会让她再一次成功，而这个机会也将改变她的一生。克拉克与伊丽莎白·斯普拉克·克里奇（Elizabeth Sprague Coolidge）成了朋友。克里奇是一位慷慨的古典音乐赞助人，她每年都会举办室内音乐节并资助一个中提琴奏鸣曲作曲比赛，比赛的奖金为 1 000 美元。她鼓励克拉克参赛。这是一次盲选，评比标准完全基于作品本身的艺术价值，而不考虑作者的性别。这就像是为克拉克这种拥有音乐天才基因的人量身定做的比赛。克里奇十分了解 20 世纪初期女性在古典音乐界所处的不利地位。她不希望任何人遭到不公平对待。尽管克拉克还没有创作出一首完整的奏鸣曲，但她不能放过这次机会，尤其是在她受到克里奇本人的鼓励后就更不能放弃了。

克拉克创作的奏鸣曲是 73 首参赛作品之一，这些作品都来自世界上一些最富才华的作曲家。这份名单经过筛选，最后只选出两份决赛作品交由评委投票决出优胜者。担任评委的音乐家们分成两派争执不下，只好请求克里奇投下决定性的一票。当评委们打开信封宣布优胜者时，他们看到了一个熟悉的名字：著名作曲家欧内斯特·布洛赫（Ernest Bloch）。不过就在这个第二名的身份即将消失在历史之中的时刻，评委们请克里奇也打开了第二个信封。他们好奇谁是与布洛赫一决高下的人。如果他们看到的是一个类似安东尼·特伦特之类的名字，他们或许不会感到意外，而出乎他们意料的是，他们看到的名字是丽贝卡·克拉克。

“你真应该看看当他们得知是一个女性赢得第二名时的那种表情。”克里奇说。[6]

克拉克不久又参加了另一场克里奇赞助的钢琴三重奏盲选比赛。当她再次位居第二的时候，克里奇被打动了，她成了克拉克的赞助人。当命运眷顾她时，她的才华也开始闪耀。

回首过去，这无疑是她事业生涯的转折点。但是在化名安东尼·特伦特写出了作品《梦神》以及署了真名的中提琴奏鸣曲和钢琴三重奏之后，克拉克再也没有一次“命中”了。她基本上停止了音乐创作，淡出了公众视线，忙着编织和打桥牌。“我把我的作品塞进了抽屉，甚至羞于提及它们。”她说。[7]随后克拉克把自己在克里奇赞助的匿名比赛中取得的卓越成就看作“人生中一次意外的小小成就”。[8]

究竟是哪里出了问题?

1976 年，当罗伯特·谢尔曼（Robert Sherman）前往克拉克位于纽约曼哈顿上西区的公寓时，他的心里或多或少也有这样的疑问。克拉克那次“人生中一次意外的小小成就”已经过去了将近60年。如果说有谁应该知道她是谁的话，那就应该是像谢尔曼这样的著名音乐评论家，他主持一档电台节目，每天早上要播放两个小时的古典音乐。然而他也从未听说过她。

直到谢尔曼准备给他认识的一位英国女钢琴家制作节目的时候，他才颇为震惊地得知，曾跟这位钢琴家共事过的另一位英国女性依然健在，而且离他不远。当他给克拉克打电话时，她已经89岁高龄，要借助行走架才能走动。她蹒跚地走到她的衣柜前，伸手取出一张用以纪念她和钢琴家一同演出的节目单。谢尔曼不禁注意到，节目单上的一些曲目正是坐在他眼前的这位女性所写。他知道克拉克是位中提琴家，不知道她还是位作曲家。“哦，那是很久以前的事了，”克拉克说，“没有人记得了。”

只是在谢尔曼的追问下，她才讲出了她那被尘封的往事。他很快意识到他的眼前藏着一个更好的故事。他向克拉克约定了再次见面的时间——下次他们只谈她一个人的故事。

“为什么你停止了作曲呢？”他问。[9]

“唉，那就是六万四千美元[①]的问题了，不是吗？”她答道。

① 出自美国一档名为《六万四千美元的问题》的电视节目，指非常重要但又难以回答的问题。——编者注

克拉克拥有成为20世纪最伟大作曲家之一的天赋，但是她所处的环境不允许她更好地发挥天赋。克拉克生活在一个错误的时代，她没有处在能够将热手状态资本化的一个时代环境中。她的家人厌恶她的职业，嘲笑她那些总有一天会受到赞颂的作品。“对于她的音乐，人们私下有太多的嘲笑，”她的一个亲戚说道，“在这个家庭里，克拉克的音乐创作被看作一件极其荒唐的事。”[10]其实说穿了，他们的反对只能归结到一个事实上：克拉克是个女人，而那时创作优美的曲子的女性会被认为是轻佻的。正因为她所面对的这些不利条件，即便是得到了像克里奇这样的赞助人的支持，她也无法专注于自己的创作。她的职业生涯在本应风生水起的时候搁浅了，而她也无奈地接受了自己的处境。

“我没有……我好像失去了兴趣……我……”克拉克试图给谢尔曼解释，“我的确不能完完全全地告诉你是怎么一回事。”[11]

不过她曾经是可以做到的。在她没有出版的回忆录中，她甚至描述了神秘的热手现象。“在你和某些问题奋力抗争的过程中，时不时地，你会有突然豁然开朗的感觉，就好像打开了一盏电灯，”她写道，“在那些时候，尽管我对自己作品的价值几乎不抱任何幻想，但我还是沉浸在一种感觉自己潜力无穷的美妙感觉中。一次奇迹的发生让一切看起来皆有可能。每一个作曲家、作家或画家，无论他们多么籍籍无名，必定都熟悉这种感觉。这是一种极为愉悦的感觉，我觉得没有什么能与此媲美。”[12]

克拉克依旧保存着那份记忆，虽然距离她最后一次感受到这样的美妙感觉已经过去了几十年。

“世上没有什么比这更让人兴奋的事了，”她告诉谢尔曼，“但是，你做不到——至少我不行，除非（或许这就是女人不同的地方），除非它是我唯一朝思暮想的事情。”[13]

“你需要那种工作强度和专注度。”他说。

“是的，”她解释道，“否则我就做不到。”

她那深入骨髓的自卑感抵消了她的成就带给她的骄傲，以至于她只想把它们一并忘掉。那些她没有达到的成就深深地伤害了她。“大多数人甚至不知道我曾谱过曲，因为我不喜欢谈论此事。”她说。[14]

谢尔曼与一位提琴家、钢琴家和室内三重奏演奏者分享了克拉克的故事，他看到了她从衣柜里翻找出来的乐谱，并在广播上演奏了她那三首著名的曲子。这个访谈于 1976 年 8 月 30

日在电台播出，一同播放的还有克拉克作曲的其他音乐，不过曾经倾听过这三首曲子的人几乎都不在人世了。“它们太棒了，她的朋友们也都十分欣赏它们，但重要的是它们实现了超越，”谢尔曼说道，“它们以超出我们想象的方式实现了超越。”那些坐在家中聆听这些乐曲的提琴家、钢琴家和三重奏乐手们都深感震撼。他们不知道她是谁。他们确实也不在意她是谁。岁月飞逝，如今他们就像盲选比赛中的那些评委一样可以不带任何偏见地倾听她的音乐。他们很快便得出一个相似的结论：克拉克是一位杰出的作曲家。

在她柜底沉睡了几十年的那些作品如今重新流行起来。很快，她的中提琴奏鸣曲和钢琴三重奏都有了全新的录音带。电台节目播出不到一年，克拉克的中提琴奏鸣曲就在林肯中心上演了。“假如她不是一位身处不会严肃对待女性的时代的女性作曲家，克拉克女士今天或许更加广为人知。”《纽约时报》的一位评论家在一篇热情洋溢的文章中写道，并称她的奏鸣曲是“一首充满令人神往的旋律的迷人曲子，常常能在人的心中激起热情和灵感”。[15] 最终，有关她的采访和文章被结集成书出版，书名为《丽贝卡·克拉克读本》(*A Rebecca Clarke Reader*)，由著名音乐理论家、克拉克协会主席丽安·柯蒂斯（Liane Curtis）主编。谢尔曼做这件事的初衷是为善良的老太太做点事儿，最终反倒促成了一位被严重低估了的艺术家的事业复兴。“在她去世前，”谢尔曼说，“克拉克的作品得到了全面复兴。”这个故事最让人惊奇的地方在于，他无意间触发了一位已被遗忘的作曲家的复兴，而那仅仅是因为他需要一盘录音带来填补广播节目，那期节目甚至与克拉克也并不怎么相干。

“这是一系列偶然事件的会师，”他说，“加上凑巧的境遇。”

还是那个词：“境遇”。直到1979年她去世之前，克拉克才开始在主流音乐界获得她应有的位置。她没能用好她的热手状态，这自始至终都不是她的错。如果外在环境使她顺风顺水，而不是合谋与她作对，谁又能知道会发生什么呢？有些作曲家辛苦一生仍是籍籍无名，至死都没有人知道他们的名字或听过他们的音乐。对于有些人来说，缺少机遇似乎还并不那么悲惨，因为他们没有天赋异禀。但克拉克有，而她所遭遇的那无法逃避的命运是她终其一生都在思考却仍感到无能为力的事情。她甚至用玩塔罗牌来放任自己，也时不时地算命。

“我给自己算过很多次命，”克拉克说，“每一次的结果都不一样。”[16]

## 成功吸引资源，资源助推更大的成功

丽贝卡·克拉克在美国举办了她的第一场音乐会的一个世

纪之后，一位名叫王大顺[①]的统计物理学家开始研究像克拉克这样的人，尽管他对克拉克是谁毫无线索。对那些他知道名字的人，他有更多的兴趣。

王大顺研究了爱因斯坦设法完成光电效应研究的那一年所发生的事，这项研究后来让爱因斯坦获得了诺贝尔物理学奖。那时爱因斯坦本可以就此打住，好好放松享乐，然而他却发表了他的狭义相对论，一项关于布朗运动的研究以及科学史上最著名的等式 $E=mc^2$。他把一生最有价值的智力成果浓缩进了几个月的时间里。爱因斯坦在 1905 年的成就使这一年成为他的“奇迹之年”，并因此名闻遐迩。

但是当他思忖这段时光时，王大顺想知道那一年到底有多神奇。通过研究爱因斯坦的事例，他获得了一个重要的科学发现。让我们将其称为热手效应吧。

无论是爱因斯坦最好的研究接连出现，还是克拉克连续三次的成功，王大顺认为它们都不是巧合。成功是有迹可循、群

---

① 科学学与网络科学研究权威王大顺和网络科学奠基人巴拉巴西在著作《给科学家的科学思维》中通过网络科学前沿研究，借助先进的工具定量分析科学自身的演化规律，以及科学家职业生涯的影响因素。该书中文简体字版已由湛庐引进，由天津科学技术出版社于 2021 年出版。——编者注

集而来的。这种高能状态是理解从科学家到电影导演的每一个人事业开挂的关键。他们的事业是由他们的热手期来定义的。“在热手期发生的事情，”王大顺说，“才是被我们牢记于心的事。”

其中一位导演所真正执导的第一部电影是一部讽刺纪录片，有关一个虚构出来的平庸的英国摇滚乐队。罗伯·莱纳（Rob Reiner）拖着放有他 20 分钟样片的箱子穿行在一个个工作室间，并一直被告知他那名叫《摇滚万岁》（*This Is Spinal Tap*）的伪纪录片永远不会成功。最终，他从父亲的一个老朋友那里得到了他所需要的最基本的资金，接着用极少的预算在 5 周内拍摄了整部电影。这部电影在票房上只能说取得了小小的成功，但却在影评家中引起了轰动。罗杰·埃伯特（Roger Ebert）给出四星评价，并将《摇滚万岁》称作“年度最滑稽有趣、最有才华的原创电影之一”。[17] 单是这个评论就让罗伯·莱纳成了一个真正的电影导演。他接下来要做的就是导演另一部电影。

对于处在他那种情况的人来说，合乎逻辑的下一步应该要稳扎稳打行事，沿着套路渐渐融入主流。但是他决定制作另一部不被看好的电影。这部电影有一个大胆的设定：这是一部敢于用处理成年人的方式处理青少年问题的浪漫喜剧。《犯贱情人》（*The Sure Thing*）又一次在评论界获得了成功，而且这次他挣了一点钱，也因此得到了拍摄第三部电影的机会。他拍出了什么呢？他又挑了一部不被看好的电影《伴我同行》（*Stand by Me*）。对此，业内人士的意见是，这部电影注定是个灾难。它改编自恐怖小说家斯蒂芬·金（Stephen King）的小说，但它并不是一部恐怖电影。这看起来就像莱纳和金在蓄意赶走他们最忠实的粉丝。然而仿佛这还不足以毁掉这部电影，莱纳基本上启用了一批完全不知名的演员，但这部电影却最终成了票房怪兽。

现在已经没人质疑莱纳的导演能力了。莱纳大获成功，并拥有了极高的票房号召力。这两者成了如花生酱和果冻一般绝配的好莱坞组合。最终，电影制片厂也清楚了这一点，他们只需看看正面的评论，就对莱纳的项目一路绿灯，接着便只等着财源滚滚。不过，谁又能责怪他们呢？他的电影是令人愉悦的矛盾集合体。“他的成功并不在于他导演了那些每个人都期待会成为热门的电影，”一位新闻记者曾经这样写道，“而恰恰在于他拍的是没有人期望和看好的电影。”[18] 所以你也许会以为一些有魄力的制片人甚至去卖肾也要把他们的名字写在莱纳的电影上。事实并非如此。有一次莱纳和一位电影制片厂经理的对话是这样的：

“我们喜欢你拍的电影，”制片厂经理说，“接下来你想做什么呢？”

"你不会想做我想做的事情的。"莱纳回答道。

"不，不是那样的，我想做你想做的事。"

"不，你想让我做你想做的事。"

"不，我想做你想做的事。"

最后，制片厂经理请莱纳说出他想拍的下一部电影的名字。

"《公主新娘》( The Princess Bride )。"

"好吧，这个不行，其他的都可以。"[19]

让我们回到斯蒂芬·库里身上，看看他有了热手状态之后发生了什么事。他的球队开始尝试让他有更多的投篮机会，而且他的教练要求他不停地投篮，这也导致库里得分的可能性大大增加。如果你是一个拥有热手状态的导演，相似的事情也会发生在你身上。剧作家、演员、电影厂想与你合作，他们想要协助你，他们想确保你能够开拍。因为你有了热度，所以你得到了更好的机会。成功孕育成功，这就是"热手"的自然力量。

还记得库里关于热手状态说过什么吗？它一旦出现，你就得相信它。丽贝卡·克拉克没有抓住它，而罗伯·莱纳做到了。

当库里处在着火状态中时，他就像换了个人似的。他的投篮会更远，难度也更大。如果他没有预感自己的手会热起来，他是不会那样投篮的。库里这些不可思议的投篮甚至有了一个名字，叫作“热检验”，他知道即便失手也没有人会因此怪他。莱纳的热检验则是《公主新娘》。

《公主新娘》是好莱坞的大白鲸。这是一个兼具打斗场面和真实爱情的童话故事，属于傻白甜成人的儿童电影，融合了浪漫、悬念、喜剧和戏剧情节。它还讲述了一个受到诅咒的神秘事件。即使在他连续三次大获成功后，莱纳也知道拍摄《公主新娘》依然是件棘手的事。直到拍摄之前他才意识到这是不可能的，如果他能早点意识到这部电影令人胆怯的历史，或许他会选择一个完全不同的项目。

导演弗朗索瓦·特吕弗（Francois Truffaut）和诺曼·杰威森（Norman Jewison）曾经都试过拍摄《公主新娘》。罗伯特·雷德福（Robert Redford）曾经想出演这部影片。传奇编剧威廉·高德曼（William Goldman）总爱告诉人们曾经有好几个制片厂的主管在承诺拍摄他的电影后就被解雇了。这很奇怪。任何想要获得成功的电影制片厂都应该明智地遵守一条简单定律：拍摄高德曼的电影。这可是那个写出《虎豹小霸王》（*Butch Cassidy and the Sundance Kid*）和《总统班底》（*All the President's Men*）剧本的家伙！他的写作素材是如此珍贵，20世纪80年代早期，没有人会责怪好莱坞的经理们搜罗他的废弃素材甚至买下他购物清单的版权。不过，他的声望只会让《公主新娘》的传奇更加匪夷所思。

想要拍成一部电影要确保很多事情能顺利进行，因而任何一部电影的完成都堪称奇迹。从理论上来说，克拉克创作整首交响乐要比莱纳执导《公主新娘》容易。毕竟，如果说创作音乐是个人的追求，那么拍摄一部电影则需要集体努力。不过，当莱纳意识到他有了热手状态时，拍摄电影对他来说也更加得心应手了。莱纳扭转了逆势，让热手状态为己所用。

当他决定赌上自己的导演生涯，用他导演几部热门电影挣来的钱去执导这部影片时，莱纳想要说服高德曼这是值得的。他诚惶诚恐地按响了高德曼的门铃。“《公主新娘》是我写过的最心爱的作品，”高德曼开了门后说道，“我想把它刻在我的墓碑上。”[20] 莱纳详述了他对这个影片的愿景，并给高德曼看了他以前拍摄的电影的剪辑。后来他将这一次会面称作他导演生涯中最伟大的时刻，在这次会面中他获得了高德曼的赞许。一旦获得了拍摄许可，莱纳还需要一样东西：钱。《公主新娘》的电影剧本中出现了剑术、巨型啮齿动物和酷刑室，还需要有包括西西里驼背者、世上最美的女人和巨人的一系列演员班底。这是一部史诗级的大制作。而史诗级巨片的问题是它很费钱。最终，莱纳说服了诺曼·李尔（Norman Lear）打开他的支票本借给他足够的资金去拍这部电影。李尔是电视剧《全家福》（*All in the Family*）的制作人，也恰好是莱纳父亲的朋友。直到那时，二十世纪福克斯电影公司才同意发行莱纳的项目，即使这个项目是《公主新娘》。莱纳至今依旧在感慨制作这部影片是如何困难，而热手状态是使这件事看起来没有那么遥不可及的唯一理由。

我们都很幸运。如果我们有什么方法可以统计那些人们看过并喜爱的电影，《公主新娘》无疑会高居榜首。一个最接近的标准是电影的影院评分。所谓影院评分，是一家研究机构基于几十年来的电影数据给电影评分，多年的数据和它的可信度使这家研究机构的评分颇具分量。如果一部电影获得了不错的影院评分，它多半是不错的；如果一部电影获得了很高的影院评分，那它无疑会是一部了不起的电影。不过如果一部电影能得到 A+，那它会立刻成为经典。

即使只拍出了一部 A+ 等级的电影，那都称得上是重大成就。只有 10 位导演执导了两部 A+ 等级的电影。但有一个导演拥有三部 A+ 电影。这三部电影是在 5 年内连续发行的，而且除了导演，它们几乎没有什么共同之处。莱纳 1992 年导演了《好人寥寥》（*A Few Good Men*），1989 年导演了《当哈利遇见莎莉》（*When Harry Met Sally*）。他的 A+ 电影历程始于 1987 年那部没有人愿意让他去拍的影片。

那部电影是什么呢？嗯，就是《公主新娘》。

## 热手效应：天赋、境遇，再加一点运气

为了更好地理解王大顺和他的合作者发现了什么，或许应该先了解他们是怎样发现的。王大顺的团队想在诸如艺术品位、学术影响力以及电影水平等模糊概念后添加一些数字，然后他们去寻找能够帮助他们量化主观因素的客观数据。他们研究的目的不是将学者和导演做比较，甚至不是将学者与学者、导演与导演做比较，而是将爱因斯坦的一些作品与他其余的作品进行比较，他们想精确定位他到达研究创新的峰值所在。

他们收集的数据足够多，因此得到了一些有趣的结论。[21] 他们研究了 3 000 位艺术家的作品的拍卖价格，20 000 名学者在谷歌学术（Google Scholar）和科学引文索引（Web of Science）上的作品引用次数，以及网络电影资料库（IMDB）中 6 000 名导演的电影评分。在研究了这些数据后，王大顺和他的合作者发现了一个惊人的模式：91% 在商业上取得成功的艺术家、90% 有作品发表的科学家和 82% 有电影在影院上映的导演在他们的职业生涯中都至少有一个热手期。他们“着火”了。最昂贵的画作、最有影响力的研究和最受钟爱的电影都不是孤立的事件，它们是热手效应的副产品。

尽管只是在艺术家、学者和导演群体中发现了热手效应存在的证据，但王大顺确信所有行业都存在热手现象。他相信这是普遍原则。当人们有了热手状态，他们的工作量或许不变，但实际上，他们的工作质量更高了。在一段持久的时期内，人们在专业领域取得的成就甚至超过他们自己的期望。在他们有了热手状态之后，他们会更好地利用资源。当他们有了热手状态之后，这些文化名人和学术达人便会处在一种最佳状态。这与篮球场上稍纵即逝、昙花一现的热手状态有本质上的不同。这不是一个短暂的势头。他们的职业巅峰期将会持续3～5年，而且他们的成就是逐渐累积的，这就意味着存在一个变热的长期效应。

“如果我知道你最好的成果出现在什么时候，我就知道你第二好和第三好的成果出现在什么时候，”王大顺说，“那一段时期就是你的热手期。”但它不是线性的，而是锯齿折线状的。“你有了一定的水平并一直在进步，然后突然之间你的水平就会跃升到另一个层次，”王大顺解释道，“你不再是你自己。你的产出量未必会超过预期，但那段时间你创造的东西却好得多。”或许王大顺发现的最令人着迷的事情是他实际上还没有发觉的东西：我们还无法预测一个人在什么时候会获得热手状态。“这股热流可能会随时到来，”王大顺断言，“我从自己的研究中领悟到的东西着实令人兴奋。因为这种热流可以出现在任何工作领域中，唯一能真正阻挡它的方法是停止发表。假如你能持续产出作品，你的热手状态或许即将到来。”

但是，你怎么知道自己是否有了热手状态？你不知道。你也无法知道！如果你向王大顺寻求建议，他很可能会告诉你，不要在意你的处境如何，不要在意你是不是丽贝卡·克拉克或罗伯·莱纳，甚至不要在意你的热手状态已初见曙光还是已成过往。

“答案是一样的，”王大顺说，“你应该继续加油。”

关于“热手”，王大顺是个孜孜不倦的乐观主义者，这也导致他很容易忘记以这种方式行事可能会适得其反。这是一种极具风险的哲学。自信会变成自大，自大会变成无知。你的内在能力只能让你仅此而已。这并不意味着一旦你进不了 NBA，就要退出“啤酒联盟”篮球队，但这确实意味着你不应自欺欺人。斯蒂芬·库里能感受到热手状态来临的条件已经成熟。而克拉克则不这么认为。这是王氏热手效应的一个漏洞。对于很多行业来说，你的内在节奏完全受外部因素的支配。有时候，那些外力会中断你前进的道路，但结果会像拍摄《公主新娘》一样柳暗花明，妙不可言。有时候这些外力会让人信心崩塌。天赋固然重要，但好的境遇也是必要的，而且怀才不遇时，天赋往往会败给境遇。

不过，给予王大顺某些信心并相信热手效应的原因是，至少你在天赋期等待热手状态的时候，境遇正好出现的可能性依然存在。

事实上，这种情况以前确实发生过。

## 瘟疫成就莎士比亚的热手期

1564 年的一个夏日，早在王大顺出生之前，早在罗伯·莱纳出生之前，早在丽贝卡·克拉克出生很久以前，甚至早在安妮女王出生之前，英国乡下的一个小村庄曾因一个织工学徒的突然死亡而惊慌失措。这一悲剧被永远铭刻在了该镇地方志的边页上。在这名织工学徒名字的旁边是三个不祥的拉丁词：Hic incipit pestis。

意思是："瘟疫开始于此。"

瘟疫让这个小镇的很大一部分居民丧生。它是一个毫无"偏见"的杀手。织工学徒是接下来 6 个月里死去的 2 000 多人中的第一个。谁活着，谁死去，似乎成了一种偶然。瘟疫可能消灭一个家庭，而隔壁邻居却幸免于难。在亨利街的一栋房子里住着一对年轻夫妇，瘟疫先夺走了他们的两个孩子，然后是他们只有三个月大的新生儿，之后他们锁上门，密封了窗子以防止瘟疫再次入侵。他们从自身不幸的经历中得知婴儿特别容易感染这种可怕的疾病。或许他们比亨利街上的任何人都清楚，如果他能活下来，那简直就是奇迹。在瘟疫年代，10个婴幼儿中会有7个不幸夭亡。这就好像每一个家庭都在掷一枚硬币来赌孩子的性命。

不过，当瘟疫终于在英国乡下这个叫作埃文河畔斯特拉福德的小镇消失后，那对夫妇松了一口气，他们的小男孩还活着。莎士比亚是一个奇迹，他长大后注定要成就一番不可思议的事业。

有一种可能是莎士比亚对瘟疫产生了某种免疫力，因为他在还是婴儿的时候便接触到了瘟疫病毒，但这种推测都是几个世纪之后的事了，并且也仅仅是因为瘟疫对莎士比亚来说是一种长久的困扰。“瘟疫是塑造他和他的同代人生命的最强大的也是唯一的力量。”他的传记作者之一乔纳森·贝特写道。[22]

莎士比亚自小便处在瘟疫中，这足以让他辨识出它的症状。先是体温上升，接着是头疼，然后疼痛蔓延到背部、腿部、腹股沟、臂窝和脖子，不久全身开始疼痛。无论是谁，到了那个时候，若他想走走路，准会看起来像是灌了一整瓶龙舌兰。他的呼吸是那样吃力，只能含混地发出声音。在那之后状况只会变得越来越糟。皮肤变成了一片痈，甚至与瘟疫有关的词都是阴森可怖的，到了那个时候，结果是不可避免的。这种折磨的最后阶段便是无意识的啼哭。受害人在一种癫狂的状态中熬过生命中的最后几个小时。整个事件是如此悲惨不幸，足以让人花费一生的时间担心自己会怎样死去。

在莎士比亚的大部分写作生涯中，瘟疫自然是一个禁忌话题。即使有时候这是所有人唯一的心事，也没有一个人会主动谈起它。伦敦人去城里的戏院消遣，短暂地逃离瘟疫带来的恐惧。一部关于瘟疫的戏剧就像一部讲述飞机从 10 000 多米高空坠毁的电影那般具有吸引力。

不过，瘟疫又是莎士比亚的秘密武器，他没有漠然无视它。他将自己遭人嫉妒的才能和可怜的境遇转化成了热手效应。

这就将我们带进了《罗密欧与朱丽叶》那以死亡为主题的悲剧故事当中。

你在第一次读到这个故事时，基本是不可能领会到这个戏剧的疯狂天性的。你或许记得它的主要情节：罗密欧和朱丽叶出生在互为世仇的两个家族里；罗密欧和朱丽叶坠入爱河；罗密欧和朱丽叶死了。但是，你还记得这些都是怎么发生的吗？或许你不会记得。你知道真正使罗密欧和朱丽叶分开的原因是瘟疫吗？我猜你不知道。或许你能隐约回忆起在整个剧情中仅有一处明确提及了瘟疫："你们两个家族的瘟疫！"但实际上，在《罗密欧与朱丽叶》中，瘟疫无处不在。

让我们重新唤起你对莎剧的记忆。要是你不记得，我先告诉你，《罗密欧与朱丽叶》第三幕有一处死亡：谋杀！罗密欧杀死了他的对手提伯尔特（Tybalt），后者正是朱丽叶的堂兄。这时朱丽叶应该嫁给帕里斯（Paris），但她却爱上了罗密欧，这是一个棘手的问题，因为罗密欧家族是朱丽叶家族的血仇死敌。此外，罗密欧因为杀害了提伯尔特而被流放，这也是个难题。朱丽叶不知道应该做些什么，她求助于她的精神导师劳伦斯神父，而他认定只有一种办法能让蒙太古与凯普莱特（Capulet）两家和解。为了结束两个家族之间的血海深仇，他必须让罗密欧和朱丽叶成婚。劳伦斯神父的新计划需要朱丽叶喝下一种药水，这种药水可以让她长时间地昏睡，以至于她的家人别无选择，只能推断她已经死亡。同时，劳伦斯神父会给罗密欧写一封信，告诉他这一轻率的计谋，然后约翰神父会把信送到曼多亚小镇。这封信会指示罗密欧偷偷地返回，打开棺材并偷走朱丽叶，这样他们就能从此过上幸福的生活。

这是一个很糟的计划，其结果糟糕透顶，但并不是因为一些你能预料到的原因。朱丽叶喝了药水，于是她的家人断定她死了，罗密欧偷偷地回来看她，至此一切都十分顺利。但是，整个事件的走向却因为这个荒谬计划中最值得信赖的一个环节而发生了翻天覆地的变化：约翰神父从未到达曼多亚，劳伦斯神父的信也未送到罗密欧手里。

接下来发生的便是一系列的悲剧事件。罗密欧以为朱丽叶死了，他也随即自杀。朱丽叶从假死中醒来，并得知罗密欧真的死了，遂殉情而亡。“古往今来多少离合悲欢，谁曾见这样的哀怨辛酸！”

让我们倒回去几个场景，了解一下约翰神父是如何向劳伦斯神父解释他为什么从未到达曼多亚的。让我们弄清楚这整个计划是怎样失败的。[①]

**劳伦斯神父：** 欢迎你从曼多亚回来！罗密欧怎么说？要是他的意思在信里写明，那么把他的信给我吧。

**约翰神父：** 我临走的时候，因为要找一个同门的师弟作为我的同伴，他正在这城里访问病人，不料给本地巡逻的人看见了，疑心我们走进了一家染着瘟疫的人家，把门封锁住了，不让我们出来，所以耽误了我的曼多亚之行。

---

① 《罗密欧与朱丽叶》引文均出自朱生豪译本。——译者注

**劳伦斯神父：** 那么谁把我的信送去给罗密欧了？

**约翰神父：** 我没有法子把它送出去，现在我又把它带回来了；因为他们害怕瘟疫传染，也没有人愿意把它送还给你。

**劳伦斯神父：** 糟了！

再看一遍：……染着瘟疫的一家人 / 把门封锁住 / 因为他们害怕瘟疫传染。

约翰神父为什么没能把劳伦斯的信送给罗密欧？因为瘟疫。瘟疫是将这部有史以来最著名的西方爱情故事转变成悲剧的关键情节。

约翰神父未能带着给罗密欧的信到达曼多亚，因为他被困在了隔离区，而且在莎士比亚的时代，没有人敢质疑这样的限制规定。他们知道如果违反隔离规定，将被法律判处鞭刑，而带着疫病留下的疤痕在镇上游荡则可能被处以极刑。这是一种令人遗憾的死亡方式：你在瘟疫中幸存下来，却又因为瘟疫而被处死。这也是为什么约翰神父无法理解劳伦斯神父为何对他如此恼火。他当然不会理解。他没有意识到瘟疫即将毁灭罗密欧和朱丽叶。

两个神父之间的对话有 24 行。这是整部戏剧中最短的场景之一。在绝大多数阅读到它的高中孩子意识到发生了什么之前，这场戏就结束了。然而，我们必须意识到这一点。整场戏的转折点就此开始。你或许想知道瘟疫是怎样驱动着莎士比亚戏剧的发展的，或许在此之前你并不明白。不过，这才是重点。莎士比亚有意将它进行了模糊处理。他用含糊的语言写作，因为在当时的语境下，其潜台词是明显的，他不必刻意解释这一点。瘟疫就相当于莎士比亚用“伤心”结语的推文。它不需要做任何进一步的解释。“它无处不在，”哥伦比亚大学的教授詹姆斯·夏皮罗（James Shapiro）说道，“当时每个人都能准确地知道那一两行字意味着什么。”

《罗密欧与朱丽叶》不是莎士比亚最后一部利用瘟疫创作的作品。直到不久前，人们的经验法则还是莎士比亚每年会写两部戏。但是当夏皮罗开始他对这位剧作家长达一生的学术研究后，他发现他的学者同行根本算不上是统计学家。那个数字是他们简单地用他创作的戏剧数量除以他写这些戏剧的年数而得出的。根据他们的计算，如果莎士比亚在 5 年内写了 10 部戏，那他就是一年写两部。自从莎士比亚同代人在整理他最初的作品集时不是按年份而是按类别（喜剧、悲剧或历史剧）来划分他的作品以来，这些戏剧的创作年份往往就被忽略了。这个数学问题在数百年间都没有受到质疑。到夏皮罗做教授的时候，莎士比亚每年写两部戏剧的观念几乎已经成为真理了。但是这里有一个疑点，那就是：它几乎一点儿都不对。

“事实证明，莎士比亚总是倾向于在灵感迸发的时候创作，”夏皮罗说道，“这花了我好长一段时间来保持头脑冷静，因为我也倾向于相信那些没有根据的说法，说他每年产出两部戏剧。但他从来没有那样做过。”

莎士比亚的创作状态十分不稳定。他的戏剧作品并不是平均分布在他的整个写作生涯之中的。它们是集中分布的。如果王大顺研究的是剧作家，而不是电影导演和艺术家，或许他写的就会是关于莎士比亚的文章。这就是詹姆斯·夏皮罗所做的研究，而且他仔细地研究了莎士比亚在1606复兴年的境遇。“一旦你看到这些戏剧作品扎堆出现，你就会想知道，是什么能解释这么多剧作在这么短的时间被创作出来呢？”夏皮罗说。

还有另一种提问方式：莎士比亚为什么会有热手状态？

在一阵短暂的消失后，莎士比亚的创作复兴之年1606年随即到来了。在国王詹姆斯一世统治下的英国正经历着转型，莎士比亚也陷入沉默。他所理解的世界成了一个完全不同的存在。但是除了寻常的政治动荡带来的恐惧与焦虑，还有一件事困扰着莎士比亚。那就是瘟疫之年。

这可怕的疾病新近对伦敦地区的致命袭击成了发生在这位剧作家身上最重要的事情。莎士比亚利用了这一境遇为自己谋求发展，他的做法一定会受到王大顺的赞赏。他没有停止创作，他一直在写作，而他的才华将与这奇特的境遇产生碰撞，本可以杀死莎士比亚的瘟疫让他变得更强大。

瘟疫让伦敦剧院关门停业，并迫使莎士比亚的演出剧团国王剧团在表演方面要更具创造性。演员们不得不上路开启巡演，但是当他们走遍英国乡下，拜访那些没有被瘟疫袭击的乡村小镇时，莎士比亚却独自回来了。他年岁大了，不再能适应巡演生活，而且对表演也没有了兴趣。他觉得写作是对于时间的更好利用。“这意味着自 16 世纪 90 年代初期以来，他第一次有了可以支配的时间，可以自由地去和其他剧作家合作。”夏皮罗在他的《李尔王之年：1606 年的莎士比亚》（*The Year of Lear: Shakespeare in* 1606）的一书中如此写道。[23]

莎士比亚也以一种极为不光彩的方式从瘟疫中“受益”：瘟疫杀死了他的竞争对手。17 世纪初期，男孩们的剧团比莎士比亚的成人剧团更受欢迎，男孩们也因此能够从莎士比亚的对手剧作家那里得到最好的资源。这是莎士比亚无法打开的一个闭环。他正在为成人观众创作悲剧。除了安妮女王是个可能的例外，一般的观众都更想看孩子们主演的讽刺剧。但是在那个炎热的夏季，每周都有数千人死于瘟疫，而那些容易感染的人恰好是那些“偷走”了莎士比亚生意的人。国王剧团最终夺回了剧院和剧作家，因为这场瘟疫杀死了太多的年轻人。瘟疫制造了让莎士比亚显露才华的机遇。世界在朝对他有利的方向行进。他要做的就是适应它。

那个时候便是莎士比亚的计时器开始滴答作响的时候，也是他手感发热的时候，那是《李尔王》《麦克白》《安东尼与克莉奥佩特拉》接踵而至的时候。

“三部真正卓越不凡的悲剧，”夏皮罗写道，“我一直很好奇这是怎样发生的，他完全理解了我们所处的这个世界，并能够将此表达出来。”通过莎士比亚的个人生活来检视他创作生涯中的几个关键时刻，研究他的学者们很难不去那么做。而该研究领域的问题是他们仍然不清楚所有的一切。“我们对他的感受一无所知，”夏皮罗写道，“我们更加了解的，是1606年的瘟疫灾难改变了莎士比亚的职业写作生涯，改造并重振了他的演出剧团，重创了他的竞争对手，改变了他的观众类型（以及反过来他能写的戏剧类型），使他能够与有才华的音乐家和剧作家合作。”[24]

莎士比亚从来不是一个节奏型的作家，他是间歇型的。他会分阶段写作。而这个阶段依赖于他不能掌控的外力因素。瘟疫成了他一生中看似不可能的机遇。正是由于瘟疫，他能够把这场巨大的社会动荡时期完全变成他的热手期。

莎士比亚才华横溢，不管境遇如何，他都足以享受某些成功。丽贝卡·克拉克也同样如此。然而，莎士比亚能一而再、再而三地取得成功，只是因为那些形势阻断了他的路。他的戏剧既不是随机的，也不是孤立的。一部作品会促成另一部作品的产生，而它又会孕育下一部，下一部则又有望再促成下下部。莎士比亚善用境遇的能力是克拉克这样的天才从未拥有的一种能力。

因此，究竟是他自己，还是他周围的世界造就了他？两者都有。

莎士比亚改变了世界，只是因为世界先于他发生了改变。

THE HOT HAND

The Mystery and Science of Streaks

第 3 章

# 相信热手是一种认知适应，不是认知错觉

早期人类发现，资源是聚集的：汇合的溪流、成片的植物、成群的人。他们凭此寻找食物，这份智慧也随进化遗留至今，使人们倾向于相信成功也会结伴而生。不过，现代心理学家和统计学家发现，人们在随机事件中也会想象出“聚集模式”。热手效应存在吗？还是这只是人类出于认知适应而产生的错觉？

## 认知错觉一：随机就是均匀分布

声田公司出了点问题。无论用什么标准衡量，这家公司似乎都获得了巨大的成功。这家诞生于斯德哥尔摩郊外一间破旧公寓里的初创企业，如今成了世界上最受欢迎的流媒体音乐服务商之一。有数百万人会在他们的电脑上打开声田软件，或在手机上点击声田的图标来体验这样一种奇迹：几秒钟内就能收听到几乎任何一首歌曲。但是人们仍不满意。即便这家公司在通往全球主导地位的道路上一帆风顺，仍然会听到来自惊人数量的恼火客户的同一个抱怨。“用户会问：‘你们的随机播放为什么不是随机的？’”一位名叫卢卡什·波拉切克（Lukáš Poláček）的工程师说。“我们则回答说：‘嘿，我们的随机播放是随机的！’”[1]

这样的情况持续了一段时间。声田的用户坚称随机播放并不是随机的。然而，声田的工程师则坚称它是随机的。甚至有阴谋论者认为，声田的算法会偏向一些特定的艺术家，以赢得他们的唱片公司的青睐。真相并没有那么戏剧化，但也同样有趣。不过，随机播放的按钮变得如此令人沮丧，以至于声田的用户觉得唯一适当的反应就是谴责公司辜负了他们的期待，甚至或许一直在欺骗他们。

自公司成立以来，声田的随机播放功能便一直在使用同一种算法，即费舍尔 - 耶茨洗牌算法（Fisher-Yates shuffle）。这个算法是以那个草写了三行代码便可以使任何有限序列随机化的统计学家的名字命名的，它也是一个简洁的解决方案，在近百年之后仍然受到工程师们的欢迎。对于特定类型的极客来说，费舍尔 - 耶茨洗牌算法就好比是算法界的《蒙娜丽莎》。那些极客中的很多人都在声田公司工作过。不过，理解与欣赏费舍尔 - 耶茨洗牌算法的简约美并不需要拥有一个计算机科学学位。

这个算法的原理是这样的：比如在播放列表里有 9 首歌，我们称其为现有序列。每首歌都会被分配一个介于 1 和 9 之间的数字。挑选任意一个不大于 9 的数（计为 $n$），接着从现有序列中删除第 $n$ 个数而形成一个新的序列。然后，挑选任一不大于 8 的 $n$ 来重复这个过程，然后 $n$ 不能大于 7，6……以此类推，直到现有序列中没有剩余数字，如图 3-1 所示：

| N | 现有序列 | 新序列 |
|---|---|---|
| 4 | 1, 2, 3, 4, 5, 6, 7, 8, 9 | 4 |
| 1 | 1, 2, 3, 5, 6, 7, 8, 9 | 4, 1 |
| 5 | 2, 3, 5, 6, 7, 8, 9 | 4, 1, 7 |
| 1 | 2, 3, 5, 6, 8, 9 | 4, 1, 7, 2 |
| 2 | 3, 5, 6, 8, 9 | 4, 1, 7, 2, 5 |
| 4 | 3, 6, 8, 9 | 4, 1, 7, 2, 5, 9 |
| 1 | 3, 6, 8 | 4, 1, 7, 2, 5, 9, 3 |
| 1 | 6, 8 | 4, 1, 7, 2, 5, 9, 3, 6 |
| 1 | 8 | 4, 1, 7, 2, 5, 9, 3, 6, 8 |

图 3-1　播放列表序列

这看起来确实是随机的，不是吗？不过，现在让我们想象一下，有一个家庭正在开车旅行。他们为旅程创建了一个声田播放列表。每个人可选三首歌。爸爸选了三首比利·乔尔（Billy Joel）的歌，妈妈选了三首甲壳虫乐队的歌，女儿选了三首碧昂斯的歌。我们给每首歌都标记一个数字：比利·乔尔的是 1，4，7；甲壳虫乐队的是 2，5，8；碧昂斯的是 3，6，9。

现在让我们再看一下由随机生成器创建而成的播放列表，让我们看看 4-1-7-2-5-9-3-6-8 这样一个序列的播放列表是什么样的：

**比利·乔尔**

**比利·乔尔**

**比利·乔尔**

**甲壳虫**

**甲壳虫**

**碧昂斯**

**碧昂斯**

**碧昂斯**

**甲壳虫**

等一下！这样看起来好像并不是随机的，不是吗？你知道它应该是随机的，是你自己亲手设置的。但这恰恰不符合你对于随机分布的理解与认知。这一家人希望甲壳虫、比利·乔尔和碧昂斯的歌能均匀地分布在播放列表中。他们不希望连播三首比利·乔尔的歌。还没等到播放甲壳虫乐队的《顺其自然》（*Let It Be*），车里很有可能就会有人因为不耐烦而尖叫起来。

简而言之，这就是声田的问题。用户不会因为连续听到同一位艺术家的三首歌而兴奋不已，并且这样的问题并非声田公司所独有。它是如此普遍，以至于一家对手公司早在几年前就发现自己受困于完全一样的问题。

苹果原装的音乐播放器 iPod 是一款值得称道的设备，它使人们能够把自动点唱机装在口袋里随身携带。不过，并不是每个拥有最新款苹果设备的人都会感到开心。很多人怀疑他们的音乐播放器存在缺陷，它的随机播放按钮是坏的。他们的随机音乐曲目事实上并不随机。“它真的是随机的，”史蒂夫·乔布斯在 2005 年 iPod Shuffle 发布后的第一场主题演讲中如此说道，“不过有时候，随机也意味着你会连续听到同一位艺术家的两首歌曲。”[2]

那天，乔布斯也是一如既往地穿着黑色高领毛衣和牛仔裤，保持着他的风格。他的言谈中充满了自信，使人陶醉，他仿佛来自未来，从一个到处都是苹果产品的美好社会回来给人们作报告。但是，就连这位世界上最令人信服的公共演说家也不能说服人们相信 iTunes① 的随机播放是真正随机的。那天他在台上讨论随机性的原因是，苹果推出了一项新功能，叫作“智能随机播放”（Smart Shuffle），它能让 iPod 用户控制他们连着听到同一位艺术家的歌曲的频率。智能随机播放功能确保人们不会一连听到三首比利·乔尔的歌。当解释到它的工作原理时，乔布斯禁不住大笑其荒谬。“即使人们以为这会更随机了，”他说，“实际上随机性却降低了。”

---

① 一款由苹果公司开发的应用程序，是管理 iPod 设备文件的主要工具之一。——编者注

这个曾经受到乔布斯关注的问题现在也成了声田公司不可忽视的问题。声田公司总部的一些东西是瑞典文化所独有的，建筑设计师在办公室里为Fika文化留足了空间。Fika是瑞典的传统文化，即人们需要有享用咖啡和点心的休闲时间，而且声田公司鼓励员工与其他部门的人员交往。声田公司试图以此来增加人们的偶遇机会和自发互动，由此激发创意和不同想法的碰撞——这正是一种工作情境的智能随机播放。

声田是这样一类公司，它会毫不犹豫地把棘手的问题委托给一些并没有为声田工作过的人。那时，卢卡什·波拉切克还是瑞典皇家理工学院的学生，也不会每天去声田的办公室。他会主动挑选项目，并只专注于那些他认为自己能够做出改变的领域。“我只追求我想要改进的东西，”波拉切克说道。在寻找他想要改进的东西时，波拉切克注意到了关于随机播放的内部讨论。他正在学习理论计算机科学，恰好正忙于随机算法的研究。现在有一个机会能让他在计算机科学方面的理论知识得到实践，波拉切克自愿为声田公司提供帮助。

波拉切克在这个问题上的知识专长是声田公司一开始想要他这样的人加入团队的原因。但是当他告诉声田的同事他正致力于随机播放功能的改进时，很多人对此感到困惑。“这有什么需要改进的吗？”他们会这么问道，“它就是随机的！”在这个意义上，他们是对的。在这方面，确实没有什么可做的，它曾经就是随机的。

波拉切克用了一天时间和大约15行代码写出了拯救声田的算法。而让他声名大振的其实并非他的技术能力。这个将在声田公司的派对上被称为“智能随机播放先生”的男人仅仅是把同一位艺术家的不同歌曲几乎平均地分布在播放列表里。他的工作是确保声田的用户永远不会有连续听到三首比利·乔尔歌曲的负担。声田效仿了苹果的做法。只有一种方法能让播放列表看起来更随机，那就是降低它们的随机性。

不过，在他们决定怎样才算太随机之前，声田的工程师还要回答一个更紧迫的问题：为什么解决这些问题是必要的？他们派了一个团队去调查，负责人是一位名叫巴巴尔·扎法尔（Babar Zafar）的产品经理。他坚定地认为，声田别无选择，只能尽快改进他们的随机播放按钮。任何其他的行动方案只会拖延对这不可避免的问题的解决。而真正的问题是人类对于随机性的理解是有限的这一可怜事实，而这并不是金钱或技术能够解决的。随机性以某种方式麻痹了人类的思维，而这并非声田或者苹果或其他任何价值数十亿美元的大公司所能控制的。“我们的大脑是一个出色的模式匹配设备，”扎法尔说，“它会找到没有模式的模式。”[3]

我们大脑中这台强大的机器也是热手效应产生的原因，即便所谓“热手”这一说法并不存在。

## 认知错觉二：小数定律

在汤姆·吉洛维奇（Tom Gilovich）的记忆里，硅谷在成为硅谷之前是一个神奇而迷人的地方。在 20 世纪五六十年代，他还是个孩子的时候，这片他称之为家乡的地带尚未被技术改头换面。他会在春天爬上山坡，那里都是杏树、桃树和李子树；而在冬天，他在后来成为苹果总部的那片空地上闲逛，玩他的空气枪。尽管吉洛维奇是家族中第一个上大学的人，并且毕业于加州大学圣塔芭芭拉分校，他并不觉得自己不如富贵之家的孩子。当他决定攻读硕士学位时，他渴望回到他的天堂。任何一个与吉洛维奇志趣相投的人都会有很多理由选择斯坦福大学研究生院，不过，那股吸引他的力量则来自他自孩童时代起就产生的眷恋：故人。

吉洛维奇和很多像他一样的学生得出了一个结论：这个星球上再也没有比这里更好的地方来研究人类为什么会是现在这个样子，而其中最主要的原因是斯坦福大学拥有优秀的心理学系。他还惊喜地发现，斯坦福大学心理学系的人与他周围的熟人非常相似，只有一点除外：由于一系列事件的机缘巧合，他们都成了名人。当他处在这些教授的身边时，年轻的吉洛维奇只是一群学术摇滚巨星的随行技术员。

也大约在这个时期，斯坦福大学心理学系的发展恰好与斯坦福大学本身的崛起同步。20 世纪五六十年代，斯坦福大学开始实施一项战略，它一度被称为“在精心挑选的领域精心挑选教员”。提出这项充满远见卓识的战略的人叫弗雷德·特曼（Fred Terman），他对斯坦福大学心理学系的成功尤其充满兴趣。他是一位训练有素的工程师，妻子是斯坦福大学心理学系的硕士研究生。事实上，她曾师从于斯坦福大学一位著名的心理学家，也就是他的父亲。作为 20 世纪 50 年代斯坦福大学的教务长，年轻的特曼被委以重任，要负责加强斯坦福大学学术成果的产出，他一步步确立了学校的声誉，并称其为“卓越的塔尖”。[4] 他的理论是，斯坦福大学应该选择一些学科下注，并对它们慷慨给予资源。如果选择正确，那这几个学科院系就能提升整个大学的水准。特曼确定了几个公认的位于自然科学领域塔尖上的卓越学科：航空工程、数学密码学、空间物理学、核化学武器研究等。美国正在从第二次世界大战的暴行中恢复，并为即将到来的冷战做着准备，而政府乐于为那些能够协助军工联合企业发展的研究人员提供资金。有大批资金流到了那些为国防事业工作的人的手里。

心理学系并不处于最卓越的塔尖。然而，这最终成了一笔十分了不起的投资。根据一项针对一流研究生院的调查，斯坦福大学心理学系在特曼出任教务长后立刻位列全美第五名。7年之后，当美国教育委员会（ACE）再一次展开这项调查时，它已经是全国第一了。当吉洛维奇在20世纪70年代后期来到这里时，斯坦福大学俨然已成了宇宙的中心。一栋大楼里汇聚了如此之多来自这个领域里的领军人物，若是教员午餐供应了不新鲜的鱼肉玉米卷，都有可能让整个领域的研究推后好几天。心理学的许多学科从前都是分散在大学的各个院系里的：社会心理学在一个地方，认知心理学在另一个地方，发展心理学又在一个地方。但是当斯坦福大学心理学系搬到同一屋檐下后，这些专业也汇聚在一起了。这个时机再好不过，即将到来的心理学革命将把这些不同的分支结合起来，而心理学各专业的融合将在斯坦福大学率先开始。“我们曾经就是革命本身。”斯坦福大学心理学家李·罗斯（Lee Ross）如此说道。

吉洛维奇来到斯坦福大学的时候，革命基本已经结束了。斯坦福大学成功了。吉洛维奇选择斯坦福大学的理由是显而易见的，而斯坦福大学为什么选择了吉洛维奇或其他什么人，这其中的缘由似乎还并不十分明晰。当像吉洛维奇这样的人申请研究生院时，心理学家们会查看申请者的成绩、测试分数和推荐信。“不过我们主要还是会看这个人是否有想法，”罗斯说，“你的想法是什么？”他所说的想法其实是一种聪明的表达方式，指的是那些能够启发更深刻的思想的东西。斯坦福大学心理学系研究生院的掌门人得出结论：吉洛维奇非常合适。“汤姆是一个充满巧思的人，他对事物的现象有着敏锐的嗅觉，在这方面他着实是一个杰出的代表。”罗斯说道。

巧合的是，吉洛维奇在斯坦福大学的第一学期上的第一门课不仅是这些教授所传授的，它更像是一门关于这些教授本身的课程。课程的研讨会被称为“与教师见面”。罗斯想出了一个好方法来将研究生们介绍给他那些令人生畏的新同事，而不是把他们留在一个房间里并强迫他们尬聊。相反，他们将会一起讨论一篇由斯坦福大学的心理学教授所写的经典论文，而作者就坐在他们旁边。这就像是个读书俱乐部，人们要共读《傲慢与偏见》并邀请作者简·奥斯汀来主持活动。

不过，在这门课程的第一次见面会上，罗斯给了研究生们一个惊喜。他们那天要研读的文章作者并非斯坦福大学心理学系的终身教授，而是两个对世界抱有有趣观点的以色列人。

吉洛维奇从未听说过他们的名字，也从未读过他们的论文，一时略感失望。这些休假中的斯坦福大学客座讲师并不是他所期待的人。

“我们为什么不能聆听那些大师的声音？”他想。

而当这两个以色列人开始说话，他立刻就忘记了他的失望之情。

“真是太了不起了！”他想，“这些家伙是谁？”

那天研讨会的主持人是阿莫斯·特沃斯基（Amos Tversky）和丹尼尔·卡尼曼（Daniel Kahneman）①。他们很快就会成为认知心理学历史上的著名人物。

1957年，丹尼尔·卡尼曼第一次见到阿莫斯·特沃斯基时，就忍不住留意这个瘦削、苍白，头戴一顶红色贝雷帽的男人。特沃斯基即将通过考试进入希伯来大学竞争最激烈的研究领域：心理学。对数百名怀揣兴趣的学生来说，那里有20个名额可以争取。迈克尔·刘易斯在《思维的发现》（*The Undoing Project*）这本书中对两人的友谊与合作进行了精彩的叙述。这个领域的竞争如此激烈的原因是：假如你年轻、聪明，又是一个处在第二次世界大战后不久的以色列人，那么你很有可能会十分想了解人类思想的奇妙之处。

---

① 诺贝尔经济学奖得主、行为经济学之父，其著作《噪声》是卡尼曼继畅销书《思考，快与慢》之后酝酿10年思考的里程碑式巨作，行为科学领域又一重大发现。该书中文简体字版已由湛庐引进，由浙江教育出版社于2021年出版。——编者注

阿莫斯·特沃斯基年轻、聪明，而且是一个以色列人。他曾是部队里的一名伞兵，这也就解释了他头戴红色贝雷帽①的原因。他当时刚被提拔为排长，却发现他所在的部队正在进行一次重大的训练。演练的目标是在钢丝网围栏上炸开一个洞，而他们的计划是在围栏附近放置一枚手榴弹，点燃导火线，然后撤退。但计划的执行并不顺利，特沃斯基的一名士兵撤退失败了，他僵住了。要不是他的排长，这将会是这名士兵在这个星球上的最后几秒钟。时间滴答作响，他的上级命令他停下来，而特沃斯基则冲向那个士兵，将他拖离鱼雷，并在其爆炸前用身体掩护了他。他在几秒钟内拯救了那个士兵的生命。"那些曾经当过兵的人会知道这一举动是近乎不可思议的智识与勇气的结合。"卡尼曼后来说道，这已是在以色列军方授予特沃斯基最高荣誉很久之后的事了。[5] 20 岁的时候，特沃斯基就已经是一位授勋英雄了。

这不是特沃斯基赢得的最后一项荣誉。在获得军事荣誉很久之后，他还获得过麦克阿瑟基金会奖学金，这通常也被称为"天才奖"。但是关于特沃斯基可正式被视为天才的最不寻常的地方在于，认识他的人都早已知道他是个天才。他的朋友们之间流传着一个笑话，就是他甚至拥有一个以他命名的智力测验，用来测试你要花多长时间才能意识到特沃斯基比你聪明。[6]

① 红色贝雷帽是第二次世界大战期间伞兵的标志。——编者注

假如你用特沃斯基测验来测试人们的智力，你会发现斯坦福大学的人都是十分聪明的。在这栋大楼里，心理学领域最伟大的头脑们荟萃一堂，人们意识到他们需要努力跟上这位客座教授的步伐。

卡尼曼是最早便能够赏识特沃斯基才华的人之一。卡尼曼在巴黎长大，纳粹入侵后逃往法国南部，战后则移居以色列。他在耶路撒冷的希伯来大学学习心理学，在以色列军营中服满义务兵役后，于 1958 年去美国读研究生。大约 10 年后，也即在加州大学伯克利分校获得博士学位后，他开始在希伯来大学任教，在密歇根大学休学术假后，又在哈佛大学继续他的研究，最后卡尼曼重新回到了以色列。

在 1968 年的春天，他与那个 10 年前头戴红色贝雷帽、正等待被希伯来大学本科心理学系录取的年轻伞兵再一次不期而遇。他们相逢在美国的大学里。不过当卡尼曼去了哈佛时，特沃斯基已经回到了以色列，成了希伯来大学的一名教员。等到卡尼曼邀请他在一次研究生研讨会上发表关于判断的演讲时（这正是卡尼曼的专业领域，卡尼曼也即将做出自己的判断），他开始怀疑特沃斯基是个天才。他们课后共进了午餐，并进行了轻松的对话。那是他们长达数十年的一系列关于理念和思想的对话中的第一场。那天午餐时间的对话开启了他们此后长达数十年的有关判断与决策的研究。

他们最初的合作成果之一是他们于1969年美国心理学会会议上发表的一项调查研究。卡尼曼和特沃斯基对一些训练有素的科学家，即他们的同事们做了问卷调查，调查结果令他们十分惊讶：他们对随机性的直觉正使他们误入歧途。不仅只有普通民众对于理解随机性存在困难，那些因工作需要而专门接受训练去理解随机性的人们也一样。每个人都是如此，也包括卡尼曼和特沃斯基。

他们从问卷调查中得出的结论是前所未有的，也从此成了卡尼曼和特沃斯基的经典发现。现在阅读他们的发现就像是在汉堡的一个邋遢俱乐部里听到模糊的音乐录音，继而一点一点地发现这个乐队最终会成为如今的甲壳虫乐队。即使是在他们合著的第一篇论文中，卡尼曼和特沃斯基也并不像典型的心理学家那样写作。他们抗拒传统的关于介绍、方法、结果和讨论的那一套写作格式，而是把他们的经验结果穿插在描述和分析他们所观察到的现象的宏大叙述中。他们大胆地将文章变得通俗易懂，但也从未骄傲自大。他们不会那样，他们会取笑他们发现的每一个偏差和错误，因为他们自己也曾经抱持同样的偏见和错误。事实上，这是其中最有趣的部分。

等他们要在《心理学公报》（*Psychological Bulletin*）上发表第一篇论文的时候，他们以掷硬币的方式来决定把谁的名字放在前面，因为他们俩的贡献不相上下，而拥抱随机性看起来像是唯一能够公平解决谁是第一作者这个问题的方法。他们的第一篇论文的作者是特沃斯基和卡尼曼，下一篇则是卡尼曼和特沃斯基。对于他们后来发表的每一篇论文，他们都会变换他们名字的排列顺序。

他们合作的突破点是 1974 年发表在著名期刊《科学》上的一篇论文，它被简称为“科学论文”（作者是特沃斯基和卡尼曼）。这篇论文写了一年。他们用铅笔写作，反反复复修改了几十遍草稿，字斟句酌。在富有成效的一天里，他们也许只写了一句话。这就是他们将学术论文写成诗歌的过程。“每当最开始的想法不错时，阿莫斯总能确保这一点，你最后完成的结果便不会改变很多。”卡尼曼后来写道。[7]

这篇科学论文有太多出色的想法，而且它写得非常认真细致，也就很难想象它还能改进多少。论文的基本论点是人类依靠某些规则来做决策。这些规则通常是有用的，除了它们不起作用的时候。“有时候它们会导致严重的系统性错误。”这两个以色列人写道。[8]这篇论文谈论了那些令人苦恼的人类错误，也即愚弄我们的认知偏差和错觉。他们发现了在人们应该如何进行决策和人们实际上如何决策之间的差别。

他们探究的认知偏差之一被他们称为“小数定律”（law of small numbers）。大数定律表明大数据集不太可能被极端值所歪曲，但是小数定律则要求人们根据很少的数据样本来推断太多的结论。我们容易“对基于小样本结论的有效性抱有过分的自信”，正如他们所表述的那样。这种小样本结果适用于大样本的信念可能是错误的，换句话说，因为那些扭曲小样本的极端值在大样本中会消失不见。但是很少有人能摆脱小数定律的影响。卡尼曼和特沃斯基的研究表明即使是专家，在他们的专业领域也倾向于出现这样的偏差。从学术心理学领域到以色列军队，他们在每一个地方都注意到了小数定律，而且在任何他们留心的地方也会发现它。

“设想有一个科学家，他按照小数定律来生活，”他们写道，“这位科学家可以是个气象学家、药理学家，或者是个心理学家。”[9]

最后一个例子（指心理学家）或许有些无耻，但它自有其目的。这是一个有力的提示，表明卡尼曼和特沃斯基研究的并不是气象学家或药理学家。他们的工作十分美妙，因为他们研究的是他们心理学系的同事。在一定程度上，他们是在研究他们自己。“他们会选择具体的案例，”罗斯回忆道，“他们会挑选材料来实施他们的想法。”

吉洛维奇在就读斯坦福大学心理学系前并不了解卡尼曼和特沃斯基，但是，他在研究生院里的第一天的第一门课上读到的第一篇东西就是这篇论文。他立刻被迷住了。吉洛维奇不禁想起那些告诉他自己一直在用错误的方式看待世界的人。

特沃斯基很快就成了斯坦福大学的教授，而吉洛维奇将参加他以判断和决策为主题的研讨会。特沃斯基推荐他阅读一篇有关随机性的论文，这篇论文向吉洛维奇展示了我们是如何赋予无意义之事以意义，并在没有秩序的地方探索秩序的。吉洛维奇开始思考我们的想法愚弄我们的种种方式。

我们看到月球表面有一些斑点，就以为宇宙正在发送讯息。我们连续听到同一位艺术家的几首歌，就以为声田公司的播放列表是古怪的。我们看到成功的投资者，就将运气和技巧混为一谈。这类错觉中最有名的例子便是第二次世界大战期间德国人向英国投下炸弹，而伦敦人迫使自己相信炸弹的落点一定有其规律或理由。[10] 然而，事实上真没有，它就是随机的。

"人们会无中生有地创造一些模式，"特沃斯基曾经说，"然后编造理由去解释它们。"[11]

如果说这篇关于人们会随机地想象一些模式的论文是正确的话，而且他确信这篇论文是正确的，仅仅是因为特沃斯基这样说过，那么，吉洛维奇怀疑他们会在任何一个地方发现这一现象。有一个他特别想要寻找这类现象的地方：篮球运动。

他不必向他的学术导师推销这样的概念：篮球运动这一研究领域可能是一片学术沃土，因为特沃斯基自己便十分喜爱篮球。篮球是几个为数不多的能和特沃斯基的研究领域一样令他心驰神往的主题之一，除此之外还有以色列政治、宇宙大爆炸和天体物理学。在数以百万计的沉迷篮球的人当中，特沃斯基无疑是最聪明的。当然，吉洛维奇也不甘示弱，他同时还是一位很棒的篮球运动员。有一年，斯坦福大学心理学系的篮球队一路杀进了校内锦标赛决赛。他们在最后一球输给了斯坦福大学的橄榄球队。而这个橄榄球队中的“篮球队”的明星不是别人，正是后来成为美国国家橄榄球联盟的四分卫的约翰·埃尔韦（John Elway）。

吉洛维奇因为太过羞怯而无法表露自己对篮球中的随机性这一课题的兴趣，也不敢宣称特沃斯基值得为此投入时间和精力。特沃斯基是个巍峨的知识巨人，他可以选择任何一个话题，并因此揭示有关人类思维的趣味知识。“阿莫斯在对于研究问题的选择上有着臻于完美的品位，”卡尼曼曾经说道，“而且他从不在那些注定无关紧要的事情上浪费太多时间。”[12]

在研究生院开学几个月后，吉洛维奇在特沃斯基的办公室拜访了他，此外他还提到了篮球运动中的随机性可能也会被误解。他认为我们那可怜的直觉可能会让我们看见那些并不存在的东西。他的理论是球员和球迷可能夸大了热手效应的意义。

这项调查触及了那篇论文的许多基本观点，无须过多解释，特沃斯基也很快意识到，所谓的“热手”或许是一个迷思。

以特沃斯基的行事风格，他其实也早已在思考这个想法了。他甚至已经开始收集波士顿凯尔特人队的比赛数据，并跟踪球员在手感好的时候是怎样投篮的。不过，他也一直遇到同样困扰其他热手效应研究者的问题：没有数千小时的对于篮球比赛的编码统计，就没有办法对热手现象进行严格细致的分析。更何况特沃斯基也没有对篮球痴迷到那种地步。但是，吉洛维奇发现了一位有趣的统计学家，他是费城 76 人队的狂热粉丝，吉洛维奇希望这个人能够足够狂热地记录下热手效应研究所需要的足够多的数据。不过，吉洛维奇并没有提议做这类研究。其实他只是编造个借口想要追随特沃斯基而已。如果那天特沃斯基把他随便打发走，吉洛维奇或许早就忘掉关于热手效应的事了。特沃斯基也可以告诉吉洛维奇这是错的，热手现象当然是真实存在的，而吉洛维奇也会相信他。

“我没有足够的底气说我是对的，阿莫斯是错的。”他说。

特沃斯基并不认为吉洛维奇的想法是错的。他观看球赛的经历让他对这个研究生正在琢磨的概念产生了共鸣。不过，他有一个略微不同的假设。特沃斯基并不认为热手现象被夸大了，他认为它根本不存在。而且他认为调研这种可能性是个很有潜力的想法。

“这完美体现了阿莫斯的工作方式的独特优势，”罗斯说，“这种现象是什么？‘人们对于随机性有着错误的概念，而且在看待随机分布时，又会自以为发现了非随机性’。”

“这并非什么生动且令人记忆深刻的叙述，”罗斯继续说道，“至少与下面的说法不能相比：‘球迷到处都能看到热手现象，但是统计分析没法证明这一点。’”

这是特沃斯基欣赏吉洛维奇建议研究篮球热手现象的原因。它关乎一个想法该怎样被实施与操作。因为篮球中的热手现象不是真的与篮球有关，而是与行为有关。这也是吉洛维奇不久就收到了一条即将改变他职业生涯的短信的原因：“阿莫斯想见你。”

## 进化遗留使我们相信热手效应

一位认知心理学家研究热手效应会这么想：我们为什么会如此愚蠢？另一位进化心理学家研究热手效应却会这么想：要是我们并不是真的愚蠢呢？

“我拿不定主意是否能把热手谬误看作起源于北美篮球运动，”安德烈亚斯·威尔克（Andreas Wilke）说道，“我个人对这个说法不太满意。这倒不仅仅是因为我是个进化心理学家和一个德国人，而是与篮球相比，我更喜欢足球。”

作为位于纽约州北部的克拉克森大学的教授，威尔克并不在意热手效应是不是真的存在，他真正感兴趣的，是人类从未能摆脱这一偏差。“有没有可能这一偏差本质上并不是个偏差，而是进化过程的遗留产物呢？”他说。

威尔克认为这不是存在于人脑的一个故障。它是一个特征，是我们为了生存而配备的识别模式和处理信息的生物学方法。这是存在于25 000年的进化史中的根深蒂固的达尔文主义。其实，进化青睐的往往是那些信奉热手效应的人们。

为了理解热手效应为何是一种认知适应，而非认知错觉，我们先要理解人类识别模式的最初目的。作为一名进化心理学家，威尔克习惯于回溯有关现代行为的历史线索。当他思考热手效应以及人们为什么会相信它的时候，他最有力的猜测是我们的祖先要依靠热手状态来寻找食物。祖先们的日常生活所需资源既不是随机分布的，也不是按比例分散存在的。它们是集群式分布的，这是自然界的规则。有成堆的食物，一股股的水流，成片的树荫，成群的人，源源不断的信息。它们层层堆叠，而这其中存在着尚待发现的模式，而对那些发现一些模式的早期人类来说，这会给他们带来实实在在的好处。

自那时起，世界一直在悄悄地发生着改变。它不再是簇生或丛生状态了，但我们没有改变。我们依旧在寻找模式，即便我们的环境事实上已经是随机的了。

无论如何，那是威尔克的理论，虽然这一理论对他而言难以验证。这一难点便在于要把时钟拨回至数百万年前，并招募原始社会群落参与他的研究。威尔克既没有资金也没有专门的技术去建造一个可运行的时光机。

不过他没有必要去那么做。威尔克与一位生物人类学家H. 克拉克·巴雷特（H. Clark Barrett）合作，后者只需要登上一架飞机就可以了。巴雷特习惯远离实验室去做田野调查，他的调查对象也并非那些需要获得心理学课学分的大一新生。接下来，这项独特的研究的调研对象可能是我在科学研究中所遇到的最不一样的两批人：生活在亚马孙雨林的以狩猎和采集为生的土著舒阿尔人和生活在加州大学洛杉矶分校梦幻校园里的学生。这些在自然环境中觅食的舒阿尔人是威尔克能够接触到的与他们想要研究的祖先关系最近的人。这是对于一个进化心理学家所遇到的一些固有问题的明智的解决方案。

巴雷特搭乘巴士前往厄瓜多尔，在那里他又换乘了多趟巴士，然后转乘一辆卡车，驶过一条土路，最终见到了他的调查对象。他忍受着长时间的蚊虫叮咬来向他们展示一项尚未普及到这遥远村庄的技术：他的手提电脑屏幕上是一系列的测试项目，来衡量他们到底多么相信热手现象。舒阿尔人和加州大学洛杉矶分校的学生会玩同样的电脑游戏。这项游戏对于一组调查对象来说是无比刺激兴奋的，对另一组来说则十分平淡无味。巴雷特向他们演示了一个击中一百次失误一次的序列，他们必须猜测接下来的一次是击中了还是失误了，每猜中一次便会得到现金奖励。（结果是加州大学洛杉矶分校的学生比舒阿尔人得到了更丰厚的现金奖励。）

游戏的设置是这样的，击中或者失误的概率各为50%。舒阿尔人和大学生本质上是在玩投硬币游戏，这一次是正面还是反面？其中的一项测试便是如此。游戏里的物件是一枚硬币，在这枚硬币掷出之前他们就要下注。只不过，在另一项实验中，硬币变成了一棵树，他们要打赌下一棵树是有果子还是没果子。

当威尔克和巴雷特计算掷硬币的结果时，他们注意到了加州大学洛杉矶分校的学生和舒阿尔人之间的一个差别。加州大学洛杉矶分校的学生意识到投掷硬币是随机的，因而会依照概率做出反应。然而，舒阿尔人则会连续几次做出一样的猜测。

在后者的心里，硬币的正反面落地和果树有没有果子，在概率上和其他自然资源的多寡是相似的，它们都是成群连片的。

不过，在观察果树实验结果时，研究人员并没有发现两组之间的差别。加州大学洛杉矶分校的学生与舒阿尔人的行为方式是一致的。对于这些住在城市里的学生来说，这些自然资源是非常怪异的。如果前面的一棵树上有果子，他们更有可能会在下一局押有。如果前一棵树上没有果子，他们更可能会在接下来的一局押没有。有紧挨着有；没有紧挨着没有。舒阿尔人和加州大学洛杉矶分校的学生的共同点，或许这也是他们仅有的共同点，就是他们都相信热手效应。

热手效应不仅仅是一个“系统小故障”那么简单，威尔克和巴雷特写道，或者说是“西方工业文化的副产品”。热手效应之所以存在，是因为它具有进化论上的优势。“热手效应是人类思维的一个普遍特色。”他们总结道。[13]

但是，在人类范畴之外的情况又会是什么样的呢？

当本·海登（Ben Hayden）从罗彻斯特大学开车去见威尔克时，这个问题便一直萦绕在他的心中。海登早就被“热手”这一概念所吸引，但不仅仅因为他是一位认知神经科学家。在他研究生学习的最后一年，海登几乎每天都在打篮球。“我块头大，速度慢，”他说，“不过，当我玩球时间久了以后，我实际上能算得上是一个不错的投手。”在那一年的一些日子里，他的水平甚至已经不仅仅是“不错”这个词所能形容的了。在那些日子里，他就是个笨拙版的斯蒂芬·库里。海登注意到这种完全沉浸其中的感觉开始渗透到他生活的其他方面。如果他在实验室的进展很顺利，他在篮球场上也会玩得开心。他以前经常和一个对热手效应深信不疑的人打壁球。海登告诉他这个想法是很傻的。为了证明他的观点，他的壁球球友开始记录他们的战绩。“数据是不会错的，”海登说，“数据支持了他的观点。”

像任何优秀的科学家一样，海登忠于数据。数据是他成为一位科学家的首要原因。他还是一个化学专业的本科生时，正准备去研究生院学习他称之为“分子材料”的东西，后来他为了完成毕业要求而在大四第二学期修了一门人文课程。这门课程叫作“心灵哲学”。他觉得这门课很有趣，但也很让他恼火。让他感到沮丧的是课上那些关于自由意志的讨论中完全缺少客观证据。“如果你们能把电源线插进脑袋里，你们就能轻易地回答这些问题了，”他记得自己当时这么想，“只要一点点数据就可以轻易解决人们自古希腊以来便一直在进行的这些愚蠢的哲学争论。”虽然他很想继续在分子和细胞生物学领域获得一个博士学位，但这一门哲学课程使海登备受鼓舞，便转而开始研究决策的心理学，尤其专注于动物和认知领域。他的学术兴趣中尤其吸引人的地方是猴子和人类如何处理不确定性。这正是威尔克邀请他到校园里来要讨论的课题，之后他们共进午餐，他们的谈话也转换到那个能够涵盖他们所有研究领域的那个话题：热手效应。

“我们应该在猴子身上测试一下！”海登说道。

像本·海登和安德烈亚斯·威尔克这样的学者喜欢研究猴子的原因是，这可以帮助他们发现这些偏差在我们的进化过程中可以追溯到多久之前。“这些偏差是天生的，”海登说，“还是在我们这个时代出现的？”

为了回答这个问题，海登从罗彻斯特大学的猴子基地中选了三只幼年恒河猴。他已经知道人类往往会试图在随机中寻找模式，他还想知道我们人类这一最后的共同祖先是否也是如此，以及让我们变得愚蠢的事情在其他某些时候是否会是一种智慧。

不过，他首先要做的是让猴子开心。让猴子开心和让人类愉悦的都是大脑中相同的愉悦中心。“你会强烈地想要让猴子们感到开心，因为它们能给你更多更好的数据，”他说，“不过，你不能只是给它们食物，你要让它们自己去寻找食物，你要不断地去五金商店，给它们设置一些类似迷宫的装置，这样它们就不得不去寻找食物。”

在海登实验室的测试房间里，恒河猴们坐在人体工学椅子上，实验室被涂成黑色，电绝缘且完全静音，以限制干扰因素。实验开始了。恒河猴们盯着电脑显示器。显示器上有两张并列放置的自然景物照片，这些猴子被要求选择其中的一张照片，依据是它们的眼睛是往左看还是往右看。如果猴子选择了正确的图片，也就是海登和其他人想要猴子选取的照片，那么它就会被奖励水和樱桃汁。

人们从另一个房间观察实验进展，发现这些猴子做了数千次选择。这就像在一个停车场目睹了一场交通堵塞。“如果这个过程只有5分钟，那这个过程是很令人激动的，”海登说，“但如果是3个小时，则会变得十分无聊。”不过，每一天的实验都有些许不同，这也是为什么这项对猴子的研究与人类息息相关。那张能让猴子赢得更多果汁的照片被换到了另一边。有时候更换的频率是10%，有时候是90%。不过每一天的频率是固定的。这样每个猴子都会有足够的时间来适应变化并做出尽可能多地赢得果汁的决定。猴子的目标是获得尽可能多的果汁，而人类的目标是穿过植物分散的地带采集到簇生或丛生的食物。

当照片有超过一半的时间都停留在一边不动时，对猴子而言，最好的策略就是盯住那一边。而这个策略对猴子来说是不难的。它们真正在做的事是觅得更多的资源。当这两张照片在电脑屏幕上各占一边保持不变时，三只猴子喝到果汁的频率分别是 90%、87% 和 84%。这个游戏旨在激励它们信奉热手效应，显然这些猴子完成得很好。[14]

但是，当相信热手并不是理想策略时，猴子们便输得很惨。这时海登的猴子们开始感到口渴。那个有 90% 命中率的猴子的新命中率降到了 71%，命中率为 84% 的猴子，新命中率降到了 70%。而那个命中率是 87% 的猴子一定十分口渴难耐，因为它的命中率狂跌至 33%。

这些猴子无法去采集那些分散在四处的资源，即便它们对猴子们有着强烈的诱惑。观察猴子的人们由此得到提醒：猴子和人类没有那么不同。我们和猴子都强烈地相信“热手”的存在。“它们和我一样有着奇奇怪怪的偏见。”海登说。

## “热手”只是我们的认知错觉吗

1982 年的一天，汤姆·吉洛维奇和他的研究助理们走进了一间健身房，采访了一群体型壮硕、汗流浃背的实验室“小白鼠”：费城 76 人队。

在为哈维·波拉克（Harvey Pollack）设计的球场实验进行训练后的一天，这些职业篮球运动员被召集到了心理学家的面前。像他那位来自斯坦福大学的访客一样，波拉克也沉迷于篮球并着迷于“热手”的概念。不过，他不是个学者。他是 76 人队的统计员。那时，波拉克对统计拥有非同寻常的热爱，人们因此送他外号“超级统计员”。他正是吉洛维奇要寻找的那个人。波拉克手上有吉洛维奇和他的助手所需要的信息。实际上，也只有波拉克才有这些信息，因为他是 NBA 唯一一个费心费力一直追踪记录球员投篮情况的人。波拉克没想到的是，吉洛维奇突然打电话问他是否愿意帮助他们的一项以热手效应为主题的研究，波拉克爽快地把他潦草的笔记文件影印本寄给了那些承诺会弄懂热手原理的斯坦福大学研究者。阿莫斯·特沃斯基、汤姆·吉洛维奇和罗伯特·瓦隆（Robert Vallone）一下子就有了费城 76 人队 1981 年赛季主场的投篮记录和序列。

用 NBA 球员作为实验小白鼠以代替动物的好处是：当被问到问题时，球员们可以做出回答。吉洛维奇和他的研究助手有一堆问题要问像朱利叶斯·欧文（Julius Erving）和达里尔·道金斯（Darryl Dawkins）这样的明星球员。不过，他们最想知道的是，这些球员是否相信热手效应的存在。

他们是否在连续投篮命中之后会感觉再次投篮必定不会失手？ 76 人队的球员认为的确如此。他们是否认为在一连串命中之后接下来的投篮会有更大的机会命中？是的。在接连命中后，他们是不是会投更多的球？是的。他们是否认为把球传给手热的球员是一个正确的策略？76 人队的球员强调说是的。

这正是吉洛维奇希望他们回答的。事实上，他已经用同样的问题调查了 100 个球迷。他们给出了和 76 人队一模一样的答案。他们绝对相信热手效应的存在。但是，这不是全部。吉洛维奇接着向这些球迷描绘了一个假想的投篮命中率为 50% 的球员。在这个球员命中一球又投失一球后，他让他们估计这个球员下一次投篮的命中率。这项调查的参与者都是来自斯坦福大学和康奈尔大学的聪明球迷，但是他们的回答违背了概率原理。他们认为：那个命中率是 50% 的投手在命中一球后就会变成一个命中率是 61% 的投手；而在投失一球后就会变成一个命中率是 42% 的投手。这一估计似乎没有多大的数学上的意义。他们对热手效应的信仰如此强烈，以致他们的大脑似乎无法再理智思考。

如果证据显示与他们的直觉相反，他们的认知便呈现出了认知偏差的所有典型特征。吉洛维奇、瓦隆和特沃斯基已经掌握了这样的证据。他们查看了波拉克给他们的 76 人队的投篮序列信息，并计算了每一位球员在投中一球和投失一球后的命中百分比。假如热手效应真的存在，那么，在投中一球后再次命中的概率应该较高。然而事实并非如此。有的球员在投失一球后更有可能命中一球。当他们自以为手热时，事实却并非如此。在 76 人队连续投中三球的那些高光时刻，也就是蒂姆·奇茨罗会大喊他们着火了的时候，这些球员接下来的投篮情况比连续投失三球后还要糟糕。

吉洛维奇、瓦隆和特沃斯基在 76 人队没能发现任何一连串弹无虚发的投篮证据。不过这不仅仅局限于 76 人队。他们还获得了波士顿凯尔特人队的罚球数据，这些数据同样也没有显示热手效应存在的线索。为了消除余下的一点疑问，研究人员安排了一个环境更加可控的实验，将一个球场改造成了他们的实验室。一天，他们从康奈尔大学男女球队邀请了 26 名球员来到球场，然后在球场上确定一个点，在没人防守他们的情况下，他们要在那个点进行大约一半的投篮，他们在那里的投篮就像掷硬币。每个球员会在那个点上尝试一百次投篮，并且要在每次投篮之前对是否能投中做出预测。

由于精准的预测会得到酬劳，他们因而拥有了明确的动力来力求预测正确。受试者被要求对自己下注，既对他们的投篮能力也对他们的直觉下注。在每次投篮之前，他们要下注：投中得 5 美分，投失得 4 美分，或者投中得 2 美分，投失得 1 美分。当他们越是感觉自己手热时，下的赌注也就越大。

不过，他们不是实验中唯一的赌徒。吉洛维奇还从围观的球员那里收集赌注，他想测试旁观者在预测能力上是否会有更好的表现。

实验结果让热手效应仿佛如坠冰窟。这些投手在预测他们哪一球能中、哪一球不中的表现上不出所料地糟糕透顶，即便是在他们毫不怀疑自己有了热手状态的情况下也是一样。他们的围观者也没有好到哪里去。这些投手和观众仅仅是因为前一次投中，便喜欢对下一次投篮命中增加赌注。他们倾向于相信热手效应的存在，而且在他们的赌博实践中深刻地贯彻了这一认识。

吉洛维奇、瓦隆和特沃斯基现在查看了76人队、凯尔特人队和康奈尔大学篮球队的成千上万个投篮数据，他们没有看到任何相关数据暗示球员相信热手效应是对的。不过，要了解他们为什么会相信热手效应，研究人员还得进行最后一个实验。他们又回到了他们调查热手效应的那一百个学生那里，并向他们展示了一系列看起来像是一对青少年情侣互发的信息文本的序列串：

XOXOXOOOXXOXOXOOXXXOX

这些学生看了6个这样的序列，它们看起来与舒阿尔人所看的次序没有多大的不同。序列里总计有21个X和O符号，11 个 X 和 10 个 O，不过它们的交替率是不断变化的。像 XXXOOO 这样的序列或许多于 XOXOXO 这样的序列。学生会在指导下对 X 和 O 进行研究，并推测一个序列是意味着机会投球还是连续投球。机会投球在我们看来是一种随机性的体现，而连续投球则意味着手感火热。

图 3-2 是他们答案的呈现图：

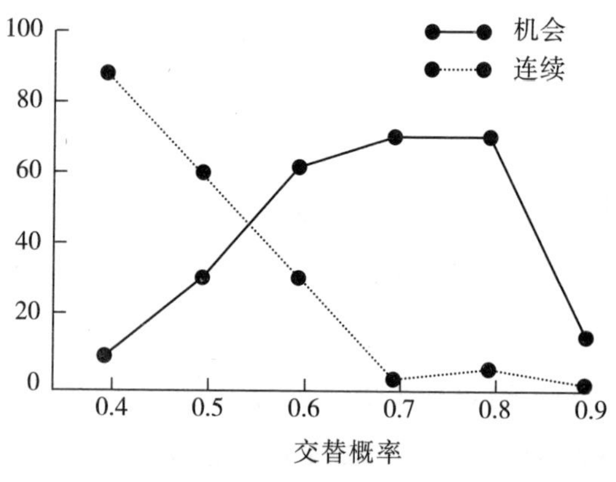


图 3-2 序列串呈现

低交替率的序列串位于图的左边，学生们认为像 XXXOOO 这样的序列串是连续投球。图右边的序列串有较高的交替率。学生们认为 XOXOXO 则代表了机会投篮。不出所料，他们把连投连中归因于热手效应。

吉洛维奇、瓦隆和特沃斯基将注意力放在了 0.5 上面的两个点。这时字母的交替率是完全随机的 50%，即 X 变成 O 的随机性就像投掷一枚硬币。这代表着最纯粹的一次机会投篮。然而大多数学生不是这样看待这种随机性的：62% 的学生把机会投篮理解成了连投连中。他们看着完全的随机性，却想象出了一只“热手”。

为什么？其潜在的原因要追溯至吉洛维奇参加那次师生见面会时读到的那篇科学论文，以及阿莫斯·特沃斯基在他有关判断与决策的研讨会上带给他的随机性研究。人们在看待一个从长远来看是随机的序列串时，会希望它在短期也应该是随机的。但事实并非如此。而且关于随机性一个可能最值得注意的点就是，专家们会比其他人更容易受到偏见的影响。在这个特定实验中，这些球员是专家。他们记得每一次手热的感觉，而且他们拒绝相信这些铭刻于心的事件是随机的。正如特沃斯基一针见血地指出：“对人类事务寻求解释通常是对随机性的抗拒。”[15]

吉洛维奇、瓦隆和特沃斯基已经得出了一个简要的结论，即人类的直觉可能是错的，人们会系统性地误解随机性，而这类偏见会把我们带往各种不同的方向。现在他们也有了证据。这也就意味着是时候将这些内容写出来了。

几年后他们发表的学术论文无疑是场轰动。随之而来的骚动和争吵也是由于他们的结论：没有热手效应。不过，这种没有却是正确意义上的那种没有。他们的研究有三个重要发现：第一是篮球运动中不存在热手效应这种东西；第二是人们从根本上高估了连胜的性质，并对热手效应有着夸张的看法；第三是人们有一个令人讨厌的习惯，即会在随机的事物中尝试找出模式。“目前的数据显示了一种强大的、广泛存在的认知错觉的作用，”吉洛维奇、瓦隆和特沃斯基如此宣称，他们总结道，“因而，对‘热手’的信奉不仅仅是错的，而且代价高昂。”[16]

他们的论文是如此让人难以接受，导致大多数人干脆拒绝相信它。这是一项对几乎每个行业都意义深远的工作，这是一扇反映人类心灵的窗户。这篇论文是反向思维的，简洁明了、通俗易懂，它以篮球教练都能理解的语言写成，也具备一篇论文所需要的全部要素，但是很快，它就被《科学》期刊拒绝发表。

吉洛维奇、瓦隆和特沃斯基用他们的“干草叉”破坏了理性思想的城堡，并开展了一项几近违背直觉的研究。如果《科学》期刊的负责人对这篇论文是这样的回应，你就能想象它一旦在《认知心理学》期刊上发表，那些傲慢的篮球教练会有什么样的反应。

不过，你不必想象这些。一位幸运的记者有幸与波士顿凯尔特人队的传奇教练阿诺德·奥尔巴赫（Arnold Auerbach）分享了这一研究成果。奥尔巴赫既没有被特沃斯基严谨的学术工作所影响，也没有认同他关于热手效应是凭空想象之物的主张。“那家伙是谁？”他冷笑着问道，“所以他做了个研究，但我不在乎。”[17]这时候，我乐于想象奥尔巴赫把雪茄掐灭在桌子上，并充满厌恶地大步离开办公室的样子。

来自篮球当局的抵制是强烈的。不过没有什么比这更能让特沃斯基高兴的了。那些想要去纠正他们错误的专家拒绝那么做。事实上，他们声称这不是个错误。在他那场有关判断与决策的研讨会上，也就是吉洛维奇还是个研究生时参加的那一场，特沃斯基一直没有停止他在篮球“热手”方面的开创性工作。他喜欢用以“热手”为主题的演讲结束他那享有盛名的课程，其中便包括了对阿诺德·奥尔巴赫的引述。他对阿诺德·奥尔巴赫是怎样不情愿相信数据，却恰恰佐证了论文观点的故事津津乐道。人们认为热手效应是真实存在的这一广泛共识反倒让“热手”变得不再真实。

“有很多关于热手效应为什么能够存在的精彩理由，”特沃斯基喜欢这样说，“它唯一的问题是它并不存在。”[18]

1966年春天，特沃斯基给学生的最后一次演讲是关于热手效应的研究。伟大的阿莫斯·特沃斯基在那个学期末因癌症逝世，终年 59 岁。

就在几个月前，负责授予诺贝尔经济学奖的瑞典委员会刚刚秘密修改了规则和条例，这也是诺奖委员会十分在意的事情。[19] 委员会修改的是对于经济学的定义。那些推动更广泛的社会科学领域，例如社会学、政治科学，尤其是心理学取得进步的人现在都有资格获得诺贝尔奖了。

等到他们终于能给特沃斯基颁发诺贝尔奖时，为时已晚。诺贝尔奖是不授予逝者的。第一个不是经济学家却赢得诺贝尔经济学奖的人是丹尼尔·卡尼曼。特沃斯基本该与他分享这顶桂冠，但他在诺贝尔奖委员会给卡尼曼的诺贝尔颁奖词中得到了颂扬。这是第一次也是仅有的一次在诺贝尔获奖者之外，另一个人在颁奖词中被提起，而且卡尼曼给特沃斯基写的悼词也被附在了诺贝尔官方要求的诺贝尔奖得主的自传中。从来没有一个人能在没有获得诺贝尔奖的情况下如此显而易见地赢得了诺贝尔颁奖委员会的心。

不过，特沃斯基从未真正在乎过什么奖。他在乎的是想法与理念。他留给这个世界的惊世学说和他的无数仰慕者会使他留下的宝贵知识财富生生不息。

特沃斯基是受人爱戴的。他有一个令人称羡的交友习惯，他结交的朋友们仰慕他，崇拜他的作品，甚至被他吓倒，但最终都成了他的朋友。而最了解他的人则是那些最终意识到与他争论是不可能获胜的人。不仅仅只有吉洛维奇在面对他时无法自信地认为自己是对的而特沃斯基是错的，所有与特沃斯基交流合作的人几乎都是如此。他们觉得告诉特沃斯基他是错的有点像是在指导库里怎样投篮。

但是在特沃斯基的一生中，有一件事甚至连他都未能让人们改变想法。他曾经告诉一个朋友，他在写作关于无法捉摸的、容易引起争端的、魔性且有趣的被称为“热手”的东西前，他的人生中从未遭遇过如此多的阻力。

“我一直身处无尽的争论之中，”特沃斯基说，“我赢了他们所有人，却没能说服哪怕一个灵魂。”[20]

THE HOT HAND

The Mystery and Science of Streaks

# 第 4 章

# 热手背后的思维陷阱一：热手谬误

前几年收益率高的基金经理更可能“跑赢市场”吗？答案是否定的。研究表明，精挑细选的股票与随机选择的股票的长期收益率是持平的。盲目相信热手效应是人们需要规避的第一个思维误区。财富大师戴维·布斯、股神巴菲特和甜菜农场主尼克的故事将使你明白，“将长期趋势放在短期运气之上”是投资制胜的不二法门。

## 发明篮球并编写《篮球规则》的人

詹姆斯·奈史密斯在一个远离现代文明的加拿大乡村农场长大，要去上学就意味着要先穿过长达 8 千米的树林。最终，他选择了一条更容易的路，他不再跟着别人一起去上学了。年轻的奈史密斯砍树劈柴，做伐木工人做的一切事情，就这样一直干了好几年，然后他开始觉得是时候认真对待自己的学业了。当他再次开始穿越 8 千米长的树林时，他惊喜地发现自己其实很喜欢学校，最后还去上了大学。在大学里，奈史密斯花了很多时间看书，以至于高年级的学长有一天来到他的房间给他提意见："你花在书本上的时间太多了。"[1]

不久之后，奈史密斯正好经过足球训练场。他并没有打算去踢球，当然也不会料到他的生活会偏离他精心筹划的路线。作为一个神学院里的虔诚的基督徒，他本来准备成为一名牧师，但是，当时一个足球运动员摔坏了鼻子，奈史密斯莫名其妙地上了球场，顶替他的位置。他非常享受这场运动，这令他有点不知所措。他认为自己不应该把时间浪费在体育运动，尤其是足球上，那些虔诚的信徒把足球当成是魔鬼的工具。因为奈史密斯欣然接受了这项邪恶的运动，有一天，关心他的朋友们聚在了一起，为他的灵魂祈祷，而事实上奈史密斯并不需要在体育运动和学业之间做出选择，他可以两者兼顾。“我想除了布道之外，应该还有其他行善的有效方法。”他后来写道。[2]奈史密斯勇敢地和那些不屑为他的灵魂祈祷的人分享了这个想法，而且他听说马萨诸塞州斯普林菲尔德的一所学校正以综合的理念培养年轻人。“我下定了决心，”他说，“我将放弃牧师职位，去从事别的工作。”[3]

奈史密斯在新工作中遇到的第一个人是受人爱戴的院长卢瑟·古利克（Luther Gulick）。古利克有着一头红发和蓝色的眼睛，十分惹人注目，他在春田基督教青年会国际培训学校（Springfield International YMCA Training School，1953年更名为春田学院）担任体育主任。那时古利克也处在困境之中。基督教青年会在秋季提供足球训练，在春季提供棒球训练，但是在冬季没有什么运动能让学生忙活起来。这是古利克的难处，他需要一项在室内也能玩的有趣的游戏。

在1891年秋天的一次会议上，古利克大发了一次脾气。他开展了一项针对体育运动本质的广泛调查，不过他告诉奈史密斯和其他教职人员，这项调查失败了。他唯一能得出的结论是，任何一款游戏都与其他游戏相互关联，所有新游戏都不过是改头换面的旧游戏。这些看似显而易见的结论对奈史密斯来说却是一种深刻的洞见。他开始思考，也许他能发明一种游戏，只需把已有游戏的一些元素结合在一起。古利克鼓励他把想法付诸实践。起初，奈史密斯的应对方式就是什么都不做，但是，不管他如何拖延，不管他找了多少借口，不管他如何声称没有时间，他的老板始终拒绝让步。古利克把奈史密斯拉到一边，说道："现在正是你开发你说的新游戏的好时机。"[4]

当奈史密斯终于开始工作时，进展并不顺利，实际上甚至可以说是非常糟糕。"我很讨厌组团游戏的想法，但不得不承认在尝试了我所有的理论之后，我也失败了，"奈史密斯回忆道，"这比输掉一场比赛还糟。"[5]直到绝望的那一刻，他才意识到，在思考这个假想的体育运动的过程中，他错在了哪里。奈史密斯一直把精力放在了对橄榄球、足球和长曲棍球做些小的调整上，但结果也仅仅就是这样了：只不过是稍加改变的橄榄球、足球和长曲棍球。这就像从一个汉堡里拿掉面包并称它为帕蒂菲力牛排一样。

一天晚上，他坐在办公桌旁，试着找出自己逻辑上的缺陷。他太专注于个别游戏的细节，如果从整体上看会怎样呢？他想得越多，就越意识到他喜爱的运动有太多共同之处。做这些运动的人都有一个球，有一个目标，他们的目的就是把这个球推向那个目标。也就是在那时，奈史密斯有了新的想法。

他理想的体育运动听起来其实很像橄榄球，但橄榄球不能在室内玩，因为这项运动包含擒抱动作，而擒抱正是因为球员可以带球奔跑。奈史密斯坐在椅子里挪动了一下。如果球员不能拿着球跑动，也就没有擒抱的必要了，那么，像橄榄球这样的运动就可以在室内玩了。他打了个响指，大喊道："我懂了！"尽管房间里并没有其他人。

在兴奋过后，关于整个运动的设想从奈史密斯大脑里倾泻而出。那个晚上，他在脑海里玩了第一场比赛，然后睡着了。次日清晨，他脚步轻快地来到办公室，挑了一个球，并向基督教青年会的主管询问这栋建筑周边是否有遗弃的旧箱子。"我库房里有两个旧桃筐，不知道对你有没有用。"主管说。[6]

这真是再好不过了。奈史密斯找到一个锤子，并把这两个桃筐钉在了体育馆的墙上。差不多到上课时间了，他伸手拿起笔记本，给他的游戏草拟了 13 条规则，然后交给他的速记员去打印。在学生们到来之前的几秒钟，奈史密斯把规则挂在了体育馆里。

对于奈史密斯的新游戏，还有一件事需要完成：给它起一个合适的名字。在他的学生玩了好几周这项游戏后，一个学生给了他两个建议。第一个是“奈史密斯球”，奈史密斯当着他的面笑出了声，第一个建议不行。但是在听到第二个建议后，奈史密斯微笑了起来，第二个建议胜出。

“为什么不叫它篮球呢？”[7]

## “你能跑赢市场”只是华尔街的谎言

戴维·布斯（David Booth）在美国堪萨斯州劳伦斯市一条名为奈史密斯大道的街上长大。

布斯儿时的家离堪萨斯大学体育馆只有 800 米，放学后他常常去那里看篮球训练。不过，尽管布斯热爱篮球，篮球却没有青睐他。他花在打篮球上的时间不比邻家任何一个男孩少，但是他注定与 NBA 无缘。于是，布斯转而投身经济学研究。布斯十分痴迷于经济学的基础理论，一如他迷恋他最喜爱的那项运动的复杂性，因此他在堪萨斯大学多待了一年，拿到了硕士学位。他在堪萨斯生活了很久，也就是在那时，他知道是时候离开堪萨斯了，而且他也清楚自己要去哪里。

读研究生的时候，布斯主修了金融学课程，并研读了一篇名为《股票市场价格行为》(The Behavior of Stock-Market Prices)的论文。自第一句话起，他就被吸引住了。“多年以来，以下这个问题便一直是学界和商界争论不休的来源，”论文开头如此写道，“普通股票的历史价格能在多大程度上被用来对股票的未来价格做出有意义的预测？”论文以这样的方式开始了长达71页的大量的经济学理论阐述。[8]布斯对这篇论文爱不释手，这几乎是他读过的最引人入胜的论文。论文中所谈到的关于有效市场以及价格能够反映出特定资产的所有信息的理念，比布斯以前学到的有关市场运作方式的内容，即投资者利用信息差来稳妥地低买高卖的理论知识更有意义。布斯告诉他的金融学教授他如何欣赏这篇论文，并发现论文作者是一个在芝加哥大学任教的名为尤金·法马(Eugene Fama)的年轻人。20世纪60年代的芝加哥大学经济学系就像70年代的斯坦福大学心理学系。“芝加哥正是你应该去的地方，”他的教授说道，“一切都在那里发生。”布斯把他的所有家当都塞进他的敞篷车里，然后驾车9个小时从奈史密斯大道来到了芝加哥。

对经济学家来说，这一时期，在这个世界上最奇异的地方当一名经济学极客，是十分令人振奋的。作为芝加哥大学的博士研究生，布斯见证了现代金融学的曙光初现。除了在课堂上学到的知识，他还意识到他不是唯一一个发现法马的有效市场理论的重要性的人。作为一个西西里移民的孙子、一个波士顿郊区卡车司机的儿子，法马上了一所天主教高中，并像吉洛维奇一样成了家族里第一个上大学的人。法马在大学主修罗曼语族，并憧憬着毕业后去高中任教，成为体育教练。后来当他不能再忍受阅读一页又一页的伏尔泰的著作时，他才去上了经济学课程。不久他就放弃了执教高中体育课的梦想，并开始思考怎样获得芝加哥大学的奖学金。当他打电话给学院院长时，院长那里并没有他的申请记录，不过在他们挂断电话之前，院长却已经同意为他提供下一届研究生的一个名额。法马将因此很快开始写那篇成为召唤布斯的号角的论文。

在法马的早期教学生涯中，布斯还是挤在他演讲大厅里的热诚的学生之一。这位教授并不比他的学生年长多少，而且还拥有一副好身材。法马喜欢骑自行车、打高尔夫、玩风帆冲浪。他早上 5 点起床，一边听瓦格纳的歌剧一边锻炼，甚至加入了布斯的校内篮球队。“天哪，我们太糟糕了。”法马说。但同时他也自有一番威严气势，以至于他的学生无法想象这个神一样的人物其实比自己大不了几岁。“我以为法马是一个上了年纪的人，”布斯说，“但他才 30 岁。”布斯发掘英雄的眼光很准。很多年以后，当法马真正成了一个老年人时，他被授予了诺贝尔经济学奖。

在课堂上，法马介绍了一套全新的经济学专用短语和术语，其中之一就是人们所熟知的“有效市场”这一有趣的概念。市场价格已经反映了一只股票全部的相关信息，若是对此不以为然则是一种时间的浪费。没有哪个个人投资者会比一个由很多投资者组成的市场更聪明，这是如此迷人的一个概念，因此法马的学生迫不及待地要读到他分发给各班的影印数据资料。那时法马正在写一本书，那本书后来让他赢得了诺贝尔奖，而他的学生手里正拿着他的初稿。这一切都如此令人兴奋，讲到激动之处的法马甚至能在芝加哥的仲冬时节，在开着窗子的教室里汗湿衣襟。布斯对他五体投地。

“我在电视上看到过的最争强好胜的人是迈克尔·乔丹，”布斯说，“但是在我身边最争强好胜的人则是法马。”

当我问布斯为什么时，他透过眼镜瞟了我一眼。接着他又看着我，仿佛我长了 9 只眼睛。

“有效市场的概念肯定将一度是华尔街最不受欢迎的概念之一。”

法马正在重塑布斯这一代人的观念，让他们相信每个交易所经纪人背后的哲学都或多或少是胡说八道。那些声称能打败市场的人们尤其会有满肚子这类执念，所以你完全没有理由把你的钱交给他们。对像法马这样的学者来说，挑战价值数万亿美元的传统市场运行智慧的行为是一种知识分子的孤勇，他也自然而然地对世界上最强大的金融机构构成了生存威胁。然而，他想表明的是，相信热手效应是愚蠢的，尽管在此之前还从未有人这样说过。

这仿佛是“异端邪说”。整个金融行业的理念便是假设你能战胜市场，华尔街的摩天大楼便建立在天才选股人的许诺之上。在公司不得不用极小的字体阐明过往的业绩并不能保证未来的结果时，你却几乎可以感觉到他们在身后默默祈祷，而且确实是这样。如果不是因为人类对热手效应的执念，人类历史上最富有的国家中最富有的这一群体或许不会存在。

布斯从小就被灌输了相反的观点，即市场是有效的。对他来说，摆脱这样一种环境，并且不认为热手效应是一种错觉是很难的。不过，对布斯而言，芝加哥大学就好像篮球，他热爱它的一切。然而就职业生涯而言，芝加哥大学并没有回报布斯的爱，没过多久，他就意识到以自己的性格是无法成为一名教授的。尽管他对法马满怀热情，但他在第一个感恩节后就差点要离开学校了，因为他觉得火鸡过得都比他痛快。之后的圣诞节，他去了一个偏远乡下的亲戚家过节，看着围坐在餐桌旁的这家人，他短暂地从对自己的厌恶中脱离出来。他们的皮肤被日头晒得红红的，牙齿也掉了很多，还住在没有室内管道系统的房子里。但是与布斯不一样的是，他们很快乐。这里有什么不对吗？他想。[9] 于是他像研究一张股票图表一样研究了亲戚家庭的动态，并且得出了一个所有他所知道的诺贝尔奖获得者都不会反驳的结论。

“我意识到他们活明白了，”他说，“我才是那个需要弄明白生活到底是什么的人。对我来说，这是结束后的一个开始。”[10]

布斯在那一刻决定结束他与芝加哥大学的关系，于是退学了。为了一张能证明他是博士的羊皮纸而在那里晃荡已经没有什么意义，多年以后，这一决定才变得明朗起来。那时布斯已赚到了很多钱，多到他捐出一小部分数额就可以拥有一所以他名字命名的芝加哥大学商学院。他已经学会了他应该学会的一切，现在是时候付诸实践了。布斯用他接受的教育来挑战自己去做一些事情。

“在商学院，他们教给你的首要事情之一就是比较优势，”布斯说道，“我的比较优势不在于想出下一个好的点子，而是实施它。”[11]

下一个有待实施的点子就是相信在任何行业中都不存在“热手”的概念。布斯大胆地认为反对热手效应的存在可能是一个明智的商业策略，事实证明，他不是唯一这么想的人。

## 将长期趋势放在短期运气之上

尼克·哈根（Nick Hagen）住在明尼苏达州和北达科他州交界处的一个甜菜农场里。他三头肌上文了一颗甜菜，二头肌上则文了来自巴赫一首小提琴奏鸣曲里的彩色音谱。曾有一段时间，他的日常食材里只有菠菜、花生酱和鸡蛋，这使他成了一个不吃小麦和白糖但种植小麦和糖的农民。以上这一切都是想说明，尼克·哈根不是普通的农民。

不过，种植确实是哈根家过去唯一知道的生意。哈根一家一直住在美国大陆最冷的地方，大概是 1876 年天寒地冻的某一天，尼克祖父的祖父伯恩特·哈根（Bernt Hagen）从挪威来到在红河岸边横跨北达科他州的大福克斯和明尼苏达州的东大福克斯的一块土地上。他建了一栋小木屋，后来木屋被烧毁了，于是又建了一栋稍大一点的木屋，好像知道他的子孙后代将要在这里逗留一阵子似的。

尼克是在伯恩特亲手挑选的这片土地上长大的，作为第五代农民，他住在父亲的街对面，他父亲也曾住在他祖父的街对面。在孩童时期，尼克就明白，只要他愿意，他就可以一直生活在他家的甜菜农场里。他也懂得，大部分农民的子孙后代一般不太会有这样的选择机会。

然而，尼克打算成为一名音乐家。他申请了茱莉亚学院（The Juilliard School）为长号手设置的唯一一个名额，在接受这所著名的音乐学院的测试前，他每天都会训练 7 个小时。他给自己的身体施加了太大的压力，结果患上了肌腱炎。在试演的那天早上，他不得不把手臂撑在酒店房间的桌子上演奏。“我希望以后都不用这么说了，”他说，“我从前从未如此确定我对生活中的任何事情做好了准备并充满信心。”他试演成功了，从东大福克斯搬到了纽约城，自此以后几乎没有离开过茱莉亚学院校园附近的街区。他吹长号来排解乡愁，直到练习厅在午夜关闭。他未来的妻子形容他为“一个彻头彻尾的乡巴佬，一个困在年轻身体里面的 80 岁的老头”。[12] 尼克是一个伪装成音乐家的农民。

毕业后，当他意识到他不想去做那些他一直训练要去做的事情时，他匆匆回到了儿时的农场。他没有成为管弦乐队的一名长号手，而是成了每年秋季来到红河谷数以千计的临时工中的一员，他们要在繁忙的两周内采摘 3 000 万磅①甜菜。这是快乐而幸福的。不过，尼克并没有完全认为自己去经营农场就是正确的选择，在甜菜收获季结束后他又搬回了纽约。

正是在那个时候，尼克邂逅了他的老同学莫莉·叶（Molly

---

① 1 磅约等于 0.45 千克。——编者注

Yeh）。莫莉曾在茱莉亚学院学习打击乐，但她也意识到自己不想做她曾经训练去做的事情。她正作为一名美食博主而逐渐为人所知，并即将成为她自己的美食网（Food Network）电视节目的明星。尼克和莫莉是在学校时偶然认识的，偶然的意思是指他们曾在卡内基音乐厅共同演奏过马勒的《第五交响曲》。之后莫莉问起尼克三头肌上的显眼文身，尼克告诉她那是颗甜菜，她又问尼克为什么要文颗甜菜，于是尼克向她讲述了哈根农场的悠久历史。此后他们开始约会，不久后他们就决定一起离开纽约城。

尼克和莫莉选择共度余生的地方便是哈根农场。尼克的祖母年纪大了，无法独自生活。尼克的父亲则正准备退休。如果尼克想做个农民，那现在就是最佳时机，他和莫莉做出了选择，离开了贝果之城而去了生产制作贝果用的红色硬质春小麦的乡下。尼克的祖母搬出了他祖父盖的那栋房子，而尼克和莫莉搬了进去。车库里有两辆别克，门外便是粮仓。在气温降到冰点以下的 12 月，他们在农场结婚了。

他们拥有彼此，还拥有他们的鸡群。如果时机不是那么糟糕的话，他们的生活本来会如田园诗一般美好。

这是尼克接受农事教育的开始，而这种教育的最大收获也成了他不会也不能忘记的一件事，那就是他从不该相信热手效应。

尼克回到自家农场时，小麦和甜菜的股票行情图开始变得无法预测。一种商品的价格本应该是上下波动，不应该一直上涨，这是很奇怪的。他们跌跌撞撞地闯进了一个如此繁荣的市场，甚至他们家的猫斯万（Sven）都可能成为一个成功的农民。“你只要看着自家的田地，就能获得疯狂的利润。”尼克说。他从小在农场长大，懂得商品的价格不会永远上涨，那些一涨再涨的东西必定会降价。在尼克回到农场后，市场正好开始衰败。为市场的繁荣做准备为时已晚，为市场的萧条做准备却正是时候。曾经不断涌入市场的资金大量流出，那些买了崭新拖拉机和闪亮皮卡车的人是最先一败涂地的人。在尼克回到农场的头两年里，种植甜菜的农民一直在遭受损失。对尼克来说，他本应该认为自己犯了一个巨大的错误，但他并不这么看。“我回到农场的这个时间点再好不过了，”他说，“在获利的前景最差时。”尼克没有牛市来填充他的银行账户，但至少那些随之而来的偏差并没有影响他的大脑。他学会了坚持到底，节俭而不挥霍，为长期的博弈做准备。

这是尼克在农事教育中上的第一课。

尼克从音乐到农业的转变就和他从乡下搬到城市一样令人震惊，他对于实现自己的首要计划总是十分投入，这种投入对音乐来说是必需的。如果他允许自己考虑备选计划的可能性，那就意味着他将允许自己失败。他认为备选计划是为那些不能掌控首要计划的人准备的。不过，当他回到农场的时候，尼克发现他父亲十分热衷于制订备选计划。他想得更多的是备选计划而不是首要计划。这让尼克很困惑，他花了很长时间去接受他的农场生活将与他设想的音乐生活背道而驰这一事实。音乐家必须是乐观主义者，而农民得是现实主义者。

尼克认为自己是一名长号演奏者，而作为一名长号演奏者，便意味着要努力成为最好的长号演奏者，而现在他是个农民，也就不能这样思考问题了。“在农事中，你永远无法成为最好的什么，”他说，“你会是一个不错的机械师，一个不错的农学家，一个不错的商人。我不得不勉强接受这样的事实：合格就是目标。”尼克不得不对合格满意。对他来说，他不仅要接受失败，更要领会失败。“我的想法越消极，我就越有信心。”在一个酷热的夏天，我们驱车去他的麦田时，他这样告诉我，“你感觉舒适自在，万事俱备。没有什么事会让你惊慌失措，因为你已经想到了所有可能发生的糟糕的事情。”

这是尼克在农事教育中上的第二课。

“我做了最坏的打算，”他说，“期待实际情况会稍微好那么一点儿。”

他通过尽可能多地降低风险来做到这一点。这并不意味着要降低多么大的风险，而这一点却更加重要。“你可以降低风险，”尼克坦白道，“以基本没有自己的生活为代价。”尼克有他的美好生活，不过不是在甜菜种植的 4 月和 5 月，不是在小麦收割的8月末至9月，也不是从10月1日开始的甜菜收获季，一直到他把它们全部从地里收回来为止。“如果我的土地正适宜耕种，没有哪位用两边大脑思考的农民会说：‘喂，也许我们正好出去度个周末’，”尼克说，“这就是农事。你要一直应对一天 24 小时都在不断变化的生态环境。”

把他的皮卡车停在麦田附近后，尼克接下来的一个小时都在摆弄他的联合收割机。对尼克而言，没有了自己的悠闲生活还远远不够。他还会狂热地准备预防性维护措施来降低风险。在他耕耘几千亩的农田之前，要先给联合收割机的硬齿轮上好润滑油，接着检查大型机械的巨型组件，就像威斯敏斯特犬俱乐部的法官检查一只京巴狗那样细致。今天他要在农田里工作 6 个小时，然后再花几个小时在他房子后的作坊里干活，那时他养的小鸡们会在院子里跑来跑去。人们会问他在冬天做些什么，以下就是他要做的事情：修修补补。他拆开设备的每一个组件，把他的联合收割机开到修理厂做两周的维修保养，甚至雇用了一个专业人员去完成他自己的检查列表上的 100 项令人心力交瘁的事情。

虽然这听起来有点夸张，但跟尼克为收获甜菜做的准备相比，这根本不算什么。当涉及尼克的宝贝甜菜时，与其说他是细心周到，不如说他是一个偏执狂。一旦一颗甜菜被砍下来，从地里被拔出来，它就会被倾倒进收割机里，然后被运送到最近的工厂，在那里被清洗、切片、加工处理制成仅有自身重量 17% 的糖（一颗甜菜能够在这个世界上存活下来的原因是，有糖可以从它的身体里被榨取出来）。尼克和他的劳作人员忙完后，田野变得一片荒芜，而甜菜则堆成了一座小小的阿尔卑斯山。在他那充满不确定性的行业中，只有一件事是确定无疑的，那就是尼克后院里的甜菜必须在秋霜出现和冰冻到来之前从地里被收完。

我们爬上他的联合收割机。阳光灿烂，燥热中带点凉爽的微风，这是一个收割小麦的美好早晨。我们被一望无际的金色田野所包围，仿佛地平线并不存在。尼克发动引擎，开动车子，在一年中最忙碌的时间里，他却显得出奇地放松。前天晚上，他带我去了他最喜欢的比萨店，晚些时候他还要去看王子乐队的翻唱表演。收割小麦是很辛苦的，不过收获甜菜更加耗人心神。莫莉喜欢把收获甜菜称作收获小麦的"疯狂的怪兽皇后姐姐"。[13] 当一个地区的经济都依赖于这对疯子怪兽皇后姐妹时，事情会变得有点疯狂。

在美国中西部，明尼苏达州和北达科他州交界处的一片绵延的土地负担着这个国家 10% 的糖的生产，因为这里的条件刚好非常适宜种植一种特定的作物。尼克则不偏不倚地住在甜菜生长的理想乐园里。尼克的特产作物让他免遭全球商品市场的巨大波动。他引用了沃伦·巴菲特（Warren Buffett）[①] 的智慧之言来形容自己的好运："我真的很幸运，我一出生就中了彩票，我出生在世界上最高产的土地上，我们的农场正好离糖厂 3 千米，离镇上只有 1.5 千米。"

但是，经营农场要图安逸舒适是很容易遭受损失的。是的，很少有比甜菜的种植风险更小的作物了，但它仍然是农事。尼克具有任何甜菜种植者都期望得到的一切优势，而这只会让尼克更加明白自己的劣势所在。

这让他学到了农事教育的第三课。

"经营农场是一种防御，"他说，"最重要的变数不在我的控制范围内。我可以睡一个好觉，吃一顿丰盛的早餐，把我的一天安排得分毫不差，然而走到外面，发现我的庄稼被冰雹砸毁，或者在干旱中枯萎，或被洪水淹没。"

---

① 巴菲特的"黄金搭档"卡萝尔·卢米斯以巴菲特近 10 万的亲笔文字为基础，撰写了一本全球投资界公认的解读巴菲特的必读书《跳着踢踏舞去上班》，透过巴菲特近 50 年的经历告诉所有人：投资可以是一件快乐的事情，也应该是一件快乐的事情。该书中文简体字版已由湛庐引进，由北京联合出版公司于 2017 年出版。——编者注

自哈根家的人成为农民以来，他们的生活便一直如此。当第一个农场被害虫毁掉后，伯恩特·哈根收拾好行李，把毕生的积蓄塞进口袋，然后走遍这个国家来寻找他的下一个农场。[14]他选定的家园就是他孙子的孙子现在开联合收割机的那个地方。在日常生活受到影响之前，尼克就早早地懂得了敬畏天气。他上四年级的时候，一场灾难性的洪水冲毁了大福克斯及其临近居民的家园。土地变成了一片汪洋，乔木变成了灌木，房子变成了码头，雨季在4月来到，一年里余下的时间学校都不得不停课。一次终身难遇的天灾便足以让尼克相信农事难以预测的本质，他不需要再一次的提醒，他已经经历过一次了，在他回到农场后的第一个季节里，《圣经》里描述的大洪水便淹没了尼克的甜菜园。每隔几天，天空就会倾倒下几厘米深的雨水，尼克从几千米外就能看到暴风雨的逼近。“当你看到天空变黑，你的心就会开始沉下去。”尼克说。他日夜泡在泥泞的田里，结果那一年的甜菜收成依然是哈根家所遇过的最糟糕的一次，于是尼克开始同情他的太祖父：有一年，在一场摧毁一切的狂风暴雨中，伯恩特·哈根也失去了他的所有收成。

只有智障者才能欺骗自己，相信他能对农事有哪怕一点点的控制力，在这个领域，唯一重要的因素就如天气一般随机。在农事中，天气是好年景的唯一决定性因素。整个种植甜菜的过程就像斯蒂芬·库里尝试在一个可以变大、缩小或变成菱形的篮球场上打球。“环境总是在不断变化着。”尼克说。经营农场是防御性的，打篮球是进攻性的。他说："经营农场不是也永远不会是这样的性质。"

尼克并不处在那种会让人期待热手状态的环境中。事实上，他身处的环境重重地打击了人们对于"热手"的信念。

我们没必要认为尼克的一连串成功与他的才华和所处的环境有关。如果他真的那么认为，他将会受到严重的惩罚，他曾经差点破产。尼克无法在麦迪逊花园球馆度过一个美好的夜晚，然后改变他的经营策略。如果他决定放弃种植甜菜，并押注在改种大豆上，他就需要买更多的播种机、联合收割机和卡车；他会期望大豆能一直盈利，而甜菜会连着几年前景很差；他会祈祷老天庇护他。而这一切的成本几乎要大于收益。最好的方案是通过几年的利润来实现业务的收支平衡。"而到那时，种植大豆可能纯粹是浪费时间。"尼克记录道。在尼克以大豆为主要种植作物的那几年，种植业的风向可能又回到了甜菜上，而以精密的数据科学为支持的最新种植技术也无法帮助他。尼克可以研究他农场的每一亩土地，留心每一小片贫瘠的地块，然后在接下来的季节重新调整播种数量。但上一年最差的土地或许在下一年就成了他最高产的土地。"这种事时有发生，"他说，"每一年！情况总在变。"他犯错的余地大概就像一粒谷壳那么大。"那又是关于经营农场的另外的事了，"尼克说道，因为关于经营农场的要点之一是，总还会有别的什么要点，“每一个季节都是前所未有的。”

小麦联合收割机在我们脚下嗡嗡作响。尼克握着方向盘扭动着身体，望着他金色的田野。接下来还要继续工作好几个小时，还有几千亩地要耕种。他有足够的时间来反思他的农事教育的最后一课。

“我认为你应该把原则放在模式之上。”他说。

尼克不得不不断提醒自己，前一年的甜菜收成对来年的甜菜收成基本没有什么影响。成功不会孕育成功，至少在农事上不会。他不会承认热手效应的存在。

甜菜收成令人沮丧的一个原因是其完全不可控性。在收割季节，尼克放任自己享用丰盛的午餐，即便这样，两周下来他仍然瘦了 4.5 千克。他的日常生活完全被倒置过来，仿佛做了个倒立，然后再一个后空翻。在收割季的尾声，当最后的庄稼被运走后，尼克就像是被油炸过一样精疲力尽。

“你希望从此再也看不到一颗甜菜。”他说。在那些最紧张的时刻，当他感觉最无力的时候，他偶尔也会思考这一切是否真的值得。但当他环顾四周欣赏着星光点点的夜空和拖拉机的灯光，或者明尼苏达州与北达科他州交界处的日出美景，停下来闻着甜菜的味道时，则得出与他父亲、祖父、曾祖父、太祖父一样的结论：这当然是值得的。

而这就是关于农事的最后一课。

“祖父和祖母的故事、太祖父和太祖母的故事依然是我们日常对话的内容之一，”尼克说，“我的农事教育从未离开过我。”

做好防御。牢记这是一场长久的战斗，把握住你能把握的东西，做最坏的打算并期待任何事情都会慢慢变好，始终坚持原则而不是模式。

尼克·哈根不仅仅是在重复他祖辈的课程，他也是在复述戴维·布斯的理论。

## 巴菲特的赌局：被动投资胜过主动投资

戴维·布斯的第一间办公室是他位于布鲁克林的有着褐色砂石墙的公寓。这个未来将管理超 5 000 亿美元资金，每天进进出出几十亿美元的金融界重量级人物挪走了闲置在卧室里的桑拿房，代之以计算机终端和交易机器，而当他要求尽可能快地安装 10 条电话线时，电话公司怀疑他经营着一家体育博彩公司。[15] 不过电话公司猜不到的是，布斯将给投资界带来一场革命。

这家在布斯家里运营的公司的联合创始人是他知道的为数不多能认同他关于市场是怎样真实运作理念的几个人之一。雷克斯·辛克菲尔德（Rex Sinquefield）在一家天主教会孤儿院长大，当他本应在神学院献身于宗教研究时，他迷上了股票市场。[16] 他对金钱比对天主教更感兴趣这个事实可能是他一直未成为牧师的原因之一，相反，他进入了芝加哥大学的商学院继续他的研究生学习，并在这座高等学府里被灌输了有效市场的概念。辛克菲尔德兴奋地来到芝加哥大学，然后怀揣能打败市场的秘密离开了学校。这时他已经知道，这个秘密就是没有秘密。

回想起来，布斯和辛克菲尔德似乎注定会着迷于法马的魔力，但实际并非如此。绝大多数的美国投资者认为法马大错特错。“我喜欢把选股人比作占星家，”法马喜欢说，“但我不想说占星家的坏话。”[17] 我曾经问过法马，当他看到周围那些把钱交到专业选股人手里的人，他是否会认为那些人疯了。“他们绝对不是疯了，”他说，“他们只是不懂统计学。”

布斯退学后，法马给了他第一份金融的工作。他结识了一位名叫约翰·麦克奎恩（John McQuown）的人，他和其他一些人一样，相信法马是对的，而投行是错的。麦克奎恩在一家银行工作，因此他的立场是十分大胆的。麦克奎恩正在开发如今被称为指数基金的投资工具，这是一个对投资者来说能把他们的钱放在里面并看着它们随着时间翻倍的安全之地，而布斯被雇来协助他的工作。辛克菲尔德那时则忙于跟踪一家竞争银行的类似项目。他们的指数基金并不复杂，也不故弄玄虚，他们只需要追踪标准普尔 500 指数，并或多或少地反映与其相似的结果。但是真正让他们与现存规范彻底分道扬镳的是他们反驳了整个金融业的建议。银行的愚蠢本质在于它让最聪明也最有价值的经理人做大量过于细致的工作，而这与让他们什么事都不做并没有什么两样。事实上，什么事都不做兴许还能赚更多的钱。当他们扣除客户支付的服务费用后，银行给他们的客户提供的却是更差的金融产品。一项能反映市场收益的低成本服务会比那些积极的经理人收取的费用便宜，对那些在法马手下学习的学生来说，这个做法看起来更聪明一些。金融体系的阴谋诡计是如此复杂，以至于人们满足于把工作外包给市场本身。不过，布斯和辛克菲尔德的同事依旧相信他们拥有跑赢指数基金的聪明才智，尽管所有的证据显示都与之相反。

一旦他们厌倦了成为银行业内部的离经叛道者，布斯和辛克菲尔德便开始着手创办自己的公司，使用自己那不具吸引力的方法进行投资。布斯和辛克菲尔德竭力给他们的潜在客户推销多元化的投资组合，并通过投资更多的小公司来掌控市场。

他们没有雇用研究分析师或明星投资人，他们也没有任何类似维度基金顾问公司（Dimensional Fund Advisers）全球总部的华而不实的办公场所，他们有的只是布斯的公寓。他们仅仅是创建了由市场上最小公司组成的指数基金。但事实上，这并不简单。他们结合了自己的见识与知识，同时也知道任何的过度自信都是危险的。“在任何其他行业，如果拥有更聪明的头脑、工作更努力的人，这个行业就会发展得更好。”布斯说。不过这并不适用于布斯所在的奇怪的投资界。如果那些聪明人不那么辛苦地工作，他们的工作兴许会做得更好。揣测市场变化不一定会有收获，事实上还会适得其反。这就是布斯的想法，不管怎样，他的过往成就迫使人们转而接受他的思维方式。“人们第一次听到这种主张时，会认为那不可能是对的，”他沉思道，“现在我们却几乎成了主流。但愿不会如此。”[18]

布斯也相信原则胜于模式，他认为好运气只是常规偏差，而相信运气比遵从概率风险更大。他认为被动投资远远优于主动投资，还认为他的想法其实并不那么有创新精神。“在我看来，”他说，“这不过是经济学最初级的知识。”这促使布斯克制自己的自负，不过他是一个堪萨斯人。他没有觉得自己需要检视。“如果存在一个天才，那不会是我，”他承认，“我只知道这些。”

不过，想一想，他确实认识一个天才。当布斯成立维度基金顾问公司的时候，第一个电话打给的是法马。他恳请他的前任教授出任公司董事，他认为如果他们要对他的课程内容做出终极验证，那么法马的名字出现在工资名单上无疑是明智的。法马一直认为布斯在研究生毕业后会干得很出色，但自他退学后，他们还没有联系过。1980 年，布斯对他的公司有了一个大致的构想。维度基金顾问公司成立于 1981 年的春天，而在这一年的秋天，法马恰巧在指导一篇有趣的研究生论文。这篇论文提出了一种不太可能的投资机会：市场上最没有价值的股票。论文的理论认为，长期来看，小公司比大公司的表现要好。维度基金顾问公司把这个理论变成了一项策略。布斯的初创公司不再建议客户分散他们的投资。而现在这篇论文在告诉他们多元化将带来更高的预期收益。

在维度基金顾问公司成立之后，另一项研究成果得到发表，这将证实这一策略的有效性。这项著名研究的作者发现：通过向《华尔街日报》股票版面上投掷飞镖来选股与聘请一位证券投资经理会获得相同的利润。布斯喜欢对这项研究添油加醋，仅仅为了强调这么一点：如果把掷飞镖的人换成红毛猩猩又会怎样呢？

“千里挑一的红毛猩猩将会连着 10 年打败市场。”布斯说。[19]

那个红毛猩猩将被称为先知，它将会成为美国全国广播公司财经频道的常客。金融报刊将会刊登吹捧红毛猩猩的谄媚文章。毫无疑问，这只不寻常的猩猩拥有热手状态。只有在你用“红毛猩猩”代替“人类”时，这一系列事件才听起来荒唐可笑。

“大多数 MBA 硕士会认为自己是那只不一般的猩猩。”布斯说。[20] 并且，大多数投资者愿意相信这些 MBA 硕士，这就是吉洛维奇、瓦隆和特沃斯基揭穿篮球的热手效应真相的核心要点。他们揭示的“影响力强大而广泛的认知错觉”之所以影响深远，是因为它并不局限于篮球领域。他们不是说那些红毛猩猩不存在，它们当然存在！有一篇论文研究了 1962—2008 年的超过 5 000 多只共同基金，并发现大约 4% 的共同基金具有不能用纯运气来解释的连涨纪录。[21] 这里面有技巧，当然也有红毛猩猩。“那真是人们难以接受的东西，”布斯说道，“我应该做什么呢？挑选一个有着糟糕历史纪录的家伙？如果我不看他的历史收益，我该怎样挑选一个经理人？而答案是你不用挑选经理人。”

布斯一生中陷入过太多次这样的争论中，以至于他现在练就了一种独门绝技：读心术，他知道你在想什么。“好吧，我管你叫沃伦·巴菲特好了，”他说道，“给我起个另外的名字。”

连巴菲特也不想下这样的赌注。巴菲特曾经以 100 万美元为赌注与对冲基金经理泰德·塞德斯（Ted Seides）进行对赌，这位货币史上最成功的荐股人接替了布斯的位置。这场赌局源于伯克希尔-哈撒韦公司2006年的年会。巴菲特与他最信赖的搭档查理·芒格（Charlie Munger）[①]走上了奥马哈的舞台。鉴于他们所引起的尖叫声，人们甚至会误以为他们是甲壳虫乐队的约翰·列侬（John Lennon）和保罗·麦卡特尼（Paul McCartney）。在向膜拜他们的人群概述了他们的投资策略后，巴菲特和芒格在台上停留了几个小时，因为巴菲特的粉丝不断向他大声提出问题。不过那个下午的最后一个问题引发了最有启发性的答案。这个问题本身相当无聊，也是一个巴菲特被问了千万遍的问题：对于所有梦想成为巴菲特的人们，巴菲特的建议是什么呢？

金融业是一门有趣的行业，他说，因为你被雇用去做的事情实际上正是你不该做的事情。当你怀了一个孩子，你需要一个产科医生在你身边；当你家厕所堵了，你应该雇一个水管工；当你午夜被锁在外边，你应该打电话给一个开锁匠。“大多数职业都有那些门外汉无法胜任的附加价值。”[22]

---

① 戴维·克拉克所著的《查理·芒格的投资思想》一书用简洁直接的方式为读者扫清了学习芒格思想的障碍，它既是初学者掌握芒格投资思想的入门利器，也是资深投资者随时反复体悟芒格投资思想的常备读物。该书中文简体字版已由湛庐引进，由浙江人民出版社于2019年出版。——编者注

巴菲特提议用最典型的巴菲特的方式来支持自己的理念：打开钱包。巴菲特预言，从长远来看，主动管理没有被动管理的效果好。对于一个选股人来说，这是一个出人意料的立场，但是他的理论，也是布斯和越来越多的指数基金投资者的理论是，经理人为证明因他们的有效工作而收取费用反而使他们更难为他们的客户获取利益。巴菲特认为投资费用是行业的一大祸害，是行业里的臭虫，他宁愿把他的钱放在说到做到的地方。巴菲特把自己的现金投给了一项要运行长达 10 年的公共投资，他选择了一只非托管的指数基金，并等着对冲基金经理人和选股人排队去证明他是错的。

“随之而来的是一片寂静，”巴菲特后来写道，“这些经理人敦促其他人尽其所能押注数十亿美元，但为什么他们害怕把自己的一点点钱投进去呢？”[23]

塞德斯是唯一一个勇于去捍卫行业荣誉的当代骑士。他精心挑选了一组对冲基金，期望能在 10 年内赢过证券市场。而巴菲特是如此自信，他甚至让塞德斯调整他的策略以适应市场最新的变化。这就好像巴菲特鼓励自己的对手去追逐热门股票而抛弃冷门投资。

他们的赌注开始于 2008 年 1 月 1 日，本该在 2017 年 12 月 31 日结束，巴菲特在还剩一年的时候提前宣布获胜。对塞德斯来说，这是一次大溃败，他再也追不上巴菲特了。由专家挑选的最摩登的对冲基金组合的回报是 22 万美元，而巴菲特不理不睬 10 年的那只老旧的指数基金却有了 85.4 万美元的收益。

巴菲特在他著名的写给股东的信中报告了他们对赌的结果，这是胜利的书面版本。“经常有人向我征求投资建议，而在回答的过程中我学到了很多关于人类行为的知识，”巴菲特写道，“我平常的推荐一直是低成本的标普 500 指数基金。”[24] 巴菲特自己也将这一建议实践到底，他的遗嘱明确显示了他在去世后对自己财富的理财方式：90% 的现金投进一只低成本的标普 500 指数基金。他以一种戴维 · 布斯和尼克 · 哈根都会欣赏的方式总结了他的哲学。“忽略别人的闲言碎语，把成本降到最低，像投资农场一样投资股票。”巴菲特写道。[25]

巴菲特并不是唯一一个赢了赌注的人，布斯也赢过，在此之前还从未有人依靠一个单一的理念而变得如此富有。

当维度基金顾问公司相对布鲁克林来说变得太大的时候，布斯把办公室搬到了洛杉矶。公司的投资策略在多年间不断变化，等到公司再搬迁至奥斯汀时，维度基金顾问公司已经是人们所熟知的最富有的资产管理公司之一了。不过布斯并不这么想，对他来说，这更像一家连锁的三明治店。“我们才只有大约 18 家吉米·约翰三明治店。”他夸口说。[26]

不用说，多数情况下，布斯并不把自己视为金融名流，在他职业生涯的大部分时间里，他也并没有真的被当作金融名流。他朝九晚五地工作，累了就回家。[27] 他尝试在办公室坐在健身球上办公，但他的背部因此受了伤，之后就用回了那张朴素的旧转椅。布斯没拥有什么运动队，也没有建造宇宙飞船。他几乎是一个隐姓埋名的亿万富翁，这却意外地不使人感到奇怪，因为他会通过不断提醒自己不要自以为是来积累财富。高级金融圈之外的人第一次听到这略带喜感又刻板的投资者的名字，都是在他给芝加哥大学捐赠了 3 亿美元以换得一所以他名字命名的商学院的时候。在《华尔街日报》报道这则捐赠新闻的文章中，布斯被形容为“在曲高和寡的学术研究领域之外基本上不为人知”。[28] 即使这份最负盛名的商业出版物也不得不解释他是谁。不过为了回报这个最初培养他以这种方式思考问题的地方，他不惜牺牲自己的一贯的低调作风也是值得的。

“在学界研究这么多年之后，假如你再思考一下什么是投资领域里的基本问题，某种意义上，它实际上是在问：选股领域中有没有热手效应的存在？”布斯说。

布斯是最早对此说“不”的人之一。

“我认为最好的假设是没有，”他总结道，“可能会有，但是我们恰恰不知道在事实发生之前如何识别它。我们不知道哪只红毛猩猩将会投镖命中。”

## 谁高价拍下了《篮球规则》

2010 年 12 月一个阴冷的下午，戴维·雷登（David Redden）为最后一件竞拍品出了牌，对苏富比拍卖行来说，这已经是非常不错的一天了。

拍卖师卖掉了托马斯·杰弗逊所著的《弗吉尼亚州纪事》（*Notes on the State of Virginia*）的一个很早期的版本、鲍勃·迪伦的《一个变化的时代》（*The Times They Are A-Changin*）的歌词手稿，以及我们的老友莎士比亚的戏剧集。午饭过后，拍卖清单上还剩下三件文物。第一件是罗伯特·肯尼迪收藏的《解放黑人奴隶宣言》藏本，这显然是件珍品，因此苏富比都无须对它进行大肆宣传。第二件是乔治·卡斯特（George Custer）的一面军旗，苏富比称它为“从小巨角战场找回的最有意义和最具象征的文物”。[29] 不过那天下午的第三件也是最后一件文物，按照苏富比的官方说法，是“一份超越体育本身的历史文件，是与爵士乐一样有影响力、与好莱坞一样无处不在的一种美式文化的起源”。待拍卖的是詹姆斯·奈史密斯拟定的《篮球规则》的真迹。

雷登习惯拿着木槌进行如此重大的拍卖。[30]他喜欢说他的专长是拍卖从宇宙飞船到恐龙的一切。他一点也不夸张：雷登拍卖过一艘探月飞船和一块霸王龙化石，他还拍卖过莫扎特的交响曲手稿和爱因斯坦的公式笔记，法贝热的复活节彩蛋和安迪·沃霍尔的饼干罐子，最值钱的邮票和那个时代最值钱的硬币，他甚至拍卖过苏富比号称的世上最重要的文件：最后一份私人收藏的《大宪章》印刷本。

《大宪章》的得主是一个名叫大卫·鲁宾斯坦（David Rubenstein）① 的挥金如土的男人，他花了自己财产的一小部分用来购买这张羊皮纸，并承诺如果必要他会付比原来的 1 900 万美元还要多的钱来买它。（"我认为你无法为自由定价。"他说。[31]）鲁宾斯坦收集起历史文物来就像十几岁的男孩子收集棒球卡和漫画书，他曾经如此形容他的收购策略："我购买一切。"[32]这一切意味着在《大宪章》之外，他还拥有《独立宣言》和《美国宪法》的藏本。

几年前，他已经买下了一份林肯亲笔签名的《解放黑人奴隶宣言》纪念版，并把它借给了白宫。它被挂在奥巴马办公室

① 美国商人和慈善家，凯雷投资集团联合创始人之一。——编者注

的墙上，就在马丁·路德·金的半身像的上面，而他现在在苏富比拍卖行的一间私人房间里竞拍另一件文物。不过如果他已经得逞，他就不会出现在那里了。鲁宾斯坦曾经直接联系了埃塞尔·肯尼迪（Ethel Kennedy），想要私下购买，但是罗伯特·肯尼迪的遗孀决定按原计划进行拍卖，她告诉鲁宾斯坦，她认为这样会卖出更高的价格。埃塞尔是对的。雷登带领潜在买家们来到了竞价狂潮之中，把《解放黑人奴隶宣言》的价格一路推升至 380 万美元。“好像林肯会活过来然后再去签一次名似的，”鲁宾斯坦说，“它远远超出了我认为它所值的那个价钱。”鲁宾斯坦退出了竞拍。“我感到很郁闷。”他说。

鲁宾斯坦来自苏富比的线人试图让他振作起来。她知道鲁宾斯坦喜欢篮球。她还知道接下来拍卖的是奈史密斯的《篮球规则》的真迹。“你为什么不买它呢？”她说。

鲁宾斯坦对这项运动的发明史略知一二，并盘算着这份真迹会是对于没有买到《解放黑人奴隶宣言》的小小安慰。《篮球规则》虽然没有在美国废除奴隶制，但它本身就足够有趣。“曾经，世界上没有篮球，”一位苏富比的官员说，“第二天就有了。”鲁宾斯坦同意留下来。“今天下午的第三件也是最后一件竞品，”雷登对他全神贯注的观众说，这其中出人意料地包括鲁宾斯坦，“篮球的创始规则。”[33]

雷登以130万美元开拍，价格一路涨到140万、150万、160万和170万。拍卖师几乎抑制不住自己的兴奋。他无法得知这些竞相承诺巨额金钱的人的身份，这也是一种刺激。他们可能是些像鲁宾斯坦一样的人，也可能是些几千千米外一栋写字楼里他不认识的人。

“当我想要竞标时，”其中一个竞标者问他的电话接线员，“你想让我怎么做？”

“我们已经有了150万，160万，170万，”接线员说道，“您是否愿意出180万？”

“是的，我愿意！请……”

鲁宾斯坦突然有了一位竞争对手。

“190万，”接线员说，“您想报200万吗，先生？”

“是的。”

“我们给您出价200万美元。”

“好吧，别让人再出价了。”这个匿名竞拍者说。

“210万，”她说，“您愿意出220万吗？”

“是的。”他说。

“230万，”她说，“您愿意出240万吗？”

“是的。”

“250万，您愿意出260万吗？”

“是的。”

现在《篮球规则》的真迹比卡斯特的军旗更值钱了。随着这两位财大气粗的竞买者来回比拼，苏富比拍卖行里的声浪也此起彼伏。价格越来越高，竞价者越来越少，只有亿万富翁能为一张纸豪掷数百万美元。

鲁宾斯坦正在凭借他的出价享受着一段美好时光。但是另一个家伙，不管他是谁，不管他在哪里，不管他的目的是什么，不管想要薯条还是沙拉，都能从容地喊出下一个 10 万美元的加价。鲁宾斯坦参加过足够多的拍卖，懂得这意味着他很可能会失败。“如果有人和你竞价并飞速地抬高价格，”他说，“那对方将会赢得拍卖。”不过也不完全是。鲁宾斯坦把价格抬高到了 270 万。

“你愿意出 280 万吗？”

“是的。”电话线那端的男人说道。

“现在价格涨到了 290 万，”接线员说，“您愿意出 300 万吗，先生？”

“是的。”

鲁宾斯坦十分好奇还有谁愿意花《解放黑人奴隶宣言》的价格拍下《篮球规则》。“有时候，我在竞拍《大宪章》或《美国宪法》的时候，我知道在乎这些东西的都是哪些人，”他说，“不过很难确切知道他们是谁。”对于这次拍卖，猜测对手则尤其困难，因为鲁宾斯坦不是一个体育收藏品的惯常买家，他有种预感，他或许正在和耐克创始人菲尔·奈特（Phil Knight）[①] 竞争，不过这只是他能想到的唯一可能性。他忙着跟上这个神秘的对手抬高这件藏品的价格，而几分钟前他还不打算购买它，这超出了他的上限。“一般来说，当你进入一场拍卖，你认为这就是你要付的价钱，而最终你要付的则是它两倍的价钱。”他说。本来还只是几百万美元，而电话线上的那个家伙变得不耐烦了。鲁宾斯坦出价 310 万美元。

“您愿意出 320 万吗？”

“是的。”

“330 万，”接线员说，“您愿意出 340 万吗，先生？”

“是的，”他说，“不过，如果你不介意的话，告诉他们加快速度。”

“他们加到了 350 万，您愿意出 360 万吗？”

“好吧，让我考虑一下，”他回答道，“我不确定是否继续加价。”

电话线那端的男人想了好久，倒像是他确实在思考这件事。

“好吧，360 万，”他说，“对方是退出，还是出价？我不知道为什么这么复杂。他在做什么？”

---

① 运动品牌耐克的创始人，全球最具影响力的企业家之一。他在自传《鞋狗》中回顾了自己的商业生涯，该书中文简体字版已由湛庐引进，由北京联合出版公司于 2016 年出版。——编者注

“他们加到了 370 万。”她说。

“好吧，380 万。”那个男人说。

鲁宾斯坦觉得该停了，就让这个神秘家伙买下他这么想要的东西吧。“很明显，无论那一边的人是谁，他是不会认输的。”鲁宾斯坦说。他要两手空空地回家了，他没能为自由（指《大宪章》）定价，但是，他能给《篮球规则》定价，它的价格是 380 万美元。

“现在是 380 万，我们都通过了吗？”雷登说。“确定通过了吗？ 380 万。在我左边，380 万美元。”

“是你的了，先生。”接线员说。“好的，太棒了。”这位匿名竞拍者说。

鲁宾斯坦再也受不了这个悬念了。拍卖结束了，他想要知道得更多。那个神秘的竞标人是谁？

那个匿名竞标人一透露身份，鲁宾斯坦立刻感觉舒坦多了，这个对手不是鲁宾斯坦想象的那个人，他更有钱。

鲁宾斯坦已经和那个特别有钱的人通过电话拉上了关系。他们同是芝加哥大学董事会成员，很多有钱人都是。鲁宾斯坦得知他的对手想买下《篮球规则》的真迹，并将其捐给母校：堪萨斯大学。他在一座离校园很近的房子里长大，他的婴儿床位置很可能就在校园宿舍所在地，他儿时家园的确切地址是奈史密斯大道 1931 号。

这个买下《篮球规则》真迹的亿万富翁是：戴维·布斯。

THE HOT HAND

The Mystery and Science of Streaks

第 5 章

# 热手背后的思维陷阱二：赌徒谬误

赌徒谬误是热手效应推论的必然结果，是需要规避的第二个思维误区。赌场研究发现，连输的赌徒相信“下一局总该赢了”（赌徒谬误），连赢的则认为“我还会继续赢下去”（热手效应），在两种心理的叠加影响下，大部分赌徒都以赔钱收场。更可怕的是，在裁判、法官等专业人士中，赌徒谬误的例子也屡见不鲜。

## 无法连喊 3 个“好球！”的棒球教练

贾斯汀·格里姆（Justin Grimm）不确定他为什么被叫到老板的办公室。那是在得克萨斯州弗里斯科的又一个郁闷的一天，也是美国职业棒球联盟巡回赛的最新一站，自从被得克萨斯游骑兵队（Texas Rangers）招募以来，格里姆便一直在为其效力。他曾经为希科里小龙虾队（Hickory Crawdads）和香桃木海滩鹈鹕队（Myrtle Beach Pelicans）效力过。那时游骑兵队几乎邀请了所有为他们效力过的队员参加赛季春训，而格里姆却不在被邀请之列。格里姆希望自己能进入 2A 联盟。不过，他最近投球很准，而招募他的人也在注意着他，这也是格里姆的经理在那个特别的周四下午要见他的原因。

在一个周六的晚上，在一场对阵休斯敦太空人队（Houston Astros）的比赛中，得克萨斯游骑兵队需要一个先发投手。他们的决定出乎了包括格里姆在内的所有人的预料，那就是让格里姆来做这件事。

能容纳 50 000 名观众的球场座无虚席，一位美国前总统也在现场。格里姆膝盖颤抖地走上一个垒丘，这时电视解说员正对居家看球的观众说道：“谁知道贾斯汀·格里姆胃里有什么东西？”事实上，他的胃里真的没有多少东西。格里姆太紧张了，以至于一整天都没怎么吃东西。他踮着脚尖走到投手板，深吸一口气，心里以大联盟的处女秀和其他比赛并没有什么不同来自我安慰，然后盯着他的接球手等待示意，之后投出一枚时速约 15 千米的快球。根据两天以来的观察，游骑兵队认为格里姆已经可以从 2A 名单跃升了，他的惊人速度和定位精准的投球能力便是原因之一。但是格里姆后来承认道，在球离开他的右手后，他也完全不知道它会飞向哪里。球嗖地向正中飞去。格里姆大联盟职业生涯的第一投堪称完美。

格里姆把第一个击球手保送上一垒，不过让下一个击球手出局了，之后他开始平静下来，而当杰德·洛瑞（Jed Lowrie）走上投球板时，格里姆已经忘了他正在实现儿时的梦想。

作为一名职业运动员，洛瑞是一个十分特别的存在，他可能是那个棒球赛季最差的球队里的最佳球员。这个身高不足 1.8 米、体重 80 千克的游击手最惹人注目的身体特征便是那双犀利的蓝眼睛。他是几十名拥有大学学历的职业棒球运动员的代言人，假如他没有这样的学历，那天他也许就不会在击球区面对格里姆了。

这听起来不太可信，当那个名叫西格·梅杰达尔（Sig Mejdal）的职业大联盟球探第一次去见洛瑞时，洛瑞还是斯坦福大学政治学专业的学生。梅杰达尔在大学主修航空工程专业，读研究生时则主修运筹学和认知心理学，他通过在当地赌场兼职做发牌手来赚钱支付他的大学学费。[1]在他决定去为一支棒球队工作之前，他曾作为一名火箭科学家在洛克希德·马丁公司（Lockheed Martin）和美国国家航空航天局（NASA）工作。他在棒球领域的第一份工作是在棒球游戏领域：在一个竞争激烈的棒球游戏联盟中，梅杰达尔成了一个狂热的玩家的量化分析师。这份宝贵经验为他在圣路易斯红雀队（St. Louis Cardinals）刚刚成立的统计部门赢得了一个职位，这是一份真正的在一个真实的球队里的工作。梅杰达尔创建了一个模型，用候选球员的大学统计数据来推断他在大联盟中的未来，他的电脑告诉他，这个国家最棒的大学棒球运动员正在斯坦福大学打球。

但是，当他与那个球员见面后，他发现关于洛瑞最不普通的一点是他怎么看起来那么普通。洛瑞与美国职业棒球大联盟的球员的相似程度就跟梅杰达尔和一个头花发白的球探的相似程度一样。梅杰达尔忍住了要砸烂自己笔记本电脑的冲动，想起来他不应该在意洛瑞的外表如何，只需关心他打球如何。洛瑞打球的方式就和算法显示的一样。梅杰达尔恳请他的老板把洛瑞招进球队，然而他们并没有把洛瑞当成第一人选。这个时候，洛瑞被波士顿红袜队（Boston Red Sox）选中了，不久事实就变得明朗了，红雀队应该听梅杰达尔的。就像算法给出的结果一样，洛瑞进入了大联盟。当梅杰达尔的老板在 2011 年 12 月 8 日被任命为太空人队的总经理时，他的事业也进入了全盛时期。不到一周之后，梅杰达尔的老板挖来了洛瑞，之后不到一个月，又挖来了梅杰达尔，最终，他们在同一支大联盟球队相聚。

2012 年 6 月 16 号下午，当洛瑞盯着投手丘上的格里姆时，他再次证明了梅杰达尔的正确眼光。他在加入太空人队后的第一个赛季几乎打出了比他之前四个赛季加起来都还要多的本垒打。那一个月，洛瑞已经打出了 8 个全垒打，之后便从未在一个完整赛季超过 9 个。不过，这主要是因为击出更多的本垒打从未成为洛瑞真正的目标。还在上高中的时候，洛瑞家的田地没有围栏，他也就没有动力去把球打得又高又远，他唯一能保证自己打出一个全垒打的方式就是用力击球，让球滚很长时间，长得足以让他绕回本垒。那就成了他的目标：尽自己的力量重击那颗棒球。

不过，那时的棒球运动正处在发生三分革命的边缘，也就是给予投手的三振出局和击球手的本垒打更高的分值。在这样一场游骑兵队和太空人队之间的不怎么重要的比赛中，这样的一次击球是对未来出乎意料的窥视。格里姆想要一个三振出局，洛瑞想要一个本垒打。

格里姆的父母被护送到观众席的最佳座席上，本垒的正后方，能及时看到他们的儿子投出第一个球给洛瑞，然后听到裁判比尔·米勒（Bill Miller）判定这个快球为好球。这次的投球没有什么可纪念的，它只是整个棒球赛季几十万次投球中的一次。洛瑞平整了一下击球区里的松土，格里姆看着他的接球手等待他的示意，但不经意地忽略了这样一个事实，他正准备用尽力气投出的下一球几乎正对着他的家人。

也就是在此刻，格里姆与洛瑞之间决定胜负的较量是受制于不坚定的充满偏见的人为判断的。

格里姆一走上投手丘，就占了洛瑞的上风。在一场比赛中，即使最好的击球手失败的次数也多于成功次数，投手也总是比击球手更占优势，不过，在这个特殊的情势下，他的优势更大。格里姆从来没有在大联盟中投过球，也就没有可靠的球探报告供洛瑞研究，直到球冲他飞过来之前，洛瑞都不知道它们应该是什么样的。“你不知道它们会是什么样。”洛瑞说。格里姆的经验不足意味着洛瑞基本上是戴着眼罩走向本垒。

当格里姆准备下一次投球时，这次击球的胜率进一步转向了格里姆。接球手迈克·那波利（Mike Napoli）朝远离洛瑞的方向挪动了几厘米，他蹲在外角，企图迷惑裁判，如果投手没能使接球手移动，裁判米勒就有可能会被迷惑，判定其为一个好球。格里姆和那波利在合谋让好球区变得更大一点。这招奏效了。

格里姆把球投到了接球手期望的地方：球飞得低而且还在好球区之外。洛瑞发现这个球高度低而且没有落在好球区，以为它会被判定为一个坏球，但米勒判了一个好球。洛瑞不敢相信这个判决，他转过身来，恶狠狠地瞪着米勒以示不满。考虑到洛瑞极少有质疑好球的时刻，因此对他来说，这无声的抗议无异于是当着裁判的面吼叫。“只有在它确定是个坏球的时候我才会这么做。”几年后洛瑞向我抱怨道。

在比尔·米勒裁判生涯的这一刻，他并没有把洛瑞的愤怒眼神当一回事。米勒基本上是一个终生以此为业的人，他最初开始想做裁判还是在中学的时候。高中时期，他给少年棒球联盟比赛做裁判赚了些外快，之后离开了他大学所在的棒球队成为一名高中裁判，后来又去了裁判学校学习，之后便进入了职棒小联盟工作。[2] 如今米勒已经在大联盟工作了 15 年，他热爱这份职业。他喜欢对每次的投球做出判决，而他尤其喜欢来得克萨斯，因为那里的俱乐部会所服务员霍奇和康恩布莱德会确保他在脱下制服后有成堆的大虾、肉脯和苹果酥可以享用。[3]米勒甚至也习惯了让他不太喜爱裁判工作的一点：抱怨。一场比赛中人们对好球和坏球的抱怨就像场边休息区瓜子桶里的葵花籽一样多。有一段时间，米勒的工作看起来就像是专门被叫去判球，然后收到投诉说他的工作怎么这么差劲，然而，一个好的裁判必须承认自己的错误，客观来说，米勒是个好裁判。

但是，还有一件关于米勒的事，它让米勒的出现成为对格里姆有利的因素。这件事帮了投球手们的大忙。[4]米勒每场比赛会比其他裁判多判大约 4 个好球，事实上，他的好球区一定是所有棒球比赛中面积最大的之一。“高飞球，低飞球，场内投球，场外投球，向左击球员投球，向右击球员投球……米勒几乎总是会叫出（判定）更多的好球。”专栏博客《棒球时代》（*Hardball Times*）在形容他的风格时如此写道。[5]

米勒工作的大联盟，那时还没有明确的定义来证明一个裁判是对的还是错了。不过后来出现了一种叫作 PITCHf/x 的系统，它在每一个棒球场都安装了高分辨率摄像头，能精确地追踪你想要知道的任何一个指定投球的所有细节：球的速度、运动轨迹，还有最重要的，球的位置。科技最终会淘汰米勒这样的人。如果没有其他原因的话，人为的判错将一直是棒球运动的一部分，但现在不是了。然而这项传统运动的惯性阻止了米勒这样的人被机器所取代，与此同时，米勒的老板们开发了一种被称为区带评估（Zone Evaluation）的方法。它使用 PITCHf/x 数据作为一种无懈可击的标准，用来判断像米勒这样的裁判犯错的频率。这是一个不祥的提醒，它表明机器人将永远不会出错，不过，在它出现之前，坏球还是好球依旧需要有人来叫。PITCHf/x 出现的后果是，突然之间任何能上网的人都可以在球穿过本垒后就识别出它是一个坏球还是一个好球，这不再是米勒和他的老板们的特权。在这个特殊的例子中，裁判认为一个快球模模糊糊地擦过了本垒的外角，但实际上它以一个极小的差距偏过了本垒，结果也因此而不同了。

这个球被判定为一个好球，但实际上它是个坏球。[6] 洛瑞是对的，米勒是错的，而格里姆是幸运的。

洛瑞现在手握两个好球领先，格里姆盯着他的接球手，想得到一个暗示，随后他看到一根手指：一根小手指。在大联盟、二垒安打，直至小联盟的不同水平的各种比赛中，小手指的含义都是相同的。在棒球的通用语言中，小手指代表一种内线快球。格里姆向他的接球手会意地点点头，他们俩觉得内线快球将是让洛瑞三振出局的一投。那晚球场上的摄像机将记录下这个快球以每小时约 150 千米的速度沿内边线呼啸而过的场景，这类投球用确切的棒球术语说就是“脏球”。

假如裁判是一个机器人，依据投手板上那个只有机器人用机器眼才能看到的盒子，运用机器人的逻辑进行裁决，他本该在那样一个“脏球”之后叫出三振出局。

但米勒不是机器人，他是实实在在的人。这个在比赛中拥有最大的好球区的裁判将这个边线球判定为一个坏球。

关于美国职业棒球大联盟的裁判们，我们很难理解的一件事是，在醉醺醺的球迷朝他们大声喊着脏话时，他们居然还可以出色地完成他们的工作，他们的准确率能达到 87% 并且几乎从未错判过明显的好球和坏球。[7] 在那些投球的判断上，他们的成功率是 99%。不过那些徘徊在好球区的投球，毫厘之间难以定夺，一度让他们紧张。即使最可信赖的裁判对这类投球的判断也只有 60% 的准确率。

不过，这不是米勒把格里姆投向洛瑞的球叫为坏球的唯一原因。几年后，一个经济学家团队对于高风险情况下的决策者行为产生了好奇，于是他们对美国职业棒球大联盟五个赛季的数百万个投球进行了分析，这个球便是其中之一。他们想知道的是，当一个裁判员在连续叫了两个好球之后会有什么样的行为表现，而且他们真正想知道的是，这是否会对接下来的投球产生影响。

在一个完美的世界中，答案应该是不会，但大联盟不是个完美的世界。如果前两个投球被裁判叫了好球，它再被叫为好球的可能性便会减少 2.1%。对这个投球来说，米勒的好球区缩小了。米勒已经叫了两个好球和格里姆已经投出了一个相似好球，这实际上对格里姆是不利的。

格里姆对失去了他大联盟生涯中第一个三振出局并未表露什么情绪。他噘起嘴唇，盯着接球手，等待他的下一个指示。又来了：小手指。这一次他不需要点头，他一看到小手指，便回到他的位置，然后投出又一个内线快球。一垒跑垒员飞一样跑向二垒，接球手打出完美一击，格里姆呼出一口气。他现在离局末只有一投了。

格里姆挥臂准备投球，然后在板心处打出一记每小时 151 千米的快球。这成为他的一个巨大的错误。洛瑞瞬间抓住了米勒给他的第二次机会，米勒不会叫出第三个好球。洛瑞那自高中起在一块没有围栏的场地上训练的直觉开始起作用了，他晃了一下，球离开他的球棒向着场地中间偏右的深处飞去。格里姆的母亲吓得捂住了嘴，但球还在飞行。格里姆的姐姐不敢看它，直接捂住了眼睛，不过球还在飞行中，她最终还是忍不住瞥了一下，并看到了最糟糕的瞬间：球越界了。

洛瑞不仅仅只是把球打得很重，他打出了一个本垒打。

## 赌场赔钱指南：赢时信热手，输时变赌徒

格里姆和洛瑞有一个共同点，那就是他们的每一次困境都可以被解释成一次赌场之行。

赌场是研究决策问题的好地方，因为赌场正是人们做出错误决策的地方。这个任性愚蠢行为实验室具备一个实验心理学家所期望的控制手段，同时它也吸引了那些用真金白银下注的人，这也就是为什么轮盘赌局的轮子每一次旋转都具有人类行为的所有有趣要素，它们亟待被研究并被撰写成书。雷切尔·克罗森（Rachel Croson）和詹姆斯·孙大力（James Sundali）便决定撰写这本书。

克罗森是一位专注于研究金融决策的行为经济学家。人们在处理金钱时所犯的这类错误便来源于为赌博业提供生存动力的认知偏差，而孙大力从亲身经历中懂得了这一点。在他成为一名管理学学者之前，他是个股票经纪人。当他回到校园攻读博士学位时，他在以色列心理学家阿姆农·拉波波特（Amnon Rapoport）的指导下做研究，后者是阿莫斯·特沃斯基的大学舍友以及形影不离的好朋友。拉波波特和特沃斯基是在排队等待注册成为心理学本科生时认识的。

孙大力崇拜拉波波特，就像任何一个会膜拜把他们带进旺

卡巧克力工厂的教授的学生一样。此外，他们还有一层比大多数学生和教授之间更亲密的关系，比如，当孙大力与他的大学朋友去跳伞的时候，拉波波特会说他也要参加。“这本身就十分了不起，因为他患有心脏疾病，并且请了一学期的假来让心脏的状况恢复稳定，”孙大力说，“我不知道我应不应该带他去跳伞。”孙大力最终还是带着他的教授去了。这位学者和两个退役的大学生运动员挤在车上，他俩尚未毕业，但已经找到了为金融机构管理他人资金的报酬丰厚的工作。孙大力向他的朋友们讲述了他在拉波波特的课堂上读到的一篇论文，那篇论文声称热手效应是个神话，而那两位朋友还没等车子开上高速公路，便开始拷问起了这个书呆子。拉波波特遭到了激烈的“批判”，最终他脱口而出：“我能不能给你们展示一些证据以证明热手效应不是真的？”孙大力的朋友断言没有足够的证据能改变他们对热手效应的信仰。“我很高兴你们拥有信仰，而且我从不贬低别人的信仰，”拉波波特说道，“如果你拥有信仰，证据就不重要。”车驶入机库，之后他们拿到了免责声明。拉波波特喘着气，这个遭受过一系列心脏疾病的男人无法如实地回答声明上的健康问询。他把孙大力拉到一边。

“我该怎么办？”他问道。

“好吧，如果你想去跳伞，”孙大力说，“在上面该打钩的地方都打上钩，然后签上你的名字。”

拉波波特忽略了上面的提示，并怀着信仰去跳伞了。

孙大力认为赌博值得他去研究的另一个原因是他的工作地点在内华达大学里诺分校，校园周边的赌场和咖啡店一样多。当他们着手发表有关赌博决策的系列论文时，克罗森和孙大力仔细观察了一个赌场里快速轮盘上的赌注。[8]“我们得到了这么一大沓关于每个玩家的投注模式的论文，”孙大力说，“我们知道他们要赌什么，什么时候下注。”之后孙大力接到了他一个学生的电话，这个学生在一个老虎机制造商那里工作，并能提供 1 700 万次在老虎机下注的数据资料。“这不是最棒的游戏，”孙大力说，“不过这是最好的数据集。”但是，当孙大力一个在修习 EMBA 课程的学生告诉他，他在当地一家赌场工作时，他们感觉自己像是中了头奖。孙大力说他准备派一名博士生去赌场记录轮盘赌桌上的赌注，然而，他的学生说他有更好的办法。这个学生能拿到赌场空中之眼的监控录像带。“我们的这个博士生兴奋极了，”克罗森说，“现在他们在一间地下室里一帧一帧地回看录像带，然后再把数据记在电子表格里。”现在孙大力和克罗森坐在了一座金矿上：对同一张轮盘桌长达 18 个小时的拍摄，里面包含 139 个赌徒、904 次旋转以及他们所支配的 24 131 次赌注。

孙大力他们先看了轮盘赌的 50 对 50 投注，它们很像是红对黑的赌注，基本上类似正面对反面。赌徒们在亲眼看过轮盘的至少一次旋转后，押了 531 次赌注。它们大致分为平均的两组：一组赌相同的结果（红后红），一组赌相反的结果（黑后红），两组的下注比是 52% 对 48%。

但是，当孙大力和克罗森分析了连续两红之后的押注后，这个比率突然反过来了，变成了 49% 对 51%。人们倾向将赌注押在相反的结果（黑后红）上。也就是说，当轮子停在红色上时，接下来会有 48% 的赌注押在黑色上，但是在轮子连续两次停在红色上时，接下来 51% 的赌注会被押在黑色上。3 次红色之后，这个数字会上升到 52%，4 次红色之后 58%，5 次之后 65%，6 次和 6 次以上则升至 85%。“他们明显地把更多的赌注押在了不会连红的可能性上而不是顺着连红的可能性。”孙大力和克罗森写道。[9]

这是热手效应的必然推论：赌徒的谬误。

只要赌徒们一直慷慨地把他们的钱投给赌场，赌徒的谬误就会像病毒一样一直传染他们毫无戒心的大脑。发现这种现象的第一人是法国数学家、统计学家、物理学家皮埃尔 - 西蒙 · 拉普拉斯（Pierre-Simon Laplace），天知道他还会些什么别的。他是比卡尼曼和特沃斯基早出生了几百年的“卡尼曼和特沃斯基”。如果拉普拉斯今天还活着，他会开设自己的播客节目，在做完一次 TED 演讲后成为名人。假如他真的不太走运，他或许还会被邀请参加达沃斯论坛。但是拉普拉斯在很久以前就得出了这些结论，在他 1814 年出版的开创性著作《关于概率的哲学随笔》(*Philosophical Essay on Probabilities*) 的第一章中，他用法国彩票的例子描述了赌徒的谬误，指出人们偏爱一段时间里没有被选中的数字是多么愚蠢。[10]“过去应该对未来毫无影响。”他写道。在那些像轮盘赌这类直接窃取人们金钱的赌场游戏中，这一点尤其正确。也是出于同样的原因，人们被彩票所欺骗，也会对赌场中的连串现象反应过度。

赌徒的谬误不同于热手谬误。斯蒂芬·库里连续投中三球，球场里的每个人都认为他能投进第四个，这是热手谬误。但是，轮盘赌的转轮落在红色 3 次，赌场里的每个人都会把他们的钱押在黑色上，这是赌徒的谬误。

问题在于我们怎样看待我们自以为能控制的结果（篮球）和我们怎样看待我们知道自己无法控制的结果（轮盘赌）。当出现违背概率的连续性时，我们理所当然地认为它偏离了均值，于是据此下注。我们把向均值回归内化为思想行动的一部分，但是，那不是我们在挑战概率时就应当发生的事情。当斯蒂芬·库里争取连中第四球时，我们相信他暂时打破了统计上的必然性。他着火了。

对我们来说，同时相信热手谬误和赌徒谬误也是可能的。

彼得·艾顿（Peter Ayton）和伊兰·菲舍尔（Ilan Fischer）想出了一个巧妙的办法来阐明这种矛盾。[11] 他们领着一些心理学专业的学生去到一个演讲厅，然后给他们分发了长达三页纸的小测验，使他们有机会获得额外的学分。每一页纸上都是一堆 @ 和 #，看起来就像某个人用屁股打出了一篇推特文章。

当他们试着弄懂这些看似一团混乱的序列时，这些学生被告知这些符号是他们的教授已经完成的 6 个实验的伪装结果：篮球投篮、抛硬币、足球进球、掷骰子、网球发球和轮盘赌。学生们没有被告知的是这些实验从未真正进行过。这些实验序列由计算机随机生成的 11 个 @ 字符和 10 个 # 字符组成，艾顿和菲舍尔把他们伪造的实验分为两类。相比于纯粹靠运气的那组（抛硬币、掷骰子和轮盘赌），他们把人为表现的那组（篮球投篮、足球进球和网球发球）打上小孔。学生们会看到有着不同交替率的 28 个由 @ 和 # 组成的序列，其视觉差异是惊人的。有着高交替率的序列与一个有着低交替率的序列看起来是十分不同的：

**低交替率：**@ @ @ @ @ @ @ @ @ # @ # # # # # # # # # @
**高交替率：**@ # # # @ @ # @ # @ @ # @ # @ # @ # @ # @

艾顿和菲舍尔说每一串 @ 和 # 可能代表命中或失手（如篮球投篮）或者红与黑（如轮盘赌），而这些几乎就是学生们知道的所有信息。他们需要自主判断哪个序列代表哪种实验，然后教授们会给那些表现超过班级平均水平的学生额外的学分。

那时艾顿已经研究热手效应和赌徒谬误好多年了。他最早的一篇令学术圈外的大众读者也感兴趣的文章是给一本科普杂志写的，他试图在足球领域得出与吉洛维奇、特沃斯基和瓦隆关于篮球的那篇论文一样的结论。在研究了英格兰足球超级联赛（English Premier League）最佳射手们的进球后，他得出了相同的结论。“任何对‘热脚’的信仰也是一种谬误。”他写道。[12] 很快他便经历了同样的争论。他的文章在他的祖国英国引起了巨大的争议，他被邀请上电台与罗恩·阿特金森（Ron Atkinson），一位被称作“大罗”的资深足球经理进行辩论，辩论主题是我们是否应该相信足球赛中存在连射连中。大罗十分具有挑衅性。“你连后台更衣室都没进去过，”大罗大声地喊道，“我进过更衣室，我知道它是什么样子的。”艾顿对大罗的暴怒感到几分高兴，他从足球界得到的质疑与特沃斯基受到的来自篮球界的质疑一模一样。

不过，这个特殊的实验不同于艾顿以往的大多数工作，因为他不能事先预测这次实验是否会产生任何有趣的关于热手效应或赌徒谬误的结论。

“通常，当你进行一项实验时，你会比较肯定接下来会发生什么，或者至少你自认为知道会发生什么，这会使你去思考你为什么要做这个实验，”他说，“但对于这次实验，我真的毫无头绪。”

接下来发生的事情并不会让拉普拉斯感到惊讶。学生们猜测连串序列代表的是篮球投篮，看似更随机的序列代表的是轮盘赌。在他们的意识中，@@@@@ 是人为的结果，而 @###@ 则是纯随机的。当人类拥有控制力时，他们相信热手效应的存在；当人们成为旁观者时，他们又开始相信赌徒谬误。

拉斯维加斯的轮盘赌桌便是专门为这些旁观者设计的。在现代的赌场里，在转盘的旁边就是电子计分板，它会在每次转动之后实时更新统计数据：红对黑的份额，数字的分布，以及最重要的最后 20 个数字。这种展示令人印象十分深刻，但它又完全没有意义。炫目的显示屏对赌徒们来说就像百乐宫音乐喷泉[①]的媒体直播。“如果说这是一个完全随机的游戏，那么树一块牌子显示前面的数字这件事就毫无道理，”孙大力说，“但是，他们知道赌博的人在意的就是这个。”

---

① 位于赌城拉斯维加斯的百乐宫酒店前，是集灯光、音乐、舞美设计于一体的大型观赏性喷泉。——编者注

赌徒们在意是因为他们相信存在可以破解的模式。赌场把那些相信赌徒谬误的客户当作目标，给那些因拥有这种特定思维偏差而做出糟糕决定的人提供刚刚好的信息。那些电子记分牌就像是霓虹广告牌，上面喊着：把你们的钱都给我们！

这就使我们回到克罗森和孙大力研究的下一件事情上：那些有着赌徒谬误的赌徒们是否也相信热手效应呢？他们确实相信。当那些人玩运气游戏并认为他们拥有了热手状态的时候，他们就不会离开牌桌，直到手凉下来。只要他们一直赢，他们就会一直点一模一样的饮料，履行一模一样的幸运仪式。他们会凭借自己的力量全心全意地玩下去，理由和斯蒂芬·库里不停投篮一样：因为他们手很热。

克罗森和孙大力看着这个特定赌场里这张特定轮盘赌桌上的赌徒们，发现他们 80% 的实验对象在输牌后离开了这张桌子，不过只有 20% 的人在赢了一局后会自愿结束赌局。你或许认为赢钱后走人和领先时退出是有道理的。但这是轮盘赌！你最终还是会输的。带着你赢的钱去吃一顿昂贵牛排晚餐才是聪明之举。或许这才是你应该相信的，但是赌场知道这不是你的行为方式。

这不是他们发现的关于热手效应的唯一证据。克罗森和孙大力还了解到，如果赌徒们赢了对半的赌注，他们会变得更具进攻性。那些赢了对半赌注的轮盘赌玩家会把筹码分散到下一局的 14 个数字上。

输了钱的倒霉蛋下一次只下 9 注。在回放了三个晚上的轮盘赌桌上的视频后，克罗森和孙大力得出了最后一个结论，这也是他们最酷的发现。轮盘赌玩家确实会相信热手谬误和赌徒谬误，但是，个体轮盘赌玩家又是什么样的呢？结果表明，按照赌徒谬误赌博的人一定也会按照热手谬误下注，也就是说，假如你赌久黑后红，你也可能在赢了之后下注更多。“人们似乎相信人体能变‘热’，”艾顿和菲舍尔总结道，“但无生命的装置却不能。”[13] 克罗森和孙大力也强调了那个短语：“似乎相信。”“实际上，我们不知道他们的信仰，”孙大力说，“我们判定的一切根据便是他们的行为。”这也正是他们把实验带到赌场的意义。他们能够评估他们的受试者到底做了什么，而不是他们说他们会做什么。

不过，如果我们把赌徒谬误扩展到赌场的霓虹灯光之外会怎么样呢？如果它也同样适用于棒球裁判呢？如果那些肩负着比判球还要重要的工作的人也按照赌徒谬误来做事，又该怎么办呢？

## 法官也受“赌徒谬误”的影响吗

《难民的轮盘赌》（*Refugee Roulette*）是迄今为止发表的最全面的美国移民研究报告，以超 40 万件庇护案为基础，包括那些受委托做出他人生命中最重要决定的人：法官。[14] 这是一篇爆炸性的学术论文，而撰写这篇论文的法学教授们特意选择了这个标题，以确保它能尽可能地被广泛阅读。

这篇论文的结论是，一旦移民们申请了庇护，他们就不得不受制于命运的轮盘。他们留在美国的概率随他们不能控制的环境因素而变化，不存在什么平坦的赛场。事实上，同样的申请很可能会有不同的结果。一位移民法官对移民申请的通过率只有 6%，而同一法院的另一位移民法官给予通过的概率为 91%。在像迈阿密、纽约和洛杉矶这样的城市，有 32% 的法官给予通过的概率大幅偏离平均水平。异常值不是例外，它们是可预料的。

“一个官员与另一个官员，一个办公室与另一个办公室，一个地区与另一个地区，一个上诉法院与另一个上诉法院，以及这一年与下一年，这些不同的情况都会对决策产生显著影响。”研究人员写道。[15]

这项令人不安的研究得出的最惊人的结论是，在一个案件中没有什么是比法官更重要的了，决定申请结果的关键不在于庇护申请人，不在于他们来自哪个国家，不在于他们带到美国的技能，甚至都不在于他们起初离开的原因。有太多的随机性掺进了指派法官的环节里。一个能为美国做出重大贡献的移民的庇护申请很可能被拒绝，仅仅是因为他碰上了亚特兰大的一个严厉的法官，而不是奥兰多的一个仁慈宽容的法官。

但是对一个寻求庇护的人来说，这个过程尤其残酷，因为这不仅关乎谁和在哪里，还关乎什么时候。移民申请者们留在美国的机会还取决于他们被随机分配到的法官最近是否对另一个完全不相关的申请准予了庇护。这是多么随意啊！庇护法庭基本上就是个赌场。

还记得那些写过棒球裁判的经济学家吗？棒球裁判并不是他们研究赌徒谬误的唯一对象，他们还研究了一批专家的决策习惯，这些人的决策往往会产生重大的影响。那些经济学家研究了庇护法官。

布鲁斯·爱因霍恩（Bruce Einhorn）就是他们的研究对象之一。在他成为美国移民法院的法官之前，爱因霍恩在美国司法部工作，他真真切切地参与了美国国家庇护法的起草。他起初是哥伦比亚大学的一名本科生，对能够塑造法官的所谓公正判断的心理学感到好奇。“我觉得这些东西很吸引人，”他说，“我不认为所有的法官都能做到公平公正。”爱因霍恩在斯金纳箱（Skinner box）中训练小白鼠并研究它们的行为，结果他对自己有了更多的了解。“我知道我不想成为盒子中的小白鼠。”他说。

爱因霍恩 20 年的法官生涯能证明这一点。他是个宅心仁厚的法官，与大多数同侪相比有着更高的庇护准予率。他不会对任何一个来到他面前的人都说“行”，但是，他确实说了很多次“行”，甚至他的默认回复就是不说“不行”。“拒绝救助比准予救助总是更容易。”爱因霍恩说。有太多太多的动机去说“不行”，任何像爱因霍恩这样经常说“行”的人都冒着被批为官僚主义的风险。“你要面对被称为懦夫的可能性，”爱因霍恩说，“而不是被称为一个正直的法官。”

即使是那些被赋予联邦法官权力的人，也会对相同的事例得出各种不同的结论，这使一位名叫凯丽·舒（Kelly Shue）的经济学家怀疑法官们是否也容易产生认知偏差。凯丽向她的同事托比·莫斯科维茨（Toby Moskowitz）和丹尼尔·陈（Daniel Chen）提及她有一些关于庇护法官的数据资料，她想看看现实世界中真正具有利害关系的人们是否也受赌徒谬误的影响。案件的数量是完全随机的，而且法官被鼓励在尽可能短的时间里处理尽可能多的案件，这使得庇护法庭成了滋生偏见的温床。

理论上说，上一个庇护案件不应该对下一个庇护案件产生影响。而理论并不能解释那些穿着长袍上班的人的一时心血来潮或突发奇想。法官不是机器人，他们是像大联盟棒球裁判比尔·米勒一样的人。

在社会公共领域，法官占据着特别的地位。我们给予法官扮演上帝的权力，他们是我们选择的自然秩序的执行者，但是当他们觉得自己的职责是取得平衡后，他们就成了为连击连中欢呼喝彩的棒球球迷的对立者。忽略连击连中的情况做到不偏不倚地叫球是法官的职责，但他们常常无法做到这一点。法官们意识到了连击连中的情况出现，他们认为不应该存在这样的连击连中，所以他们终结了它。

凯丽·舒、丹尼尔·陈和托比·莫斯科维茨分析了来自357名庇护法官的超过15万件庇护案的判决。他们计算出的平均准予率是29%，但是在研究了一系列案件后，他们发现了这个平均准予率发生转变的时刻，还发现如果法官在上一个案件中准予了庇护，便很少有可能立即准予下一个庇护申请。这一事实是令人震惊的。这意味着那些需要庇护的移民，那些挨过了逆境的人无法避免地遭受到那些与申请毫不相干的事情的惩罚。令人沮丧的事情是统计数据变得越来越令人沮丧。抛开申请人的才干价值不谈，如果一个法官在连续两个案件中准予了庇护，准予下一个庇护案件的可能性比他连续否决了两个庇护申请后的可能性少了 5.5 个百分点。法官与棒球裁判、醉醺醺的轮盘赌玩家一样容易受到赌徒谬误的困扰，庇护申请者可能因此会被旋转的命运之轮绞住。

“法官们知道这些案件都是随机分配给他们的，但是一旦你说随机，我们就对随机意味着什么有了一种真正奇怪的感觉，”莫斯科维茨说，“我们大多数人不太理解这些东西。他们认为随机意味着今天我有六个申请案件，一半是被准予的，一半是被拒绝的。他们不认为你能连续遇到三个相同的类型和接下来三个连续不同的类型。他们认为它们应该是轮流出现的，而事实并非如此。”

如果有人特地要求莫斯科维茨修复这个体制，他会建议做一个简单的微小调整：改变对庇护法官指派案件的方式。莫斯科维茨认为每一个避难申请人都应该有两次机会。“一个法官做出判决，还有另一个法官审查这个判决结果，”莫斯科维茨说，“但是他们要以不同的顺序审查这些案件。”这样便可以消除下面这种情况，即两个法官审查同一件申请和审查不同案件仅仅是因为他们中的一个刚刚准予了一个庇护申请而另一个刚刚否决了一个。这不是最实用的解决方案，法官已经有太多的待审案件，更别提再让他们的工作量翻倍了，但它是一个正确的解决方案。

莫斯科维茨非常喜欢这个方法，所以他在自己的生活中做了这种行为调整。当他的教学助理给考卷打分时，他确保每张考卷都会有两次评分，将两次的分数平均计算得出结果。但是，在用头脑风暴击败赌徒谬误推理后，莫斯科维茨意识到了自己思考系统里的瑕疵。“那里可能存在一些偏见，”他说，“你连续看了几次很出色的考卷，这可能会影响你在接下来的考卷中的打分。”他接受了自己的建议。现在他让他的教学助理看同样的考卷，但顺序不同。“这样一来，”他说，“这就是相当公平和公正的打分了。”

不是每一位庇护申请者都有这样的福气。在复杂的庇护方程式中有好几个变量：申请者会遇到哪个法官？在哪里遇到他？在什么时候遇到他？这是赌徒谬误对人类的影响。法官不赌红与黑，也不叫好球与坏球，但他们将决定庇护申请者的命运。

第6章

# 从“简热”到“复合热”：全面认识影响热手的因素

2013年左右，NBA斥巨资引入SportVU系统，从此有了更加详细、精确的比赛数据。在黑科技的加持下，球员素质、站位、投篮难度、对方球员防守变化等综合因素都被纳入评估，热手效应研究引入了“复合热”的概念。研究人员发现，处于热手状态的球员每命中一球，下一球的命中率就会提高1.2%。热手效应的力量不可小觑。

## SportVU：科技使更全面的体育数据成为可能

这一章探究热手效应的真相，它是关于我们知道的和不知道的，还有我们以为我们应该知道而事实上不知道的事情的智慧结论。这一章关乎数据，但不是关乎更大的数据，而是关乎更好的数据。

这让我们想起两个以一种特别以色列的方式相遇的以色列人。盖尔·奥兹（Gal Oz）碰巧认识一个来自军队的人，这个来自军队的人又碰巧与另外一个人结了婚，而那个人碰巧和一位教授一起做研究，这位教授又碰巧和米奇·塔米尔（Miky Tamir）很要好。塔米尔比奥兹更有成就，仅仅是因为塔米尔在他的圈子里比其他任何人都更有成就。他是一位核物理学家，先是发表了关于无人机的学术论文，接下来还起草了绝密文件。在为研究中心和国防承包商工作了几十年后，塔米尔转型成了一名创业者，这或许是他所能做的最具有以色列特色的事情。以色列就是这样一个国家，在这个国家，不认识拥有初创企业的人就像是从来没有吃过鹰嘴豆泥一样。在他遇见奥兹这位以色列国防军的工程师前，塔米尔已经成功创办了几家公司，并开始思考他的下一个宏大构想，而奥兹认为自己能帮上忙，他拥有在塔米尔的视觉智能领域的专业知识。他们俩知道怎样用卫星地图、数据以及航空图像来提供决策信息，而且会比周围的人更有先见之明。不过，他们拥有共同的专业知识，这意味着一旦奥兹宣布他要离开军队，他被介绍给塔米尔认识只是个时间问题。“以色列很小，”奥兹说，“大家彼此都认识。”

塔米尔希望把视觉智能领域中所有具有未来性的技术带到一个需要它的一切技术帮助的行业：体育。他不需要说服奥兹相信这种潜力。“我会从技术的角度看待体育运动，”奥兹说，“这多少和我在军队里做的事一样。”在他们开始发展 SportVU 技术，即以一种不同的角度看待运动之后，流传下来关于这家公司的起源的故事是，它是基于以色列专有的导弹追踪技术而创立的。这并不是真的，但是他们没有意识到这个传奇故事造成的不利影响，部分原因是它增加了公司的神秘气质，不过最主要的原因是以色列导弹追踪技术与他们实际在做的东西确实没有太大区别。“追踪一颗导弹比追踪一个球要容易得多，”奥兹说，“因为导弹更容易预测。”

SportVU 很快引起了另一家从事体育尖端技术研究的公司

的注意，这家公司叫作运动团队分析与追踪系统公司（Sports Team Analysis and Tracking Systems，简称 STATS）。STATS 的高管们相信追踪球员是他们业务的未来方向，但是他们没有人力来开发这种技术。他们必须购买这项技术，然而在他们花费数百万美元收购 SportVU 之前，他们需要对这家公司有更多的了解。他们雇用了一个团队对此进行了调查，团队中就有一个叫布莱恩·科普（Brian Kopp）的人。

科普是一个土生土长的美国中西部人，他留着板寸头，之前从未在体育运动领域工作过。他之前为了生计在银行和私募股份公司工作过几年，后来决定不再从事这个以拒绝别人为主的工作。他申请了商学院，并找了一份给一家教育公司做战略规划的工作。“在进入体育运动领域从事追踪球员的工作之前，你当然会这么做。”他说。接下来职业生涯的一个转折把科普带到了 STATS，当科普的老板让他坐飞机去以色列会见两个据说把导弹追踪技术应用于体育的男人，也就是塔米尔和奥兹时，他还是个新手。“我就这样过去了，”他说，“我当时并不知道我们到底在干什么。”

科普在飞机上阅读了《创业的国度》（*Start-up Nation*）这本书，以此来了解他从未来过的这个国家的创业精神。然而，2008 年，当他抵达人来人往的特拉维夫科技中心后，他依然不能肯定他要见的人是谁，以及为什么要见他们。他依然弄不清楚自己所在公司的战略，只是在后来他才在追忆过程中明白过来。“这很简单，”他说，“我们能用技术来采集其他人无法访问的数据吗？”

塔米尔和奥兹带着科普参观了 SportVU 的办公室，这没花多长时间，因为 SportVU 的办公室只有一个房间。“只是两个男人在做着一些有趣的事。”科普说。不过，事情变得越来越明朗，那就是这家仅仅涉足足球领域，而且名字看起来像是一家眼镜店的公司正在开发一种有可能从根本上改变职业体育的技术。“不过这项技术还没有完全成熟，”科普心想，“但是这里面有些重要的内容，我们要尽早得到。”STATS 采纳了他的建议，买下了 SportVU，这花费了 1 800 万美元。塔米尔拿到了他的那份报酬，继续去开创下一个伟大事业，而奥兹的工作成了发展 SportVU，科普的工作则是把 SportVU 的技术系统卖给足球之外的体育运动。他确切地知道该从哪里开始：篮球。

让篮球如此受欢迎的原因也同样是使这项运动难以量化的原因，篮球是竞技体育中一项令人叹为观止的具有芭蕾风格的运动。人们如何给发生在超过 400 平方米空间里的 10 个球员和一个皮球所产生的连续不间断的、相互缠绕交织的、不可预知的运动轨迹设定一个数字呢？使用一个与以色列导弹追踪技术没什么不同的精心设计的追踪系统。这是科普在 2009 年受邀参加 NBA 总决赛时向联盟高管提出的想法。当他开始思考怎样向高管们介绍 SportVU 时，科普决定还是让他们自己亲眼看一看。于是 SportVU 的工程师飞到奥兰多市，然后架好他们的摄像机以记录下方球场上的比赛。洛杉矶湖人队和奥兰多魔术队的比赛在周二晚上举行，而工程师们的演示会在周四下午。他们通宵达旦地工作，搜寻一个会让观众惊掉下巴的典型样本。

工程师们早在比赛的开始就发现整场球赛是以两个大块头的人物为主角展开的。湖人队的中锋安德鲁·拜纳姆（Andrew Bynum）做了一个漂亮的转身动作并尝试勾手投篮。魔术队的中锋德怀特·霍华德（Dwight Howard）冲过来把这个投篮打飞了。裁判员必须立刻判定：这是一个合规的盖帽，还是一个违规的干扰？

球是否已经在下落的轨迹上，这类问题几乎不可能实时识别。裁判只有几毫秒的时间来对这毫米级的差异进行判断，而 SportVU 的工作人员有几天的时间来根据可靠数据做出合理、客观的裁决。他们的摄像机一直在追踪那个球，因为他们有篮球路径的精准坐标，所以他们可以确定裁判是否正确。

那些在 NBA 总决赛上主持比赛的裁判已经登上了他们的职业顶峰，因为他们接受过训练，要用他们的眼睛、直觉和他们自己的认知模式系统去做出裁定。从来没有比这更好的方法了。不过，现在人们不必再根据他们多年的经验来做出合理的猜测了。他们在裁判比赛时，不需在大脑的数据库里运行数百万场类似的比赛，也不需要在几毫秒之内做出裁定。同样，球员和球队将会很快运用 SportVU 追踪系统来制定策略，裁判能够根据数据信息，而不是恰巧信以为真的东西做出裁决，因为后者很有可能被人类固有的偏见所左右。

科普即将向 NBA 高级主管们演示一种更好的方法。这是将实证论引入一个充满含混信息的领域的好方法。科普不知道是否有人愿意倾听他的演说，担心不会有任何人出席演示会，所以，当人们都挤在为这场演示而用帘子遮起来的一条狭窄的走廊里时，他感到有些惊讶。有些球队负责人甚至不请自来，到了奥兰多，不是为了那晚的总决赛，而是为了那个下午科普的演示会。当科普推出电视监视器来重播霍华德对拜纳姆的那类干扰球时，他们都认真地盯着屏幕。屏幕正显示着以 X、Y 和 Z 所呈现的坐标轴，这代表着篮球的数字呈现。SportVU 追踪系统通过逐帧测量球与地面的距离的方式来计算球的高度。当霍华德在封盖拜纳姆的投篮时，球的高度在下降。球已经到达它的顶点。这意味着裁判的判决是对的：这是一个干扰球。

SportVU 追踪系统在未来的几年里变得如此先进，以至于科普为当初给 NBA 推销如此粗糙的产品而感到尴尬。“它就像电子游戏里的《乒》(*Pong*),”他说，“我们所展示的就只有乓乓乓。”但是 NBA 联盟的高管们还是感到吃惊，他们希望 NBA 能与 SportVU 合作。

这场交易谈判持续了几个月，尽管科普的公司不知道该如何收费，也不知道要提供什么，而 NBA 不知道该如何付费，也不知道要得到什么。那个时候，SportVU 做出的更像是一种承诺，而不是一种真正的产品。“我们试图就那种并不存在的东西的价值进行谈判。”科普说。就在他们的谈判接近成功时，NBA 高管们再一次出现在了 STATS 总部视频会议的屏幕上，科普根本不用任何形式的技术手段就判断出自己可能有了麻烦。那些西装革履的 NBA 高管们看起来好像突然收到提醒，他们可能花一大笔钱买到实际上可能没什么用的东西。交易失败了，科普的老板十分暴怒。“你们这些家伙需要好好想想，然后回来找我们！”公司的首席执行官吼道。

咔嗒。

STATS 挂断了 NBA 的电话。

“他们会再打回来的。”科普的老板预计道。

“他们不会回电话的！”科普回答。

他们果然没有回电话。

作为一个高中和大学时期一直打篮球的球迷，科普并不准备放弃他的 NBA 梦想。如果 NBA 办公室对此持怀疑态度，他将尝试直接与球队合作。如果说有谁未经联盟办公室的官方同意而与一家初创公司合作，并因此得到特别奖赏，那这个人就是马克·库班（Mark Cuban），一个在互联网繁荣时代大赚一笔后把自己的财富转化成达拉斯小牛队（Dallas Mavericks）所有权的反叛者。

库班一心想赢得一次 NBA 总冠军，因而急切地把钱花在他能发现的每一个低效的地方。不同于自由的棒球队，篮球队的工资是受限的。因为他们的工资总额或多或少是一样的，而优势则在其他地方，库班用金钱淹没了那些地方，他把资金投在了最大的飞机和最舒适的更衣室上，吸引来最有才华的球员和他的球队签约。他还投资了最新的数据收集技术，甚至雇用工作人员为小牛队编码每场比赛的位置数据。库班不是唯一一个意识到这一点的人，仅仅因为某些事情一直采用某种方式来做，并不意味着没有另外的更好的方式。休斯敦火箭队（Houston Rockets）把同样的工作外包给了印度人，由他们手动完成。但是，他们不可能为每一支球队和每一场比赛都这样做，而 SportVU 能做到。

当达拉斯小牛队的竞技场装备了6个高分辨率跟踪摄像头时，他们成了第一个付钱给SportVU的一流的美国体育运动队。他们在2011赛季花了大量时间来尽力捕获和量化发生在球场上的一切。“我们使用了非常多不同的数据资源。”库班说。他们建立了自己的内部解析系统，并购置了类似SportVU的其他设备。如果有任何一类数据能帮助他们再赢一场比赛，即使机会不大，小牛队也有兴趣尝试，而其中的一些量化指标激励着他们为最重要的比赛去储备锦囊妙计。在那个赛季的NBA总决赛，他们判断最有可能阻挡勒布朗·詹姆斯的是一个叫何塞·巴里亚（Jose Barea）的后卫，他凭借1.8米的身高被列在出场名单上，这样的身高或许应该出现在举重名单上，然而这个全联盟中最矮的球员之一却对小牛队具有非凡的意义。这个赛季以安装科普的摄像头开始，以赢得NBA总冠军结束。

SportVU再也没有离开。前6支购买了SportVU的球队是小牛队、火箭队、波士顿凯尔特人队（Boston Celtics）、俄克拉荷马城雷霆队（Oklahoma City Thunder）、圣安东尼奥马刺队（San Antonio Spurs），还有金州勇士队。剩下的唯一问题就是他们能负担的开销是多少。假如你用每个球队花在这上面的金额除以获胜的场次，赢得一场NBA的价格大约是200万美元，因为很明显，SportVU会帮助NBA球队赢得至少一场比赛，那么它每年的价值应该在200万美元以上。但是NBA球队的预算并不能匹配他们的逻辑思维能力，这与花在球员身上的钱并不一样，这更像是办公费用，SportVU就像是打印机里的墨盒。聪明的NBA球队将3万美元的价格看成是一笔十分划算的交易，这个工具几乎不花费什么，却能够把篮球比赛转换成丰富的数据集，这足以改变百万富翁在零和市场上的竞争行为。

然而，在小牛队赢下总冠军之后，NBA随即停赛了。篮球比赛要停摆6个月，起初，这对布莱恩·科普来说是一个可喜的进展，因为突然之间，对于NBA球队来说，没有什么事情是比听从科普的意见更好的了。当科普拜访纽约尼克斯队时，他以为对方会带几个人来参加一个几分钟的会议，结果球队带着全体球员来参加了一个3小时的会议。“停摆是发生在我们身上最好的事情之一，”他说，“它拓宽了那些可能对使用数据一直有抵触情绪的人的眼界，这让他们不得不关注它了。”

而科普的问题在于，他的老板也正关注着这件事。他们在以色列的一家初创公司身上投资了1 800万美元，不过，3年后他们的投资所能展示的全部回报就只有一些3万美元的支票和一个赛季的数据。

对科普而言，这是一段令人抓狂的时期，他觉得自己和STATS的其他员工甚至还没有开始触及SportVU可能性的表层。他们只是在不停地发问，他们一直在等待答案。科普的梦想是雇用一个神秘的极客团队，让他们深入研究SportVU数据，然后报告他们遇到的情况。不过，科普也是一个实用主义者，他会看资产负债表，因此不用去商学院学习就能明白他的预算不允许他聘用他理想中的分析师。科普被难住了。自他的第一次特拉维夫之行以来，他就意识到自己正在做的事情是件大事，一件可能永远影响体育运动方式的大事。当他大声说出这话时，它听起来也不再是异想天开了。科普工作的全部意义是减少不确定性，而现在他却被不确定性包围了。

他没有意识到的是，他想象中的那些极客已经出现了，而且一美元也不需要付给他们。他们自己就有可靠的工作、高大上的头衔，还有稳定的收入来源，他们还从来没有动过用SportVU赚钱的念头。科普能提供的数据如此丰富，他们甚至可能会反过来付钱给他，而他们不是什么“神秘的极客”，他们是一群教授。

这些拥有杰出资历的教授是SportVU的救世主，他们不必坐等一场正式演示结束就能看到这项技术的潜力。这是一群具有鲜明的问题意识的聪明人，他们热衷于把科学方法与流程应用到篮球比赛当中，以至于他们中的很多人已经准备好了假说以待验证。

这些教授确信他们一直相信的事情是真的。不过他们永远无法确定，因为他们没有合适的数据。

## 《点球成金》世代：体育的数据革命

在 NBA 停摆结束的那个晚上，布莱恩·科普的电话响个不停。现在球队终于又可以进行交易了，购买 SportVU 追踪系统则成了他们的首要任务之一。到他上床睡觉的时候，科普已经跟 30 支联盟球队中的 10 支达成了协议，将在他们球场安装跟踪摄像机。他可以把 NBA 球队分成两组，一组是装了 SportVU 追踪系统的球队，另一组是没有装 SportVU 追踪系统的球队；一组是聪明的球队，一组是愚蠢的球队。

这个分界是如此明显，那些愚蠢的球队开始千方百计地使自己看起来更聪明。在 2013 年冬天，在麻省理工学院斯隆竞技体育数据分析年会（Massachusetts Institute of Technology's Sloan Sports Analytics Conference）上，洛杉矶湖人队是仅有的一支没有派代表参加的球队。这个年会是 NBA 球队一年一度吹嘘他们如何厉害的场合，因此湖人队立刻被认为是愚蠢球队当中最愚蠢的球队。这是一个有趣的小转折。现在，书呆子们正在欺负那些所谓的酷小孩。

在遭到公开羞辱之后，湖人队决定不再这样顽固不化了。他们找到科普来了解更多关于 SportVU 摄像机的信息。科普注意到湖人队总经理办公桌上有一摞厚厚的文件，他忍不住瞥了一眼他正在看的东西：学术研究文章。学术垃圾！科普心想。这个联盟中最具魅力的球队的顶级决策者在阅读学术研究文章，对此他并不感到惊讶，让他感到震惊的是这其中匪夷所思的戏剧性。似乎这位 NBA 总经理必须让人看到他正在阅读学术研究文章，否则这项工作就毫无价值。如果这位总经理知道桌子上的研究文章是大学里的孩子们在课堂上粗制滥造的产物，他或许会立刻冲向碎纸机把它们毁掉。

当湖人队正忙着夺取 NBA 球赛总冠军时，卡罗琳·斯坦（Carolyn Stein）还是波士顿郊外一所高中的学生。要进入她那所学校的荣誉科学班的唯一途径就是要参加一场年度科学博览会，这可能是这个星球上竞争最激烈的科学博览会了。斯坦的同学是一群生物学家、物理学家和化学家的孩子，他们习惯于待在他们父母在哈佛大学和麻省理工学院的实验室里。他们不是在制造化学火山，“他们就像是在做基因测序。”她说。

在斯坦的学校里，很少有人能够好好利用他们来自学者世家的优势。斯坦的祖父是普林斯顿大学的数学家，他在 20 世纪 40 年代逃离欧洲，在美国的头三周就爱上了一种“用棍子玩的古怪游戏”，这种游戏更广为人知的名字是棒球。[31] 斯坦的父亲是哈佛大学经济学教授，在她上大学的时候，她父亲已经在美国联邦储备系统（U. S. Federal Reserve System）任职。不过在这场特别的科学博览会上，她并没有获得特别的优待，她的家人不能帮她做基因测序。只不过她父亲在仔细研究了科学博览会的规则之后，发现了一个深藏其中的漏洞。从严格意义上来说，科学博览会是允许社会科学方面的项目参与的。“你要做一个有关数据的项目。”斯坦的父亲告诉她。

作为高中篮球队的队长，斯坦决定把她的精力投入到有关 NBA 的数据项目当中。“这不是因为我热爱体育，”她说，“只是因为体育数据容易获得。”她把有关数字整理到 Excel 表格里，然后用篮板和封盖数据对球员的体重、种族、球场上的位置进行统计回归。她把她的项目取名为“白人不会跳高”（White Men Can't Jump）。“我差点儿被取消资格。”斯坦说。在科学博览会上制造争论，这并不是她的风格。“我是一个很循规蹈矩的孩子，”她说，“我只是让数据说话。”

一个高中生因做了一项有趣但多少有点让人反感的研究而去读了哈佛大学，这一点也不令人意外，而斯坦在搬进新生宿舍后首先做的一件事就是参加活动展览会。她偶然发现了一个有着奇怪名字的俱乐部：哈佛体育分析集团（HSAC）。她对分析比体育本身更感兴趣，于是去参加了这个俱乐部的会议。斯坦走回宿舍，然后告诉她的邻居约翰·伊泽科维茨（John Ezekowitz），这似乎是一个能吸引他的俱乐部。伊泽科维茨喜欢体育，也喜欢分析。他曾夺得美国拼字大赛的冠军，十几岁的时候就为财政部助理部长工作，负责经济政策方面的事务。他小时候不被允许在家看电视，但这条规矩有个例外：体育。他看过很多体育比赛。

哈佛体育分析集团的存在可以追溯到迈克尔·刘易斯讲述奥克兰运动家队（Oakland Athletics）凭借数据在一个本应是有效的市场中寻找无效率的故事。《点球成金》的影响无论怎样夸大都不为过。职业体育史上出现了一条分界线:《点球成金》出版之前和出版之后。书中提到了一位名叫卡尔·莫里斯（Carl Morris）的哈佛统计学教授，他鼓励那些前来向他寻求建议的学生成立一个体育分析俱乐部。他们不需征得学院院长的同意去讨论他们最喜爱的运动队是如何被数据改造的，不过注册为一个官方许可的哈佛学生组织有一个好处：有钱。学生们把钱花在了喝啤酒上。“这个俱乐部的成立不过是得到免费啤酒的借口。”伊泽科维茨说。时移事易，学院停止了资助俱乐部，俱乐部也不能再喝啤酒了。

在伊泽科维茨被选为主席时，哈佛体育分析集团成立才不过几年。在一个富丽堂皇、贴着柔和的墙纸、像是专为下午茶精心设计的房间里挂着许多上了年纪的白人男人的肖像。伊泽科维茨坐在一张长条橡木桌子的一头，旁边围着一群睡眼惺忪的哈佛学生，这是一群喜欢体育的书呆子与其他书呆子谈论体育的会议。伊泽科维茨召开这次会议是为了实现一次破冰，是时候让房间里的每个人做一下自我介绍了，其中有男有女，尽管男性成员占了大多数。每个人都要说一本自己喜爱的体育图书，只不过这本书不能是《点球成金》。

“《点球成金》的电影剧本可以吗？”有人开玩笑道。[32]

俱乐部最年轻的成员比我 2011 年到访参观时的年纪还要小 5 岁左右。但是当我环顾橡木桌时，我意识到我们属于不同的时代。在这 5 年里，世界上的一些事情已经发生了改变，一些在那个晚上之前我从未想过的事情。《点球成金》已经出版。在他们作为体育粉丝的流金岁月里，他们对这本书爱不释手，而这也意味着他们被一枚试金石指引，相信艺术成为科学是完全合情合理的。他们将自己的聪明才智运用到体育当中是再自然不过的事情，他们属于《点球成金》的一代。那种认为信念可以而且应该以统计学为基础的观点并没有改变这间密不透气的房间里的哈佛学生们思考体育的方式，这就是他们思考体育的方式。

这些大学生并非只是读了《点球成金》，他们更是消化了《点球成金》这本书，让《点球成金》成了他们生命的一部分。他们很快成了《点球成金》的化身。书中有一处关于金融的段落，恰好夹在关于金融衍生品的历史的中间。“这些很快掌握了数学原理的人不是典型的交易员，”刘易斯写道，“他们是受过专业训练的数学家、统计学家和科学家，放弃了在哈佛大学、斯坦福大学或者麻省理工学院所做的一切，打算去华尔街大展身手。这些被老练的交易员诱捕进来的数目惊人的金钱改变了华尔街的文化，并促使了与依靠直觉相反的定量分析的产生，尽管前者是一种在市场上进行下注的体面的方法。”[33]

对这些大学生来说，如果不是因为交换金融衍生品不再是激动人心的机会，这些围坐在橡木桌子边的孩子们可能已经成为那些野心勃勃的被财富神话所诱惑的交易员了。他们不必再利用金融市场的无效性，相反他们可以将自己的思维方式运用在体育领域。虽然这不一定能让他们赚很多钱，但整个过程会更有趣。这些大学生有了这种偏好，他们当然也有的是时间，而且现在，他们第一次拥有了数据，因此他们可以研究任何能引起他们关注的事情，甚至那些在他们还没出生的时候就会被起诉死刑的想法。他们可能会动摇已被奉为圭臬的科学。接下来，他们会从“热手”这一概念开始。

哈佛的这些孩子不是最早对那篇关于热手效应的原创论文提出异议的人。汤姆·吉洛维奇、罗伯特·瓦隆和阿莫斯·特沃斯基从发表了他们的研究的那一刻起就一直遭受着轰炸式的批评，这也正是他们发表这项研究的部分原因。特沃斯基和吉洛维奇甚至在1989年发行的美国统计协会（American Statistical Association）的官方杂志《机会》（*Chance*）上发表了一篇文章进行解释。“一个人看的篮球赛场次越多，”两个看了很多场篮球赛的人写道，“他碰到的连投连中的情况也会越多。"[34] 但是在随后一期的《机会》上，三位统计学家写了一篇尖锐的评论进行回应。文章的标题是"相信'热手'没有关系"（It's Okay to Believe in the 'Hot Hand'）。他们展示的证据很容易被驳回，特沃斯基和吉洛维奇甚至也在同一期杂志上发表了文章。这期杂志的第 22 页～第 30 页是争论的一方，第 31 页～第 34 页是争论的另一方。

特沃斯基和吉洛维奇所反驳的言论只是几十年来持续攻击他们的言论中的第一种。在他们之后的研究者并不满足于将研究局限于篮球领域。他们重新调研了棒球、保龄球、网球、赛马、高尔夫、排球和飞镖中支持或不支持热手效应的案例。假如足够多的人相信身体活动是一种体育运动，那么它们很可能在寻找热手效应的过程中受到了质疑。最有说服力的研究并未质疑特沃斯基、瓦隆和吉洛维奇发现了什么，而是他们怎样发现的。一直以来的一项指责是他们的样本不够大，他们的统计实验不够有力，还不能够识别出热手现象。即使存在"热手"这样的东西，揭示这类现象的论文也发现不了它。

这又使我们回到伊泽科维茨的话题上来。大学一年级结束时，他正在钻研体育数据，并在 HSAC 的博客上发表了能帮助职业运动队赢得比赛的观点。那些真正在为职业运动队伍工作的人也在阅读他的文章，而伊泽科维茨对这一切毫不知情，直到 8 月的一个周五晚上。那时他正深陷在一个让他的电脑死机的数据库中，他的电脑就像在夏天跑完了一场马拉松，正在发热，筋疲力尽，几乎快要昏厥。当他发表推文时，正好是 8 月的一个周五晚上。如果想要获得流量，没有哪个时间点会比这个更糟糕了。在接下来的 24 个小时内，这篇推文几乎没有人阅读。但后来伊泽科维茨注意到下面出现了一条评论，它来自马克·库班。[35]

他充满怀疑地揉了揉自己的眼睛，既然能得到 NBA 老板的回应，他判断自己一定是做对了事情。或许这项体育事业值得他继续努力，或许他能成为哈佛篮球队的数据分析志愿者。也许他们不会付钱给他，而且数据也不怎么好，他的见解也可能被忽视。即便如此，这群运动员的行为在某种程度上、在某些时候可能会受到他的影响。这是一个令人陶醉的想法。

一天，伊泽科维茨在他的计量经济学课上接到一个电话，这个电话让所有那些计划都变得很古怪。电话响起时，伊泽科维茨并不认识那个区号。不过他还是决定接电话。他礼貌地走出教室，到外边去接电话。而真实的职业运动队中一位活生生的人就在电话线的另一端：菲尼克斯太阳队（Phoenix Suns）。

布莱恩·科普给太阳队推销了 SportVU，但是他们不知道用那些很快就能从球场上的摄像机那里得到的信息做些什么。他们过去没有足够的数据，现在他们的数据太多了。太阳队联系了 HSAC 的一位前总裁，碰巧他在为另一支运动队伍工作，太阳队恳请他推荐一个能帮助他们解决问题的人。他给了他们伊泽科维茨的名字。太阳队并不介意他们新成立的分析小组的统计顾问比他们的球员还年轻，也不介意他是一名还在学习行为经济学入门课程的本科生，更不介意他要在千里之外的办公室——他的宿舍里远程工作。

在接下来的几年里，伊泽科维茨的暑假都是在太阳队球员、教练和高级管理人员身边度过的，偷听他们讨论事情是他暑期工作的最大乐趣之一。有一天，当他们争论一个他认为自己已经理解了的话题，也就是有关热手效应的细节时，伊泽科维茨觉得自己有义务说些什么。

作为一个主修经济学、辅修篮球的人来说，伊泽科维茨读过吉洛维奇、瓦隆和特沃斯基的那篇经典论文。他所了解的是，即使人们被告知这是个谬误，他们依然相信这个谬误。虽然他现在正与那些人一道工作，他还是对他们的固执有点儿吃惊。“房间里有很多前 NBA 球员和大学球员，”他说，“他们都会告诉我，对一个男人来说，这是真的。”这些都是他崇拜的人，他们显然比他更了解篮球，而这并没有冒犯伊泽科维茨，这么多同事以这种原始的方式反对他的学术英雄们，这吸引了他的注意。

“在学术研究者与大众之间有一种奇怪的叙事，学术研究者会说你认为你知道的关于游戏的一切都是不真实的，而大众却对此不屑一顾，”伊泽科维茨说，“不过，学术研究者的言论基本来源于他们所拥有的数据。随着数据的增多，我们一向认为是真理的东西可能只是我们的错觉。”

伊泽科维茨认为只要找到有说服力的数据，就能平息争论，随后他意识到他已经有了数据。寒假的一个下午，伊泽科维茨打开了他的笔记本电脑，并写了一封给朋友卡罗琳·斯坦的电子邮件。“希望你考试顺利。”他写道。[36] 伊泽科维茨和斯坦仍然住在同一个房子里，上同样的经济学课。他还欠她一个人情：她是最早向哈佛体育分析集团推荐他的人，现在是他还这份人情的时候了。

“我认为以前的热手效应研究都有缺陷，”他写道，“最酷的事是用我所拥有的 SportVU 数据，我认为事实上我们能以某种方式做出一个相当明确的证明。你有兴趣和我一起做这件事吗？”

## 复合热：命中率、难度和行为变化的集合

一天，哈佛大学的一位前校长走进篮球队的休息室做了一

场经济学的即兴讲座，那时约翰·伊泽科维茨和卡罗琳·斯坦正着手对“热手”展开独立研究。在接下来的30分钟里，球员们穿着运动短裤和灰色的白宫衬衫聆听了这位教授的演讲，这位学者曾被任命为美国国家经济委员会主任和财政部部长。在哈佛的球员狼吞虎咽地吃比萨的时候，拉里·萨默斯（Larry Summers）回顾了自己与经济学打交道的生涯。房间里有一名《纽约杂志》（*New York Magazine*）的记者捕捉到了萨默斯职业生涯的重大感悟：“关键是阅读数据并发现它告诉你的事情。”[37]

就在那个时候，在这场看似不太可能的研讨会上，一位名字被印在钞票上的男人问哈佛篮球运动员，他们中间有多少人相信热手效应，运动员们全都点了点头。这正是萨默斯所期望的答案。在他揭示相信热手效应的这个信念是否正确之前，为了达到一种戏剧性的效果，他停顿了一下。

“答案是否定的，”萨默斯说，“人们把模式应用到了随机的数字上。”

但是，即使是自由世界里的经济学权威也无法预料到，校园里的某个地方正有几个本科生在试图弄清楚这是不是真的。他们正在研究数据并试图识别出它能告诉他们的东西，他们正在努力搞清楚热手效应是否存在。

在伊泽科维茨和斯坦的分析得到认可之前，几乎每个研究热手效应的人都承认他们的方法存在重大缺陷。发现热手效应是一种谬误的研究没能恰当地解释这样一个事实，那就是投篮概率的变化。“每个球员都有一组在难度方面有所变化的投篮集合，”吉洛维奇、瓦隆和特沃斯基写道，“而每次投篮都是从这组集合中随机选取的。”[38]但真的是这样的吗？每当有人手感发热时，球员的行为会发生变化，这似乎是显而易见的事。手感发热的投手愿意承担更大的风险，他的下一次投篮未必一定像掷硬币一样，而是会受到上一次投篮结果的影响。还记得库里在麦迪逊花园球馆有了热手状态后发生了什么吗？对任何观看了那场比赛的人来说，相信每次投球入筐都是一样的，就像是相信你碰巧和迈克尔·乔丹有个一模一样的名字你就能灌篮一样。然而最初对热手效应的调查本质上是基于一个错误的逻辑。吉洛维奇等人别无选择，他们那时没有这些数据。

只有在伊泽科维茨和斯坦上了大学之后，人们才能够更精密地研究像热手效应这样的课题。他们最终可以控制所有这些变量，并精确地量化投篮的难度，这就是让人匪夷所思的 SportVU 的厉害之处。假如他们能为一次投篮量化难度，他们就能为任何数量的投篮完成量化，事实上，他们能量化 NBA 任何一个赛季的每一次投篮。

伊泽科维茨和斯坦在学习《行为经济学导论》这门课时就

已经讨论过热手效应的复杂性，而且他们开始怀疑那篇经典论文是否能在多年后依然证实一切。他们一致认为，如果一个球员认为他拥有了热手状态，他就会挑战自己的极限来投更有难度的球，但是之前的研究并没有将这些行为上的改变纳入考量。当伊泽科维茨发邮件给斯坦鼓励她进行独立研究时，这相当于做一些以前没人能做的事情，这对她很有吸引力。斯坦不是唯一一个想与他一道工作的人。联盟中很少有人会问科普比较尖锐的问题，除了那个在宿舍里代表太阳队进行咨询的小伙子，而当伊泽科维茨向他简短介绍了他对热手效应的全面研究计划时，科普几乎没有犹豫就同意了一群哈佛本科生访问他的数据库。“其他学者没想到这些数据，这真是不可思议，”伊泽科维茨说，“因为它是当时最丰富的数据库。”

在接下来那个学期里，这些学生花了几百个小时来解码这些数据，但首先他们要对数据进行清洗。虽然 SportVU 数据很多，但也很混乱，不便于分析。另一位获准访问 SportVU 数据的人恰巧是哈佛的一位教授。柯克·戈尔茨贝里（Kirk Goldsberry）是一名受过正规训练的制图师，他在电脑屏幕上打开第一份 SportVU 文件时就被吓了一跳。“我所看到的是密密麻麻的小数点、拖尾数字和成百上千的零散地插入其间的 XML 标签，”他写道，“我立刻就意识到这是我有史以来见到过的‘最大’的数据，我会永远记得，当我意识到满屏的数据仅仅相当于一场比赛的一节中一个球员动作的几秒钟时的那种震惊的心情。”[39]尽管这很棒，但也让伊泽科维茨和斯坦感到不安。即便只有一小部分数据出差错，他们的结论也会产生偏差。

等他们完成了这项工作，伊泽科维茨、斯坦以及他们的计算机科学家，也就是另一位哈佛本科生安德鲁·博茨科斯基（Andrew Bocskocsky），比大多数 NBA 球队都更了解了改变 NBA 的数字。这是因为他们比吉洛维奇、瓦隆和特沃斯基拥有更多的数据，可以在他们最疯狂、最大胆的设想中运用他们的想象力。

一旦他们把一个球场上的 83 000 多个投篮分到 2×2 网格里面，他们就能告诉你你想知道的关于所有 NBA 比赛中的任意一次投篮的所有事情。他们能告诉你投手在哪里，防守队员在哪里，场上的其他球员在哪里；他们能告诉你篮球离开球员的手的时间，这个数据可以精确到 0.04 秒；他们能告诉你这次投篮的难度，甚至可以告诉你一次投篮空心入网的概率。这意味着他们能告诉你他们真正想说的事情。“这怎么可能呢？”斯坦说道，“长久以来，这确实是不可能的，我们无法连续看几个小时的 NBA 镜头并去猜测每次投篮有多难。我们以前做不到。”但现在可以了。

最初具有开创性的那些热手效应研究者只有一小部分的投

篮数据，数据的质量并不比数据的数量好多少。那篇论文把直接上篮和三分球同等对待，即使那些投篮之间的相似处就像河马和仓鼠一样。评价投篮仅仅以命中还是投失作为标准，“简热”（Simple Heat）就是伊泽科维茨、斯坦和博茨科斯基用于称呼这类方法的名词。但是对于热手状态的测试来说，这个“简热”还不够强大。这是一项需要使用“复合热”（Complex Heat）的东西，这意味着他们得发明“复合热”。

因为他们知道了每一次投篮的所有要素，包括投手的身份和位置、防守队员的位置以及投篮的难度，所以他们可以给概率打一个数字，他们把这个数字称为“预期投篮命中率”。对预期投篮命中率的计算本身就是一个十分有用的结果，而NBA 球队将很快使用这个直到他们提出来才存在的指标，这将会是那个学期的所有独立研究中非常令人满意的成果。

不过，对伊泽科维茨和斯坦来说，这是达到目的的一种手段。他们需要用这些数字来计算复合热，即“实际”投篮命中率和“预期”投篮命中率之间的差值。库里在连续投中 5 个三分球后明显比连续 5 次直接上篮的手更热，这是根据“复合热”而不是“简热”做出的判断。伊泽科维茨和斯坦是第一个弄清楚“热”的程度的人，即便他们走了那么远，他们也知道还有很远的路要走。“我们不得不花时间思考我们到底想问什么问题。”伊泽科维茨说。

这不是一件小事，他们的回答和他们的问题一样漂亮。他们确定了两个问题：当一个人看起来有了热手状态时，球员们会改变他们的行为吗？那么一旦你控制了行为的变化，热手效应会出现吗？

他们心中的第三个问题是一个很难说清楚的问题：如果他们被教导的有关热手效应的所有东西都是错误的，又会怎样呢？

这是《点球成金》这一代的前辈们始终在追问的一类问题。事实证明，他们当中的一位就问过类似的问题。比尔·詹姆斯在效力红袜队的时候知道球队是如何决策的，这会让他对体育运动的内部运作更加好奇。就在波士顿队赢得2004年世界大赛冠军的时候，他在《棒球研究期刊》（*Baseball Research Journal*）上发表了题为《低估了那烟雾》（Underestimating the Fog）的文章。“假如这是一份真正的科学期刊，假如我是一位真正的学者，这篇文章的题目应该是《在处理来自统计不稳定平台的变量时区分瞬时现象和持续现象的问题》（The Problem of Distinguishing Between Transient and Persistent Phenomena When Dealing with Variables from a Statistically Unstable Platform），”他写道，“但我希望能有人真正去读它。”[40] 他的愿望实现了，但不是因为这个题目，而是在于这篇文章本身极富魅力。“我开始意识到，在棒球统计分析方面的宽泛结论是不可靠的。”这位棒球统计学教父写道。

詹姆斯的助手不习惯从他那里读到这类东西，詹姆斯开始质疑统计学界很多固有的基本事实，当然选举他为会长这件事除外。他不是说这些基本事实是假的，他只是认为他不能确定它们是真的。像比尔·詹姆斯这样拥有声望的人会对科学已经揭穿的神话保持开放的心态，这似乎和贝蒂·弗里丹（Betty Friedan）①宣称自己厌恶女性一样在意料之中，但在另一方面，这是典型的比尔·詹姆斯。这位挑战传统体育运动智慧的男人现在正加倍努力地挑战正在成为传统智慧的趋势。在他用键盘打出那些最有名的神话段落时，你几乎可以听到他咯咯的笑声。

“没有人能提出一个有说服力的观点来支持或反对热手现象。”詹姆斯写道。[41] 他又继续写道：“热手现象的反对者们似乎表明（至少在我看来这是争论）缺少证据也是一种证据。缺少热手效应明显存在的证据就是它们不存在的证据。我认为事实并非如此。反对发热趋势的观点是基于这样一个假设，如果它们存在，这类分析将能检测到它，而不是基于已经证明的事实。发热趋势是否存在，我不知道，但是我想这个假设是错的。”

---

① 美国当代著名女权主义者和社会改革家。——编者注

詹姆斯让那些会在业余时间细心研究棒球学术期刊的人想象一下自己正身处战场。他希望他的读者设身处地地站在一个负责保卫军队的看守人的立场上去思考。在一个夜色朦胧的晚上，你凝视着远方，却什么也看不见。你追随着地平线上最明亮的闪光灯，但还是什么都没有，只有雾！于是你向上级汇报：那里没有敌人。

但是你确定吗？

证据的不存在并不是事物不存在的证据。虽然最初关于热手效应的论文被解读成热手效应不存在，但它真正要表明的是证明热手效应存在的证据不足，作者们在寻找热手效应时看到的是烟雾。“让我们再看看，”詹姆斯恳求道，“让我们给烟雾多一点的关注，让我们不要太过确定我们没有错过一些重要的事情。”[42]

斯坦和伊泽科维茨将他们的SportVU数据聚光灯瞄准了雾色朦胧的夜晚。突然间烟雾就不那么重了，他们可以看到热手效应的粗略轮廓逐渐出现在视野当中。

他们已经知道了他们第一个问题的答案，即当有人有了热手状态后，球员是否会相应地改变自己的行为。而真正的问题是，当他们向烟雾中照进一束光的时候，他们是否能觉察到数据中的这些变化。结果是肯定的。他们发现球员在距离篮筐一两米远的地方投篮，而防守队员如果感觉这个球员有了热手状态后则会靠近几分米来防守他。球员在有了热手状态时，更容易去投篮，而且他们选择投篮的难度也更大。那种投篮是随机选取的假设貌似有理，实则似是而非。这些投篮并非彼此毫无关系，它们是相互关联和依赖的。这是证明如果球员感觉到热手状态，他们的行为确实会发生改变的第一项证据。

一旦他们建立起这么多联系，伊泽科维茨和斯坦就能把注意力转移到更好的课题上面：那些行为上的改变是不是掩盖了热手效应的存在？

到了他们发明的复合热派上用场的时候了。热手效应不是一个球员连续投篮成功的次数，无论怎么说，它不完全是这样。一个更可靠的热度值是一个球员发挥超出预期的程度。自伊泽科维茨给斯坦发电子邮件的那刻起，他们便基于 SportVU 数据开展了研究，并提出假说，一旦他们能控制一次投篮的难度，热手效应便会出现。

只有研究进行到了这个时候，当他们费尽心力地计算出投篮并非随机行为时，他们才有了一些信心去进行下一步的研究，即确实存在热手效应。对那些四投一中的球员来说，这相当于 1.2% 的进步，当他们能四中二的时候，相当于 2.4% 的进步，这是一个很小却重要的效应。[43]也就是说，如果一个球员连续投中了几次篮，他下一次投中的可能性不会降低或者也不会相同，至少在你将更有难度的投篮的概率考虑进去时。他更有可能投中，他在变热，然后他就着火了。

虽然结果本身是简单的，但它的意义却是里程碑式的。伊泽科维茨和斯坦发现了著名的热手谬误是个谬误的最好证据。有时真相会被故意混淆，但有时真相只是被不够好的数据所掩盖，有时只是因为烟雾重重。

“至少，我们的发现让人们对热手效应是一个谬误的压倒性共识产生了怀疑，”博茨科斯基、伊泽科维茨和斯坦写道，“或许下一次，一位教授在给哈佛男子篮球队发表演讲时，热手效应不会那么快就被摒弃。”[44]

他们在麻省理工学院斯隆竞技体育数据分析年会上展示研究成果那天，斯坦收到一份邮件，邮件来自一个翻阅过他们的论文并匆匆用他的平板电脑写下一张便条的人。这个人不需要自我介绍。“这是一项令人印象深刻的研究，”萨默斯写道，“恭喜你和你的合作者。”他甚至主动给她提了关于未来研究方向的建议。“一个广泛的议题是人类行为的变化，”他写道，“有时候我觉得自己会比其他时候更聪明。这是一种幻觉吗？”[45]

对这项理应令人印象深刻的研究最不感兴趣的人却是斯坦和伊泽科维茨。像任何优秀的科学家一样，他们对这一发现持怀疑态度，即使这些发现是他们自己的，他们也依然持有疑问。他们没有夸大他们的结果，而是有意谨慎地、礼貌地提醒那些询问结果的人，他们会喜欢更多、更好的数据，而且他们的结果是保守的。他们揭示的热手效应只是豆苗般大小的火焰，而不是特梅尔想象中的无法遏制的大火。他们更乐意为他们最重要的发现辩护：当球场上有人有了热手状态后，球员们真的会改变他们的打球方式。他们依据自己的信念而行动。这群本科生把后续留给了像吉洛维奇这样的老练的心理学家，吉洛维奇说："这是迄今为止我在所看到的支持'热手'的理念中最有趣的数据。"萨默斯则说："好的数据和好的统计技术意味着我们能够更好地理解这个世界。"像吉洛维奇和萨默斯这样的人能够认真地讨论他们的研究，这依旧令伊泽科维茨和斯坦受宠若惊。

"我认为我从没做过令其他人如此关心的任何其他事情。"斯坦说。

"我希望这不是真的。"伊泽科维茨说。

"但这可能就是真的，"她说，"我不知道在我的学术生涯中，我会产生这么简单的想法，而人们却如此关心它。"

他们所做的一切正是他们被教导要去做的。斯坦和伊泽科维茨读懂了这些数据并意识到数据告诉了他们什么。他们的秘诀在于他们拥有更好的数据，而且他们的这些数据揭示的是一些以前从未表达过的东西。数据告诉他们，相信热手效应可能是对的。

THE HOT HAND

The Mystery and Science of Streaks

第 7 章

# 抓住热手，赢得稀有的连胜

2015年，在哥伦比亚大学一个沉闷的讲堂中，对热手问题研究了半辈子的丹尼尔·卡尼曼听完最新的研究成果，承认“有一只热手”。对NBA的最新数据分析显示，一名处于热手状态的普通球员，投篮命中率可直逼三分王库里。关于热手效应的研究还在继续，而如何抓住稀缺的“热手”，获取更大的成功，则是更多人研究的命题。

## 弃于阁楼的凡·高画作

那是一幅赏心悦目的画。一开始，在克里斯蒂安·米斯塔（Christian Mustad）有理由怀疑悬挂在法兰西教堂的那幅凡·高的《蒙马儒的日落》有问题之前，他就买下了它，因为他喜欢它的样子，而他的麻烦也从那时就开始了。

米斯塔是一家挪威公司的继承人，公司生产的产品各式各样，从回形针、拉链到鱼钩、马掌钉，还有人造黄油。[1] 米斯塔的工厂专门生产人造黄油，这对于要了解米斯塔的人来说，是一件重要的事情。要了解这位工业巨子，还有另一件十分重要的事情，那就是他是一位严肃认真的艺术收藏家。20 世纪的艺术收藏家会收集塞尚、高更、雷诺阿、德加、蒙克的作品，当然也包括凡·高。

建议米斯塔买下那幅画的专家是坐落于挪威首都奥斯陆

的挪威国家美术馆（National Gallery in Oslo）的馆长延斯·蒂斯（Jens Thiis），一位与凡·高有着私人关系并值得信赖的人。米斯塔需要一个像蒂斯一样的人在幕后指导。当时的欧洲到处都是赝品，战战兢兢的收藏家们会相信所有那些听起来像是懂得他们在说什么的人，但即便是艺术品鉴专家，在鉴别凡·高作品的赝品和真迹时也是对错参半，而且有时他们犯错的原因与艺术无关。尽管如此，米斯塔仍完全相信蒂斯的意见，决定买下这幅优美的凡·高作品，将其纳入自己的收藏。

米斯塔很快就会体会到作为买家的懊悔。让他后悔获得这幅珍贵藏品、令他感到难堪的那场磨难始于他的劲敌的一次来访。米斯塔有很多理由嫉妒他在私人生活和专业领域的对手奥古斯特·佩尔兰（Auguste Pellerin），其中最主要的原因在于佩尔兰拥有令人印象深刻的艺术藏品。[2] 佩尔兰拥有的塞尚作品多得数不清，还霸气地占有一座小山一样高的马奈作品，甚至拥有罕见的凡·高作品。米斯塔和蒂斯一定都觉得佩尔兰更懂艺术。作为挪威驻巴黎领事，米斯塔和他支持的艺术家们混在一个圈子里。他对他们的闲言碎语颇为知情，而且熟悉人们对赝品凡·高画作的担心。

然而让米斯塔妒火中烧的不只是佩尔兰的收藏和他深厚的艺术知识，还有他的财富。佩尔兰能买得起塞尚的画、马奈的画，偶尔还有凡·高的画，是因为他作为一家制造业集团的老板财运亨通。他的公司名叫阿斯特拉人造黄油公司（Astra Margarine）。佩尔兰也是人造黄油大亨。

米斯塔的人造黄油公司设在挪威，并且想向法国扩展业务。佩尔兰的公司在法国，又想向挪威发展。两个人造黄油巨头，在凡·高作品真假难辨的时期同为凡·高作品的收藏者，这可真是太有意思了。米斯塔和佩尔兰之所以有钱去买凡·高的画，是因为他们都在生产一些以假乱真的商品。那不是黄油，而是人造黄油。

当佩尔兰走进对手的家，米斯塔向他炫耀自己得意的新藏品——一幅漂亮的凡·高画的《蒙马儒的日落》时，佩尔兰几乎说了同样的话。佩尔兰告诉米斯塔，他被骗了。对佩尔兰来说，只要看上一眼就能认出这是一幅极好的赝品。这不是黄油，而是人造黄油。

米斯塔十分难堪，他把这幅画拖进阁楼，在接下来的半个世纪里都不曾取出。他以前信赖的专家给过这幅画一个认可的戳记，但这已经不再重要。他甚至懒得再去征求别人的意见。佩尔兰对这幅画不屑一顾的态度激怒了米斯塔，让他再也不能用往常的态度去看待这幅画。它永远被毁了。

在接下来的50年里，米斯塔用蒙克、塞尚和德加的画装饰他家的墙壁，把他的客厅变成了摆着几张沙发的博物馆。他甚至会自豪地展示自己拥有的其他凡·高作品，但不会展示《蒙马儒的日落》。那幅被比作人造黄油的艺术品一直被米斯塔藏在阁楼上，直到他去世那天。

整件事让米斯塔感到丢脸，直到去世他都丝毫没有怀疑过自己可能搞错了。那幅画并不是赝品。

## 吉洛维奇的统计偏差

乔希·米勒（Josh Miller）在旧金山郊区长大，小时候经常坐地铁进城。有一天，他去了趟唐人街的报摊，买了一些便宜的鞭炮，然后带着满满一包鞭炮坐地铁回家了，他想去炸东西。米勒把爆竹带到了当地的篮球场，四处看了看，确定没人后把一枚 M-1000 爆竹插入模型车里。他点燃引信，接着以最快的速度跑到尽可能远的地方。当爆竹把他的模型车炸成数百万片碎片时，米勒已经安全地躲在小山丘上的一棵树后了，他远远地看着下面那狼藉的现场，这差不多是他见过的最酷的事情。

米勒喜欢玩火，在这方面，他和马克·特梅尔一样。他特别的纵火嗜好可以以多种形式表现出来。他在野营旅行中烤棉花糖、玩瓶子火箭，5 岁的时候就不小心点着了一棵树。他其实没有什么恶意，然而一旦开始玩火，他就无法控制会发生什么。

“你只是把东西点着了，”米勒说，“但之后事情总会变得比你预想的要严重。”

这个在篮球场上炸毁了模型车的孩子后来上了大学，成为吉洛维奇的校友。他把炸药留在了家里。在加州大学圣芭芭拉分校，米勒在经济学 101 课上遇见了亚当·圣胡尔霍（Adam Sanjurjo），这门课将成为智力探索的导火线，最终使米勒和圣胡尔霍成为热手效应研究领域的刘易斯和克拉克[①]。

他俩有很多共同之处。他们都来自北加州，都主修经济学和数学，都上了研究生院，米勒去了明尼苏达大学，而圣胡尔霍去了加州大学圣迭戈分校。不过他们随即遇到了 2008 年金融危机冲击下的学术界就业市场，并都一头栽进了经济衰退的深渊。这确实不是一个成为有抱负的经济学教授的最佳时机，甚至可能是近一个世纪以来最糟糕的时期。米勒和圣胡尔霍不得不横渡大洋去寻找一份合适的工作。圣胡尔霍有一半的西班牙血统，童年的暑假都是在他父亲的故乡度过的，在西班牙待更长时间一直是他的一个目标。全球金融危机是一个很好的借

① 指美国陆军的梅里韦瑟·刘易斯（Meriwether Lewis）上尉和威廉·克拉克（William Clark）少尉。两人一起远征，在美国购买了路易斯安那这片土地之后，首次完成了西部考察。——编者注

口，他在阿利坎特大学（University of Alicante）找到一份工作，并搬到了海滨。米勒去了米兰，他去探望这位大学朋友时，就在圣胡尔霍的海边公寓里过夜。距本科学的第一门课已经过了 10 年，米勒和圣胡尔霍仍在同一领域做着相似的工作。有时他们会回到加州度假，在风景秀丽的马林县（Marin County）的一间小木屋里逗留一段时间，那是米勒祖父的木屋。他们在清晨醒来，然后吃早餐，交流思想，各自忙着各自的项目，一起吃午饭，谈论更多想法，分头工作，做晚饭，喝酒，更深入地谈论想法。这种日常安排是如此自然，似乎有某种昼夜节律让他们聚在一起并乞求他们合作。“我们这是在干什么？”一次，圣胡尔霍说道，“为什么不一起工作呢？”

不过，他们首先要想清楚在一起应该做什么。在多次交谈中，他们逐渐意识到他们都接触过有关热手效应的研究，就在这个时候，米勒和圣胡尔霍都向对方透露了一个有点犯忌的小秘密：他们都对结果表示怀疑。“我信‘热手’。”圣胡尔霍在 2010 年 3 月给米勒的邮件中写道。他并不认同信心对一个人的表现没有影响这种观点。米勒表示同意。结果连他们的直觉都是一致的。米勒和圣胡尔霍一如既往地随心所欲。世界上没有其他地方需要他们，更没有其他地方真正迫切地需要他们。“是时候从讨论想法开始转变了。”米勒说。

他们决定重新开启热手效应这个冷门研究。圣胡尔霍想起他和一个西班牙半职业篮球队有些间接的联系，他们或许能帮上忙。这个球队相对更加业余而非职业。在西班牙，篮球队有五个梯级。第一梯级是欧洲最具竞争力的联队，那些拥有非凡天赋的球员最终都不可避免地会进军 NBA。但是球队水平在那一级之后便直线下降。三级联队的球员靠其他职业养活自己。美国的一些校队就能打败西班牙四级联队的半职业球队。米勒和圣胡尔霍认识一个人，这个人知道有一个人可以帮助他们在五级联队的一个球队进行投篮实验。

不过在他们的实验中，球员的素质无关紧要。对米勒和圣胡尔霍来说，进行一个控制之下的投篮实验才是至关重要的，因为他们认为这是检测篮球中热手效应的理想情境。在一场真正的比赛中，太多的噪声会淹没所有信号。只有在实验中，他们才能消除那些弱化了投篮表现的潜在变量，球员对火热状态的自然反应掩盖了热手现象的出现。这些都是斯坦和伊泽科维茨试图阐明的问题，包括投篮的难度、球员的素质、防守的策略、在人群呼啸中的得分。在这个实验中，没有观众。米勒和圣胡尔霍去了贝坦索斯（Betanzos），一个从中世纪就开始兴起的西班牙小城，他们让 8 个球员在球场的固定位置投篮 300 次，这 8 个球员投中了约 50%。6 个月后，他们又安排同样的队员做了一次实验。

这与吉洛维奇、瓦隆和特沃斯基研究中的投篮实验相似，但在一些关键方面又有所不同。首先，这次实验的投篮次数更多：每次实验投篮 300 次而不是 100 次。其次，球员们要从同一个位置投篮，而不只是从相同的距离投篮，而且球员要连续投篮，不用在每次投篮前押注。米勒和圣胡尔霍也有这支西班牙半职业篮球队之外的数据。他们观察了吉洛维奇、瓦隆和特沃斯基研究中的投手，并设法找到一位会把自己投篮实验的结果保存在计算机打孔卡上的心理学家。[3] 他们期望一个更大的样本和更强大的统计能力会产生更鲜明的结果。

以前的投篮实验之所以难以测量热手效应，是因为那时人们还无法探测细微之处。这就像试图在医生办公室里用天平称咖啡豆一样。然而，当他们观看圣多明各贝坦索斯（Santo Domingo Betanzos）的球员在空荡荡的场地上投篮的视频时，米勒和圣胡尔霍觉得他们能分辨出一个球员什么时候手热，什么时候手凉。不过，他们的感觉并不重要，对他们来说，唯一重要的事情是计算，而计算结果正好与他们的感觉相一致。计算显示，一些球员确实拥有热手状态。

“我不认为这是自己骗自己。”米勒在给圣胡尔霍的邮件中写道。

“我们容易受错觉影响，但这只能说明一部分问题，”圣胡尔霍回复道，“还有模式。也许我们把模式吹嘘得过分了。

但确实存在模式。这将是理解这些过程的一个进步，超越了‘所有对模式的看法都是认知错觉’这种观点。”

在接下来一年多的时间里，米勒和圣胡尔霍忙于论文，学界对他们的研究反响各异。[4] 圣胡尔霍在法国图卢兹的一场会议上做了一次演讲，当时米勒在观众席上听。加州理工学院的一位行为经济学家十分钦佩他们的统计能力，并着迷于论文的具体细节，还就第 72 条脚注中的一个观点提了一个问题。然而他们最终还是对各种反馈感到失望。一个经济学家在一封只有满头华发的学者才能写出来的冷漠邮件中指责他们。“根据我的经验，一篇论文结论的有力程度与摘要中的夸张表达数量呈反比，”他写道，“使用这种启发式的表达，我猜你们的结果是站不住脚的。下次在写摘要之前，先做个深呼吸。”

他们长呼一口气，试图以礼貌的态度和他交流，这也没用，这位挑剔的经济学家没有兴趣倾听他们研究工作的细节。不管他们与一群可怜平庸的西班牙篮球队员的投篮实验表明了什么，几乎都不可能改变他对热手效应的看法。“如果在你们的实验中一些球员确实有了热手状态，那又怎样？”这位经济学家说。一些最有声望的期刊审稿人同意这位经济学家的评定。“我只是不太在乎人们在投篮的时候手是否会真的变热。”其中一个审稿人写道。米勒和圣胡尔霍被告知研究热手效应的全部意义就是表明人类在不存在模式的地方看到了模式，但即使模式确实存在，那也没有达到能让我们相信它们存在的程度。“这才是热手谬误背后的实质。”这位审稿人写道。

尽管很失望，米勒和圣胡尔霍却不愿放弃热手效应研究。在终止研究之前，他们需要再多听一个人的意见。安德鲁·格尔曼（Andrew Gelman）是哥伦比亚大学的教授，也是一位德高望重的统计学家，他有一个不拘一格、稀奇古怪，且广受欢迎的博客，叫作“统计建模、因果推理及社会科学”。因此，他对热手效应研究的历史非常熟悉。格尔曼十分喜欢 1985 年那篇热手效应研究论文的原稿，在他的办公室文件柜里就保存着一份影印件，那是在通过发表所必需的同行评议之前保留的研究复印件。“这篇论文发表之后，我们立刻相信：没有什么热手效应，人们错了。”格尔曼说。

或许对不懂统计学的人来说，这是个惊喜。但对格尔曼而言，并非如此。格尔曼在教授有关热手效应的课程时，喜欢把学生分成两组。一组学生掷硬币 100 次并记录结果：正面为 H，反面为 T。另一组学生只要写出一个让他们看起来像是掷了 100 次硬币的字母序列。格尔曼会先离开教室，等回来时黑板上会出现一些字母序列（见图 7-1），让我们把掷硬币 100 次改为 20 次，他会告诉学生，他能猜出哪个序列是真的，哪个是假的。

| 组1 | 组 2 |
| --- | --- |
| TTHHHTTTHHTTHTTTTHTT | THTTTHTHTTHHTTTHTHTT |
| TTHTTTHTTTHTTTTTTTTT | HHHTHTTHHTTTHHHHTHTT |
| TTHHTTHTHTHHTTTTHHHH | THHHTHTTTHHTTTHHTHTT |

图 7-1　黑板上的字母序列

格尔曼会盯着这些序列几秒钟，暂停一会儿以制造出一种戏剧效果，接着便让学生们大吃一惊。第一组是真的，第二组是假的。统计学教授亮出了自己的绝活。但他是怎么知道的呢？

“看起来像假的那组反而是真的，”格尔曼说，“而看起来是真的那组却是假的。”

这一点你已经听说过了，他试图传授的经验是随机掷硬币的结果是难以预测的。第一组中竟会有连续 9 个反面的情况？这不是我们想象中掷硬币会出现的结果，但它依然发生了。格尔曼嘲笑那些墨守成规的人。“我对这些人的看法是，他们只是无法面对现实。”他说。

米勒鼓起勇气给他的理想读者发送了一封邮件，里面有他和圣胡尔霍合写的挑战“格尔曼现实”的论文。“我们有些新的实验和实证研究表明热手现象在个别球员身上是明显存在的，”他写道，“除此之外，我们在吉洛维奇、瓦隆和特沃斯基的原始数据集中也发现了热手投篮的证据。”

一篇对行为经济学的经典发现提出挑战的无名论文在这位统计学博士看来就相当于一段可爱的猫咪视频。格尔曼当天就回击了米勒和圣胡尔霍。他认为他们的论文很有价值，并非毫无意义。但是一个小小的、过时的、几乎并不存在的热手现象并非他们所追求的一切。

谁在乎呢？格尔曼想。

米勒和圣胡尔霍认为他们写了一篇激动人心的论文，他们本来可以激起更大的水花。没有人会责怪他们追求另一条研究路线，并完全忘记热手效应，但热手效应仍然令他们着迷。出于某些他们自己甚至都不能确定的非科学方面的原因，他们总感觉研究不够完整，一些有意忽略他们提出的证据的经济学家十分抵触他们的研究，这也让他们感到惊讶。米勒和圣胡尔霍比以往任何时候都相信热手效应是真实的，他们想继续下去，并且确实这么做了。虽然被经济学顶级期刊拒绝是件令人苦恼的事，但回到绘图板前，他们便想起一些慷慨地给他们提过建议的教授。那些教授建议在另一种篮球比赛中寻找热手效应：NBA 年度三分球大赛。

联赛里最好的投手每年都会聚在一个地方进行投篮比赛，他们要在一分钟内从位于三分线附近的 5 个架子上拿下篮球，各尝试 5 次投篮。从一个经济学家的角度看，三分球大赛并不是简单的三分球大赛，而是严格控制下的现场实验，实验对象是世界上最好的投手，而不是来自西班牙五级梯队的半职业球员。对热手效应来说，三分球大赛是一个绝妙的测试场。

从米勒和圣胡尔霍第一次尝试研究热手效应到现在快要两年了，但是好的科学研究需要投入很长时间，这项研究甚至还要花更长时间。能让他们对研究工作感到满意的唯一方法就是对所有 NBA 三分球大赛上的每一次投篮进行编码。他们在网上找到了大部分比赛的视频，然后在一个瑞士小伙子那儿买到了他们没能找到的比赛的 VHS 录像带。斯蒂芬·库里赢得 2015 年的比赛后没几天，米勒和圣胡尔霍完成了艰苦的数据搜集，最终共有超过 5 000 次投篮供他们筛选。

第一个被米勒和圣胡尔霍考察投球表现的球员是克雷格·霍奇斯（Craig Hodges），一个出了名的技巧多变的投球手。霍奇斯在 NBA 的意义就是投三分球，因为当时还很少有像他那样的投篮专家，所以三分球大赛前 8 年的比赛都邀请了他。他赢了 1990 年、1991 年和 1992 年的投篮大赛，实现了三连冠，并在 1991 年的大赛中一度连中 19 球。霍奇斯已经成了三分球大赛中不可或缺的选手，以至于 1993 年，尽管事实上他已经不在 NBA 打球了，也仍然受邀参加比赛。没有他参加的三分球大赛是无比遗憾的。

霍奇斯在三分球大赛中的传奇地位意味着他是米勒和圣胡尔霍数据库的最大贡献者。评审录像时，他们非常确定霍奇斯处在“着火”状态，圣胡尔霍甚至主动提出，如果数据显示霍奇斯没有处在那种状态，他就把自己身体的重要器官捐给慈善机构。

霍奇斯并没有处于“着火”状态。

米勒和圣胡尔霍采用吉洛维奇、瓦隆和特沃斯基研究中的测验做了快速分析。根据这个测算版本，霍奇斯没有热手状态。他们又回到录像前，看霍奇斯投篮，却只能连连挠头，这没有道理。计算结果与他们眼前发生的现实产生了冲突。霍奇斯怎么可能不热呢?

“要么我们的大脑出了问题，”圣胡尔霍说，“要么统计数据出了问题。”

他们的大脑没有问题，统计数据的问题则一直隐藏在一个显而易见的地方。这是一种细微但至关重要的偏差，它就在那儿，等待有人发现。然而，从未有人发现。在霍奇斯的帮助下，米勒和圣胡尔霍再次审视了这一系列事实的组合，他们看到了每个人都错过了的东西，即阁楼里的凡·高。

现在是时候把一些东西炸掉了。

## 巅峰之作为何成为公认的“赝品”

1888 年冬天的一个寒冷的夜晚，凡·高收拾好行囊，坐上一列从巴黎开往法国南部城市阿尔勒（Arles）的火车。他在那里度过的 15 个月是他艺术生涯中最集中的一段创作成功期。“凡·高 10 年艺术生涯中的顶峰、高潮、最伟大的绽放。”一位凡·高研究者后来写道。[5] 美国西北大学教授王大顺则称之为他的热手期。

凡·高的灵感迸发将使不少博物馆在未来的许多年里得以继续经营下去。他创作了 300 多幅油画、水彩和素描，其中就有《夜间咖啡馆》（*The Night Café*）和《罗讷河上的星夜》（*Starry Night Over the Rhône*）等杰作，更不用说他的其他作品了。凡·高在阿尔勒的这段时间并不全是向日葵和星光，他发了疯，割掉了自己的耳朵。不过正是在阿尔勒，凡·高成了凡·高。

凡·高当初选择去阿尔勒在很大意义上就像是一条鳄鱼选择进入沙漠。他一直在寻找宁静、安定和气候温暖的地方，然而，在他 2 月底到达阿尔勒的时候，那里寒风凛冽，白雪皑皑。在美学上，那儿没有什么东西能带来灵感，这种不适宜创作的环境让凡·高陷入了一种令人沮丧的停滞状态，所以有一天他选择用徒步旅行来使自己保持头脑清醒。他在一座小山顶上坐了下来，欣赏着脚下的城市全貌。这是他想画下来的场景，但只有天气适宜时他才能挥笔作画。他提醒自己改天再来。“我见到了很多美好的东西，一处废弃的修道院坐落在山上，山上种着冬青树、松树和油橄榄树，”在给弟弟提奥的信里他写道，“希望我们很快就能开始。”[6]

然后春天来了，天气变了。接着夏天到了。7 月初的一个下午，凡·高又为看日落而去徒步旅行。他带着一张油画布回到他向提奥描述过的那个地方：一座可以俯瞰蒙马儒修道院废墟的小山。

“我在一片满是石头的荒原上，那里长着歪歪扭扭的小橡树，背景是一处山上的废墟和山谷里的麦田。”第二天他写信给弟弟。[7]

这是浪漫的，再也没有比这更浪漫的了。仿照阿道夫·蒙蒂塞利（Adolphe Monticelli）[①] 的方式，太阳正将它黄色的光倾泻在灌木上和地上，绝对是一场金色的雨，而且所有的线条都很漂亮，整个场景透着一种迷人的高贵。看到骑士淑女骤然出现，带着鹰隼打猎归来，或者听到一位年迈的普罗旺斯游吟诗人的声音，你丝毫不会感到惊讶。田野似乎是紫色的，远方则是蓝色的。

我们可以想象出这样的风景，因为凡·高不仅仅描写它，还画下了它。他空白的画布在兴奋的笔触下变得生机盎然，布满白色、绿色、蓝色、黄色和红色等细腻光滑的色彩，但是第二天早上，他在坐下来给提奥写信时又看了看这幅画，他开始讨厌它了。"它远未达到我想要达到的水平。"他写道。这幅画未能实现他的雄心抱负，这更加说明了他的雄心抱负，而不代表这幅画本身不好。这将是他最后几次拥有超出想象的抱负的时刻之一，不久他就会拥有令他自豪的艺术作品，这些作品经受住了几个世纪的考验。但当时还没有。凡·高对他在阿尔勒取得突破之前创作的许多作品感到尴尬，他很羞愧，毁掉了很多画作。然而，出于某些原因，他放过了这一幅。大约一个月后，他发觉自己状态极佳，便让一个朋友带着 36 幅油画去了巴黎。"其中有许多作品我是极度不满意的，"他写信给提奥，"但

① 法国画家，其作品启发了众多印象派画家，并深受凡·高的推崇。——编者注

无论如何，我都会把这些画作寄给你，因为它会让你对关于乡下的真正优秀的主题有一个大致的概念。”[8] 他再也不用非得盯着这些让他失望的画了。

这幅来自阿尔勒的蒙马儒风景画安全到达了巴黎，它比凡·高本人的话更能代表凡·高。凡·高死后，这幅画与别的画变得难以区分。它并不是一幅不合格的凡·高作品，它只是一幅凡·高的画而已。

既然凡·高已经去世，他的家人和朋友就要负责寻找余下的、突然变得很值钱的凡·高画作。首个尝试为他的作品编制目录的人是提奥的妻兄，名叫安德里斯·邦格（Andries Bonger）。他努力的成果以“邦格清单”（Bonger List）为人所知。邦格为他找到的 364 幅画作编了号。《凡·高的椅子》（*Van Gogh's Chair*）是 99 号，《向日葵》（*Sunflower*）是 119 号。但是在邦格清单上编号为 180 的那幅画并不像那些名作一样有名或者容易被人们辨认出来，它叫作《阿尔勒的落日》（*Soleil couchant à Arles*）。

邦格不知道他在画布背面写下的 180 多么有用。当他的妹妹把这幅画借给阿姆斯特丹的一个展览后，不久它便不再以《阿尔勒的落日》这个名字而为人所知了。这幅画的下一站是一个艺术家协会，那里的人把它改名为《秋景》（*Autumn*

*Landscape*)，尽管它是在夏末画成的。很快，这幅画就从家族的档案中消失了，因为它以《云雾缭绕的群树》(*Group of trees with scudding clouds*)这个名字被卖给了一家法国艺术品交易商。此时，距凡·高过世已经近 20 年，而他的画作却有了自己的生命。

这幅画最后一次被售卖是在 1908 年，而它再次被人们看到是在 1970 年。只有一个人知道它为什么会消失，那个人就是名叫克里斯蒂安·米斯塔的来自挪威的生产人造黄油的巨头。

米斯塔本人也并不能解释这幅画缺席的原因，因为他也去世了。但是这些年，这幅凡·高的画一直被困在米斯塔的阁楼上，从真迹变成了赝品。阿尔勒的徒步旅行、1888 年 7 月 4 日的落日、这幅画回到巴黎的旅程、邦格清单的创建、在欧洲的辗转迂回、一个法国艺术品交易商的收购，这一切都被从历史中抹去了。事实变成了虚构的故事。

1970 年米斯塔去世后，他的后人对他的藏品进行了鉴定，一位杰出的艺术品交易商认同佩尔兰的评估，并告诉米斯塔的家人，这幅凡·高的画作是赝品。这幅画直到 1991 年才被重新鉴定。当时，画的主人把它送到了那些很有可能能够肯定说出这是不是凡·高画作的人那里，即凡·高博物馆的研究人员手上。他们尽职地检查了这幅油画并给出了同样的裁定意见。

"我们认为这幅存疑的画不是凡·高的真迹。"他们写道。虚构的故事已经变成了事实。

1910 年，佩尔兰造访米斯塔的家时嘲笑了那幅米斯塔自称是凡·高真迹的藏画。转眼到了 2011 年，阁楼上的那幅画已经背着赝品的名声度过了 100 年。然而在凡·高博物馆否定这幅画以来的 20 年里，这个机构已日益成熟。米斯塔家族第一次接洽这家博物馆时，他们正在处理当代最猖獗的凡·高作品失窃案。这是一起有关 20 幅油画的失窃案，将会给博物馆留下持续数年的伤痕，即使它们在不到一个小时的时间里就被找了回来。

当时专家们晕头转向，正忙于保护凡·高真迹，没有时间去追查那些可能是凡·高真品的画作，而在博物馆高级研究员去查找档案的那一天，博物馆的专家们开始变得更乐于听取意见了。作为一位致力于研究凡·高的人，路易斯·范蒂尔堡（Louis van Tilborgh）能够鉴别自从米斯塔的画最后一次接受鉴定以来出现的大量材料。他那一代的学者对凡·高的了解比之前任何一代学者都多，原因有二：第一，他们有更好的数据；第二，他们愿意保持一个开放的心态。

范蒂尔堡专门研究鉴定真伪时的复杂问题。既然分清人造黄油和黄油之间的差别是他的工作，那么缺乏一种开放的心态，就是一种渎职。他必须对那些已经结案的案子提起诉讼；他必须仔细检查那些流传了几个世纪的画作，并有能力以不同的眼光审视它们；他必须心怀一种可能性：仅仅因为有人说一些东西是真的或假的，并不意味着它就是如此。

他在翻查凡·高博物馆的档案时，一幅油画的老照片无意间引起了他的注意。他在博物馆工作了 30 年，但从不记得看过这幅画。画很漂亮。

凡·高博物馆的工作人员没有职责去索求那些真假难辨的凡·高作品。那些发誓自己的阁楼里有凡·高真迹的人会让他们应接不暇，当然他们也都清楚在一直被认为是赝品的画作中找到一件凡·高真迹的机会是十分稀少的。这不值得他们去花时间。“我们不去找画，”范蒂尔堡的同事泰奥·梅登多普（Teio Meedendorp）说，“人们会来找我们。”不过这一幅看起来似乎有潜在可能性。范蒂尔堡决定，如果有人询问这幅漂亮的凡·高作品，他至少要顺从自己的直觉再看上一眼。

## 掷硬币实验：稀有的连胜

假设有一天米勒在酒吧无聊地等着圣胡尔霍，他的手机坏了，于是他从口袋里掏出一枚硬币，开始玩掷硬币。

正面。

他再掷一次。

正面。

他又掷一次。

反面。

他不停地掷，而且正因为他是一名严谨的经济学家，知道不应该相信没有数据支持的结果，他便取来一张餐巾纸，向酒吧招待要来一支笔，每掷一次就在纸上记下一个结果：H 代表正面，T 代表反面。圣胡尔霍来得有些晚，等他到的时候，米勒已经掷了 100 次硬币。他们兴趣不减。在这个虚拟的宇宙中，圣胡尔霍也掏出了手机，他们在手机上重复了 10 000 次掷硬币游戏。两个人点了啤酒，在餐巾纸上记录结果，查看手机，研究出现正面的次数——正面接着正面。他们惊奇地发现，对于随机性的直觉性认识正让他们误入歧途。他们意识到掷硬币时正面接着正面的比例不等于过去任何一次掷硬币游戏中得到正面的概率。[9]

米勒和圣胡尔霍无意中发现这种特别的数学偏差时，两个人并没有在掷硬币或在餐巾纸上演算复杂的统计公式。他们甚至不在同一个国家。米勒在意大利，圣胡尔霍在西班牙，当时他们在看克雷格·霍奇斯往年在 NBA 年度三分球大赛上的视频，同时在用 Skype 交流。先前研究的概率试验表明霍奇斯手感并不热，但他们眼睛所看到的却暗示着另一种事实。“我们看到霍奇斯投篮了，”圣胡尔霍说，“我们知道我们看到了什么。”

也许，只是也许，其他人都错了。也许，只是也许，他们是对的。对一个科学家来说，这种挑衅的想法是必需的，这几乎就是吉洛维奇、瓦隆和特沃斯基的论文引发如此混乱的原因。在一下子被证明是错的之前，每个人都认为他们是对的。这也是为什么《纽约时报》会把最初那篇论文的发现当作新闻，并在一篇关于这项研究的报道中引用了阿莫斯·特沃斯基几句精练的话。

“了解随机性的唯一方法，”他总结道，“很可能就是一边玩一边掷硬币。”[10]

米勒和圣胡尔霍听了前辈的话，他们也掷了硬币。但是要找到前辈们发现的东西，并不用掷 100 次硬币，只需要 3 次就够了。他们研究进展背后的数学演算其实很简单，真的可以用一张餐巾纸写下。这里是掷 3 次硬币可能得到的所有结果：

TTT

TTH

THT

HTT

THH

HTH

HHT

HHH

现在让我们来看看每一个序列中正面之后那一次投掷的结果（见图 7-2）。你预计正面的比率是多少？感觉答案应该是 50%，毕竟又掷一次硬币。让我们算出第 5 列数据的平均数。

| 三次投掷的序列 | 出现正面后的投掷次数 | 出现正面后投掷中正面次数 | 连续正面 | 连续正面的比率 |
| --- | --- | --- | --- | --- |
| TTT | 0 | 0 | – | – |
| TTH | 0 | 0 | – | – |
| THT | 1 | 0 | 0/1 | 0% |
| HTT | 1 | 0 | 0/1 | 0% |
| THH | 1 | 1 | 1/1 | 100% |
| HTH | 1 | 0 | 0/1 | 0% |
| HHT | 2 | 1 | 1/2 | 50% |
| HHH | 2 | 2 | 2/2 | 100% |

图 7-2　3 次掷硬币结果统计

平均数是第 5 列的总和除以 6。250% 除以 6 是多少呢？不是 50%，仅仅约 42%。米勒和圣胡尔霍发现连续成功的比例小于成功的潜在概率。如果生成一个短的、有限的序列，就像一串掷硬币序列，并随机选取一个正面，那么接下来的一掷是正面的概率接近40%，而不是50%。这真让人困惑，米勒和圣胡尔霍简直不能相信。他们的大脑没有偏差，而统计有。他们复查了一遍，然后又检查了一遍，如果还不能确定他们的职业生涯将要永远改变的话，他们会继续检查下去。

“那是我们友谊中最有趣的思考瞬间，”圣胡尔霍说，“或许是我一生中最有趣的。”

直到米勒和圣胡尔霍从惊讶中回过神来，他们才猛然意识到为什么这是一件大事。我看过他们在常春藤大学校园闷热的房间里向专门研究这个艰深领域的学者介绍这项研究的场景，我读过被学术期刊授权、试图了解真相的同行评审员在他们论文上做的批注。我在推特上关注了一些人，他们迫不及待地想证明米勒和圣胡尔霍是错误的，为此发表冗长拖沓的独白，极其令人讨厌。和之前一样，没有人相信他们，至少开始的时候是这样，但之后所有人都相信了。这样看来，米勒和圣胡尔霍的论文与吉洛维奇、瓦隆和特沃斯基的论文遭遇相差无几，虽然他们的主张恰恰相反。“这篇令人愤怒又才华横溢的论文将证明你对概率的直觉是不可信的。”经济学家贾斯廷·沃尔弗斯（Justin Wolfers）曾在推特上表示。论文精彩绝伦的原因也是它令人激愤的原因，即它证明了关于概率的直觉是不可信的，这便是整件事中最精彩的部分。

他们关于掷硬币的最具独创性的发现可以回溯到最初对热手效应的研究。那篇论文从一开始就备受抨击，但是关于它的多数争论只是噪声罢了，而最大的那个错误，米勒和圣胡尔霍在被霍奇斯弄糊涂之前都没有发现它。

在他们的论文发表之前，流行的观点是篮球运动员的投篮命中率不受连投连失或连投连中的影响。也就是说，假如一个球员有 50% 的命中率，那么即使他手感发热，也依然只有 50% 的命中率，这是不利于证明热手效应存在的证据。事实上，50% 是有利于热手效应的证据。这是一个微妙的差别，几乎无法觉察，因此也就没人能觉察到它。“他们确实有些真正的新发现：吉洛维奇、特沃斯基和瓦隆的研究中有一个严重的数学缺陷被很多科学家忽略了，包括我在内，而在那篇论文发表后的 30 年里我们都对它有过细致的梳理。”著名数学家乔丹·艾伦伯格（Jordan Ellenberg）在 *Slate*[①] 上发表的一篇文章中写道。他也是《魔鬼数学》（*How Not to Be Wrong*）一书的作者。[11]

米勒和圣胡尔霍从掷硬币中学到的最令人印象深刻的事情

---

① 美国著名网络杂志。——编者注

就是其他关于热手效应的研究都存在统计学上的偏差。令人难以置信的事实是命中率 50% 的投手在手热时投篮的命中率应该低于 50%。为什么？因为在一个有限序列中，连中的比率预计不到 50%。假如一个命中率 50% 的投手投中了 50% 的球，他实际上打败了概率。这并不意味着他没有热手状态，这反而意味着他手感很热。这意味着谬论本身就是谬论。

一旦他们解释了偏差的存在，霍奇斯就有了热手状态。米勒和圣胡尔霍随后用新的统计公式对那篇影响深远的 1985 年论文的数据进行了评审，实验表明，球员在手感发热的时候并不是不容易命中，实际上，他们比平时多命中了 12 个百分点。这听起来不像是很大的差别。12 个百分点是多少呢？好吧，让我们这样说：12 个百分点是普通 NBA 投手和斯蒂芬·库里之间的差距。

米勒和圣胡尔霍被惊得目瞪口呆。他们检测到的这个统计偏差意味着那篇认为没有找到热手效应存在证据的初始研究实际上揭示了热手效应存在的确凿证据。他们明白推翻多年来的共识所带来的后果，任何如此重大的发现都会引起比它回答的问题还要多得多的问题。为什么在米勒和圣胡尔霍之前没有人领悟到这一点？现在人们又该怎么看待热手效应呢？

“我们并没有所有这些问题的答案，”圣胡尔霍说，“我们只是想说每个人都不傻，人们相信热手效应的存在是对的。”

米勒在 2015 年 4 月的一天下午飞往巴黎，圣胡尔霍在一辆租来的车里等他，他俩依旧没能平复最初的那份震惊。他们开车去法国图卢兹参加一场会议，并准备花几天的时间在路上欣赏沿途的风景。不过，他们无心赏景，因为他们心事重重。他们唯一想做的就是讨论“热手”。这是头等重要的事，就像阿莫斯·特沃斯基和丹尼尔·卡尼曼曾经把自己锁在办公室里专注工作一样，米勒和圣胡尔霍也暂时处于那份狂喜之中，这个想法就像氧气般重要。“想象你身处法国乡下，”圣胡尔霍说，“但你对这个想法太兴奋了，于是整天待在房间里谈论它。”

他们设法逼迫自己从住处走出来，去徒步旅行，游览几座城堡，品尝法式蜗牛和鹅肝，但是他们最终还是把自己关在房间里工作了。他们陶醉在先于世人知道某个事实的快感之中。

“我们在哪方面错了吗？没有，”圣胡尔霍说，“也许我应该谦虚地说我们总有犯错的可能，但是在这点上没错。”

然而，有事实支持显然已经不够了。自那篇开创热手效应研究领域的论文发表 30 年以来，多数人的看法已经发生了改变。现在他们不得不像吉洛维奇、瓦隆和特沃斯基那样走一段爬坡路。他们必须说服其他人他们是对的，而其他人都是错的，这不只是他们的观点，而是有数学证明的事实。他们知道真相会在时间里胜出，不久每个人都会接受他们的研究成果，但他们等不了那么久。

在中世纪小镇欧坦（Autun）的山坡梯田上，米勒和圣胡尔霍谋划了一条不知会通往何方的路。自罗马帝国以来，梯田下面的大教堂就目睹了岁月中的诸多冲突。这个遥远的小镇勃艮第（Burgundy）是哈里发王国的边境。这两位无名的经济学家到目前为止依旧处在这个领域的食物链底端，他们在自己的祖国没有工作，在这里筹划要让所有做过这项行为经济学经典研究的人知道，他们之前的想法都是错的。

"战斗已经胜利，"米勒说，"我们只需想清楚怎么办。"离开欧坦的时候，他们已经有了一个计划：他们该怎样分工完成这篇论文，各自负责什么工作。他们知道这会很管用。在法国的山坡上，他们想清楚了所有事情，第一件事就是要与在美国的人取得联系。

## 蒙尘百年的《蒙马儒的日落》终被确认

这依旧是一幅美丽的画，X 光出现在电脑上时，他可以看出这一点。

唐·约翰逊（Don Johnson）不是一名艺术史学家，[12] 他是莱斯大学（Rice University）电子和计算机工程教授。他喜欢艺术，也喜欢位于他办公室以南的休斯敦艺术博物馆，但他绝不像阿姆斯特丹凡·高博物馆的专家那样训练有素。然而那些专家却几乎要成为他的同事了，每当他们需要检查一幅真假存疑的画时，他们往往要请求约翰逊的帮助。

约翰逊不了解米斯塔和佩尔兰的那段往事，当然也不晓得这幅凡·高作品的 X 光片为何会显示在他莱斯工程实验室的电脑上。“他们什么都没告诉我。”他说。这是重点，他必须能够客观地看待这幅画，避免干扰他的工作的先入之见。

约翰逊的工作是计算画的织线密度。[13] 更精确地说，是测定油画画布上织线的分隔模式。他是信号处理领域的专家，他的观点对那些甚至不了解信号处理的人来说很重要。信号处理是一门从数据中提取意义的艺术。通过向校园里的超级计算机输入 X 射线，他能确定哪一幅画出自哪一卷油画布。

“这对大多数艺术家来说不是很有用，因为他们的作品并不都是在同一卷画布上画的，而哪个画家会成卷成卷地买画布呢？”约翰逊说，“嗯，原来是凡·高。”

搬到阿尔勒后，凡·高开始在油画布卷上创作。他从在巴黎的弟弟那里收到油画布卷，攒够一定数量就用船把它们运回巴黎，虽然对那些画布上的一些画他并不特别在乎。如果你试图证明一件有争议的艺术品的真伪，那这是一个非常有用的习惯。假如你必须从 19 世纪任意时期的任何一位著名艺术家那里挑选任何一件作品的话，从 1888 年凡·高创作高峰时期的画开始将是一个明智的选择。约翰逊电脑新文件夹里的那幅画恰好就是这样一幅画。

约翰逊心想他会分析 X 光片，用这幅画的画布织线密度与他数据库中大约 450 幅画进行比对，来检查其中是否有相似之处，并把结果发给博物馆。整个计算和比较过程大约需要半个小时，然后他就很可能再也听不到这幅画的消息了。他现在已经失去了那份看到艺术天才画作“内胆”的新鲜感，他可以走进任何一家博物馆，凝视挂在墙上的画作，并在手机上查阅一张排列有序的电子表格，上面是他研究过的每一幅凡·高作品。“我做得太多了，都有些记不得了。”他说。他做过太多次了，以至于把工程学原理应用到艺术史中来核实一幅凡·高作品的真伪都已成为惯例。通常约翰逊在进行分析时都不会停下来想想这是一件多么酷的工作。

但这次不行，因为这次他匹配成功了。这幅不知名凡·高作品的X光片与一幅叫作《岩石区》（*The Rocks*）的知名凡·高作品间接匹配。

天啊，约翰逊想，这真是奇怪了。

和《岩石区》有关系，这件事本身并没有什么奇怪的。《岩石区》是 1888 年 7 月凡·高为蒙马儒画的另一幅画。凡·高的弟弟把它从一包画里拿出来并装裱起来，这幅画在邦格清单上的标号是 175。相似的场景、相似的时间、与约翰逊电脑上的邦格编号相近的数字。这没有什么奇怪的，奇怪的是约翰逊亲眼看过《岩石区》。

约翰逊在莱斯教书这么长的时间里，休斯敦艺术博物馆的皇冠明珠一直是这幅凡·高于 1888 年夏天画的阿尔勒的风景画。约翰逊不必打开那张随身携带的电子表格就能记得这幅画的名字，它叫作《岩石区》。

阁楼上的凡·高作品与街上那座博物馆里的凡·高作品好像是出自同一卷画布。

约翰逊非常兴奋，他觉得除了把枯燥的分析数据寄回凡·高博物馆，他也有责任指出一些值得注意的奇怪之处。

2012 年 6 月 19 日

我完成了对 E1657 的计算，报告很快就会出来，这会儿在备份。不过有个消息。

没有织法相吻合。但是，画布的所有外观是“典型的”涂有底漆的阿尔勒画布卷。我看到一边有很强的褶痕和一条修复过的歪歪扭扭的线……我发现了与另一幅阿尔勒的画（F466）相匹配的织线密度，但这幅画也没有与之相吻合的织法。（一个数据匹配意味着画布非常相似，但并不意味着两幅匹配的画必定来自同一卷画布。）

到目前为止这都是一份相当标准的技术报告。但是邮件中有一句感叹语，在以前的任何报告中，约翰逊从未有过这样的表达。

原来 F466 在休斯敦！

约翰逊在发送了那封邮件之后便继续他当天的工作，他并不急于从凡·高博物馆得到回音，这是一件好事。要让像泰奥·梅登多普这样的研究人员对他的工作做出回复，还需要相当长的时间。

直到一系列事件使梅登多普的职业生涯迎来高光时刻，他才知道这幅不知名的凡·高作品的存在。这一切开始于路易斯·范蒂尔堡偶然发现了博物馆档案中的一张照片。接下来发生的事情依然保密，这有助于追踪那些创作于几个世纪以前、如今价值数百万美元的作品。

博物馆职员唯一能说的就是他们在等一个来自画主朋友的电话，这位朋友正好是阿尔勒人，不仅认出了画中的风景，还碰巧熟悉凡·高的书信和他对 1888 年 7 月 4 日落日旅行的描写。是时候让凡·高博物馆的研究人员更认真地看看这幅画了。

他们首先看到的就是那幅画。[14] 一旦对它存疑，他们就开始留意以前忽略的事情。他们能够通过技术研究证实这幅画的涂料与凡·高在阿尔勒用过的油彩相匹配，[15] 颜色是他那年夏天的调色板里常见的色彩，而笔法因为风的缘故有点凌乱。这些线索给了他们寻找更多线索的动力。他们去了一次阿尔勒，寻找落日景色，并重读了那些书信，总共将近 1 000 封，研究者们盯着那些信看了很久，甚至都能背诵出来。博物馆的线上完整注释信件集让他们能比以往更容易把这些点联系起来，而当他们回到信件上时，发现了一封他在 1888 年 7 月 5 日写给弟弟的信，里面有凡·高对这幅画的描述。为什么他们没早点看到呢？他们看到了，只是当时他们并不知道自己看到的是什么。这确实就在他们眼前，但连专家们也忽略了。

凡·高对这幅画的描述一直以来被认为是对另一幅画的描

述。只是回想起来，他们才意识到自己错得有多么离谱。那幅画里看不见修道院的废墟，“山谷里的麦田”“歪歪扭扭的小橡树”和“黄色的光倾泻在灌木上”也都不见了。学者们总是看到他们想看到的东西，即使它实际上并不存在。他们认定凡·高在书信中描述的那幅画对约翰逊来说应该很熟悉。那是《岩石区》——用同一卷画布创作的收藏在休斯敦的那幅画。他们以为博物馆里的凡·高是阁楼上的凡·高。但现在也许不是了。

他们待办清单上的第二项是邦格清单。到目前为止，邦格在一个世纪前统计的凡·高作品的详尽清单中没有多少是还未确定的了。364 件中只有为数不多的几件还杳无音信，而清单上最可疑的失踪作品是 180 号。

“背面有东西吗？”梅登多普问范蒂尔堡。

他们看了这幅画的原始技术报告，背面确实有东西，而且这是他们必须亲眼看到才能相信的事情。他们把画翻过来，发现了用耐久墨水写的三个数字：180。

为了证明他们暂时并没有失去理智，他们又看了一眼邦格清单，又看到了“180（阿尔勒的落日）”。即使你不是世界上研究凡·高的一流学者，也会意识到这幅背面写有 180 的画看起来画得确实像阿尔勒的落日。

“证据不断叠加、叠加，再叠加，”梅登多普说，“就像不断有新的发现让我们一直发出‘啊哈，啊哈，啊哈’的惊叹！”

要相信一件意想不到的事情就需要找出意料之外的证据。但是支持这幅画是凡·高真迹的一小堆证据很快就变得难以忽视了。“这幅似乎是凡·高第一件作品的画是如何被一位挪威私人收藏家纳入藏品的？又为何在这么长时间里从未在有关凡·高的文献里被提及？这些问题至今仍然很难理解。”梅登多普、范蒂尔堡、奥达·范马南（Oda van Maanen）后来写道。[16]

但是，真是这样吗？也许这比他们愿意承认的更容易理解。长期以来，人们一直以错误的方式看待这幅凡·高的画。佩尔兰受嫉妒驱使，告诉他的对手那幅画是赝品。米斯塔被自己的怀疑所迷惑，把这幅画放进了阁楼。艺术品交易商、艺术品鉴赏家和艺术史学家只相信他们一直被告知的事情，但是，如果从头开始又会怎样呢？那他们也就不需要推翻之前的假设了。专家们在看这幅画时就会发现真相一直就在眼前。

2013 年 9 月的一个周一，约翰逊一觉醒来，从床上爬起来去查看收件箱，距离他与凡·高博物馆分享那幅看起来是《岩石区》姊妹画作的分析报告已经一年多了。翻阅周一早上的垃圾邮件时，他的注意力被一封当地时间凌晨 3 点 55 分发来的电子邮件吸引住了，睡意顿消。“新发现的凡·高”是这封让他惊醒的邮件的主题。[17] 他的博物馆朋友想让他知道，他们即将公布一幅新画，名叫《蒙马儒的日落》。

阁楼上的凡·高作品曾经是真迹，后来变成了假的，现在又是真的了。

## 丹尼尔·卡尼曼承认“有一只热手”

2015 年 7 月的一个早晨，在米勒与他的学术合作者圣胡尔霍去法国小镇欧坦旅行回来几个月后，他发出了一封重要的电子邮件。

当时他在去纽约的路上要给微软的研究部门做报告，他想到了当地一位可能对他关于热手效应的最新研究感兴趣的名人，于是又跟格尔曼联系上了。格尔曼是一个当整个世界都在为某件事犯错时也不会感到沮丧的人。他会变得更加好奇，想知道为什么错了以及为什么会错。“看到理论上的漏洞，或矛盾，或异常时，我们应该为此而不安，而不是设法把它们解释过去。”他说。对这种不安的接受力是一个诚实科学家的标志。格尔曼相信他这个行业中的人必须不断挑战自己的信仰。他们必须愿意改变自己的看法。

格尔曼读了米勒和圣胡尔霍的论文，理解了甚至连他这个统计学家都没能觉察到的统计偏差，并恪守职业原则，改变了自己对“热手”的看法。“一旦你这么想了，这种偏差就很显而易见，”他说，“但我之前没有这么想过。”

格尔曼在调查潜在错误的过程中体验到了极大的快乐。第二天，他邀请米勒来他办公室，他在电脑上打出了几行简单的代码，只求确保无失。米勒咧嘴一笑。“没有人相信我。”他说。但电脑相信。电脑并不参与游戏，它只关心计算是否正确。米勒和圣胡尔霍现在知道他们在计算上是正确的，这也是格尔曼第二天要他来办公室时想要向他确认的事。米勒到的时候，格尔曼正在给他的博客文章做最后的润色，他将宣布对米勒和圣胡尔霍狂热而叛逆的研究的支持。

要在最著名的经济理论期刊上正式发表论文，他们还得等上几年，这个期刊刊发过阿莫斯·特沃斯基和丹尼尔·卡尼曼的论文。到目前为止，他们只有一篇工作论文上传到了一个免费的网站上，这里是一块思想的盐田：一个让学者对他们的最新思想进行测试的地方，并且让从容的出版周期加速到不可思议的程度。现在任何人都能看到米勒和圣胡尔霍的计算结果，而不用花几年时间等待一个由杰出学者组成的专家小组来审阅他们的论文，然后在格尔曼的计算机已经证明无误的数学计算结果上盖章通过。格尔曼的博客文章发表时，每一个人都成了可以了解这项研究的人。在一篇题为“嘿——猜猜怎么着？真有‘热手’”的文章中，格尔曼写道，“不，这不是4月1日愚人节，没错，我是认真的。”[18] 格尔曼是他们的同行评议人。

接下来发生的事会让你迅速了解互联网的运作方式。格尔曼写了关于米勒和圣胡尔霍的研究的文章后，他的博客上便涌来了大量的辱骂。交流数学观点的礼仪规则被数千愤怒的心理学家、经济学家和统计学家抛到了一边。米勒和圣胡尔霍会花好几个小时在格尔曼博客评论区玩“打鼹鼠”。每当他们对那些恶意挑战做出回应之后，又会出现一连串新的抱怨。假如他们写的是一篇关于“小狗是道德上可憎的动物”，并且在技术上无懈可击的论文，他们或许能得到更友好的回应。格尔曼从变成战区的评论区中找到了乐趣。“这只是数学而已，”他说，“却能把人吓坏。”

这篇论文受到格外热烈的欢迎，唯一的问题是米勒和圣胡尔霍依旧没有在任何地方发表它。这意味着在允许像他们这样的人进入的经济学思想领域的学术同行看来，他们的研究依旧是不合规则的。这也意味着米勒和圣胡尔霍不得不带着论文上路，去说服那些不是格尔曼的人们。他们在耶鲁大学一边吃萨莫萨三角煎饺，一边向人们介绍“热手”的传奇故事（热手效应是存在的，且影响巨大，它很可能被低估了），在纽约大学一边吃手指三明治，一边谈论热手效应（热手效应既不是谬误，也不是认知错觉）。也是在这次世界旅行中，一位即将退休的名叫鲍勃·沃德罗普（Bob Wardrop）的统计学家注意到了米勒访问威斯康星大学校园的广告。

沃德罗普在20世纪90年代反对过热手效应研究的最初成果，并发表过两篇论文质疑那项研究统计方法。它们并没有被忽略，但是它们也没能在学者之间激发一场内战。像其他所有涉足热手效应领域的人一样，沃德罗普说这两篇论文是他最受争议的论文。对于热手效应是一种谬误这种观念，沃德罗普比其他人更加恼火，这符合他关于一位学者如何看待自己在世界上的位置的宏大统一理论。“每个人都装聋作哑，我们应该讥笑他们，”他说，“作为一名学者，谋生的方式之一就是去写普通大众有多愚蠢。”这是他在读到那些声称热手效应不存在的论文时的第一个想法。沃德罗普来自蓝领草根阶层，靠在底特律汽车工厂打工赚钱供自己完成大学教育，这也塑造了他的思考方式，他把思考当作养活自己的正职。“你必须明白你可能与你正在质疑的人有不同的观点，”他说，“你可能有不同的数据。”

由于他自己的经历，沃德罗普支持这样的观点：专业从业者具有一项不能被夸大或充分理解的知识专长。他认为他们不像那些聪明人想象的那样愚蠢。沃德罗普在威斯康星参加米勒的演讲时早已与自己在“热手”研究历史上的地位达成了和解。他听着米勒仔细解释统计偏差，并认为有正当理由相信热手效应的存在。“他只是揭开了盖在一个重大错误之上的盖子，”沃德罗普说，“有点尴尬的是，我本应该注意到这一点。”沃德罗普曾注意到热手状态是一个偶然现象，却常常被视为无所不能。然而这种偏差一直存在，甚至连一个持怀疑态度的统计学家也不知为何无视了它。“他们能看到问题所在，”沃德罗普说，“虽然我发自内心地相信，我的意图是好的，但我没能做到。”

旅程最后，米勒回到了哥伦比亚大学。那是春日一个天气阴沉的日子，在一间沉闷的讲堂里。学年快要结束了，他们还没怎么宣传这场讲座，这或许可以解释为什么讲堂里的座位几乎都是空着的。米勒正在跟不到 12 人的一小群人讲话。

不过，有多少人其实并不重要，因为他们是谁才是重要的。来听米勒和圣胡尔霍热手效应研究的是一群光芒四射的知识分子。坐在最远处角落里的是格尔曼，他本可以为他给米勒和圣胡尔霍提供的所有宣传收费。在格尔曼后面几排的是畅销书作家纳西姆·尼古拉斯·塔勒布（Nassim Nicholas Taleb）。从他关于随机性和概率的书中可以看出他对热手效应相当熟悉。

坐在前排正中间的是一位白发老者，他是所有人中资历最深的一个。他穿着整洁的西装和黑色风衣，十分引人注目。即使你不知道他是谁，也会猜到他是一个德高望重的人，猜到他能出现在这个简陋的房间里一定意义重大。米勒知道他是谁，他就要直接向卡尼曼发表演讲了。

米勒看起来并不怎么紧张，虽然他心里一直在跳“滑步舞”。他先对“热手”做了连贯一致的定义，并追溯了研究对象的历史，然后向专心致志的听众解释了偏差。卡尼曼全程都在全神贯注地听着。一个多小时后，就在掌声响起之前，米勒以讲堂里每个处在这个工作日的早晨都会同意的人的口吻总结道：“‘热手’总会有某种神秘感。”

有几个人勇敢地举手提问，但是那些精明谨慎的人知道最好什么也不说。在这场针对“热手”的审判达成裁决之前，“陪审员们”想听听卡尼曼的意见。卡尼曼此时已经是吉洛维奇在研究生院入学第一天就会要求合照的那种大人物了。他采纳了与特沃斯基共同构想的概念，并为普通读者解释了他们获得诺贝尔经济学奖的论文。《思考，快与慢》（*Thinking, Fast and Slow*）是他毕生研究的巅峰之作，后来成了一本发行量巨大的畅销书，这使得他在这个房间里的陡然出现令人敬畏。没有人愿意承认他们相信那些卡尼曼曾不相信的事。

卡尼曼并不是无意中走进这间教室来听关于热手效应的演

讲的，他知道米勒和圣胡尔霍的研究成果，他知道以色列统计学家优素福·里诺特（Yosef Rinott）和心理学家马娅·巴尔-希勒尔（Maya Bar-Hillel）发表了对论文的评论，支持论文的结论，并肯定米勒和圣胡尔霍“提出了一个有效的、被忽略掉的批评”，这个批评足以“保证对‘热手’的争论将继续下去”。[19]现在这种事就要发生了，当卡尼曼举起手的时候，紧张的气氛呼之欲出。

“有几个问题。”卡尼曼说。

卡尼曼从捍卫特沃斯基的巨大遗产开始，并强调一个基本原则：当你向人们展示随机性时，他们并不认为这是随机的。这种观点米勒和圣胡尔霍之前听过很多次。但是卡尼曼接下来说的才是他们等了多年才听到的惊人之语。

“我想很明显特沃斯基等人错了，”卡尼曼说，“他们的试验有偏差，热手效应是存在的。”

“他们犯了那个错误真是一件令人遗憾的事，”他继续说道，“但这一点仍然有效。人们在什么都没有的地方想象出了模式。”

这次简短的交流中包含了关于热手效应的完整故事。每一个好主意都会招来批评。这一观点现在正受到经济学家在统计学方面的质疑，而这些经济学家也借用了心理学家的观点。米勒和圣胡尔霍通过这三个学科的观察给一个观念注入了新的活力。

那天房间里的几个人并不是仅有的几个改变了对热手效应看法的人。米勒和圣胡尔霍在让怀疑者接受他们的观点方面展示了卓越才能，而且他们的论据非常有说服力，不久，一本讨论经济思想难题的顶级期刊的编辑同意了他们的观点。终于，在 2018 年 11 月那期《经济计量学》（*Econometrica*）期刊上有了一篇题为“对‘热手谬误’感到惊讶吗？——小数定律中的真相”（Surprised by the Hot Hand Fallacy? A Truth in the Law of Small Numbers）的文章，作者是米勒和圣胡尔霍。

如果这么多人在这么长时间里都在这件事上犯过错，那么我们还犯了什么错呢？当然，专家有时会被他们自己的专业知识蒙蔽双眼，但是有些时候，他们还是知道自己在做什么。比如说，当延斯·蒂斯说那幅凡·高的画是真迹时，当斯蒂芬·库里坚持说他有热手状态时，或许我们都得好好听听。

2016 年 4 月的一个晚上，我和米勒碰巧都在湾区，于是我带米勒去看了一场金州勇士队的比赛，有机会亲眼看看他的研究工作在现实中体现出来是我带他去看球的诸多理由中的一个。我们去看比赛的时机很巧。勇士队每晚都在打破 NBA 纪录，开始成为史上最伟大的球队之一。只需一周时间，他们就能赢得比联赛历史上任何一支球队还要多的比赛。为什么？因为他们准许斯蒂芬·库里在手感火热后持续投篮。我和米勒一起坐在球场上层的最后一排，离场地非常远，我们甚至能摸到房顶，比赛就在我们脚下进行着。

这不是库里状态最好的时刻。他这晚的前 8 次投篮都没中，单手上篮没进，三分球没进。我们费力选了一场勇士队的比赛，而这场比赛有可能是库里个人最佳赛季中表现最差的一个半场，是这位最伟大球员失手最多的一场比赛。

但是在第三节开始的时候，就在连米勒都看似更有机会从我们悬在天空中的座位上投进三分球的时候，库里似乎忘记了本应是冰冷的手感。他投中一记三分，这是他这个晚上投中的第一个球。他昂首阔步地回到场边长凳那里，双臂张开，手心向上，好像在说，是时候了。另一个球队之前看到过这种场景，随即叫了一个暂停。他们最不需要的就是库里获得再中一球的信心，只是太晚了。

在一个巨人扑向他的时候，库里又投中一球。在一个防守队员离他的脸近到几乎让他看不到篮筐的时候，他又投进一球。在闪开防守并创造出一个极渺茫的出手机会后，他再进一球，这种投篮是玩过篮球的人都不会费力去尝试的。当库里踩着太空步离开篮筐时，球还在空中。他能预见将来，他知道自己会投球进筐。果不其然，斯蒂芬·库里有了热手状态。

米勒边喝啤酒边放声大笑，啤酒几乎都洒了出来。“看！”他喊道。他正盯着某种本该不存在的东西，那真是一个奇妙的景象。

结 语

# 发现生活中的“三分线”，成为人生的得分王

“我是汤姆·吉洛维奇。”汤姆·吉洛维奇说。

“我是马特。”这位不知名的研究对象说。

“很高兴见到你！”

那是康奈尔大学校园里一个灰蒙蒙的秋日，我走进吉洛维奇宽敞的办公室。办公桌后面硕大的书架上，在社会心理学教科书下面，在他自己写的关于幸福的书籍中间有一个篮球，看起来就像是被詹姆斯·奈史密斯亲手触摸过一样。这个篮球并不旧，应该是个纪念品。这是吉洛维奇在20世纪80年代热手实验中用过的一个球。自他那篇突破性的论文发表以来已过去了30多年，公众对于“热手”的看法已经变了很多，吉洛维奇最近也一直备受启发。这就是我来康奈尔大学的原因，我是来看他再做一次投篮实验的。

在秋寒初至的日子里，吉洛维奇正踩着落叶走在去康奈尔大学体育馆的路上。离开西海岸后他再也没有回去过，他需要慢慢适应这种天气。刚来东海岸的时候，他很怀念加利福尼亚的一些东西，比如蔬菜。蔬菜是个大问题。纽约州北部的春秋时节就和冬天没什么两样，来到这里后，吉洛维奇对当地的农产品感到失望。不过情况正在改变。“现在这里有韦格曼斯食品超市。”他说。也正是因为情况好转，那个下午吉洛维奇请客款待了我。

他在康奈尔大学待了很长时间，凭自身能力建立了传奇般的声誉。现在他到了那个他曾经崇拜的斯坦福大学教授们的年纪，他头上的灰白头发也说明了这一点。他和他的导师们志趣相投。吉洛维奇是那种会在电子邮件落款“干杯”的人，就好像他真的会停下打字，举起咖啡杯一样。他和他的斯坦福大学教授们的另一个共同之处是他对办公室附近的篮球场十分熟悉。他午休时会花很多时间在康奈尔大学体育馆里比赛打球，只是最近才不打了。自从不打篮球后，他就一直忙于观看他心仪的波士顿凯尔特人队的比赛，也就是奥尔巴赫质疑吉洛维奇与瓦隆和特沃斯基合写的那篇著名论文时执教的那支球队。

一个倾其一生研究人类判断和决策的人有一套关于改进篮球的理论，这没有什么奇怪的。吉洛维奇相信，当最好的传球手成为最佳球员时，这场比赛就会变成一场最精彩的比赛。“25年来，康奈尔大学的午间比赛都是最好的比赛。”他说。但是当吉洛维奇不再打球后，那些打球很棒的球员也早都不在了。他们受伤了，走掉了，被那些不怎么在乎传球的球员取代了。事情变了。“在我打球的最后几年，比赛依然不错，但它再也不会有那种巨大的魔力了。”他说。在他球赛生涯的末尾，吉洛维奇变得格格不入。“一般来讲，”他说，“人们不会把球传给一个白发苍苍的人。”

不过，一个白发苍苍的老者出现在体育馆里，一个好处是他会得到周围所有人的尊重。当他走进体育馆时，吉洛维奇发现他的本科生研究助理威利在等他。马克斯和马特是康奈尔大学的两个篮球运动员，他们为晚到了几分钟而表达了深深的歉意。他们穿着运动短裤和运动鞋来到体育馆，尽管不太肯定接下来的实验需要做什么。接着他们站到了篮筐下面，威利解释说他们将是实验的参与者，这个实验在他们出生之前的很长一段时间里就一直受到激烈的争论。威利让他们在球场上选择7个位置，在那里他们在没有防守的情况下感觉自己有50%的命中率。马特和马克斯两人都选择了分散在三分线附近的点位，那是斯蒂芬·库里称霸过的区域。

历史在不过一代人之间被改写的程度之大是令人吃惊的。布斯受到法马的影响，吉洛维奇受到特沃斯基的影响，而斯坦和伊泽科维茨是《点球成金》的后辈。马特和马克斯正处于成长期，而库里正在重新定义他们最喜爱的这项运动，他们恰好处在被他们一生中最具变革性的球员所深刻塑造的年纪。库里独自一人负担起篮球战略方面根本性转变的责任，这种转变渗透到这项运动的各个层面。马特和马克斯属于受他影响的第一批孩子。他们吸取了斯蒂芬·库里的教训，与所有篮球运动员一样从热手效应中受益匪浅，并把这些收获带入吉洛维奇关于热手效应的实验中，一切都让人感觉恰到好处。

马特和马克斯在三分线后各就各位。作为一个严谨的科学实验，威利用胶带标记了他们选择的位置。马特和马克斯随后被指示轮流投篮 100 次。

“你要在每次投篮前说出你是否感觉手热。”威利说。

马特和马克斯点头表示同意。

“开始的时候，你可能会想要夸大事实，认为从这里能达到 50% 的命中率，”吉洛维奇说，“不要这样。不管你实际认为 50% 的命中率意味着什么，不要试图给我们留下你是从停车场那里投篮的印象。”

在马特和马克斯热身的时候，吉洛维奇环视了一下体育馆。有关热手效应的最新研究将他置于了一个棘手的境地。这些年来，他读过所有声称他对热手效应的看法是错误的论文，而对于那些他都可以耸耸肩，一笑了之。但这个新研究是很有挑战性的，对于处在他这个位置上的任何一位终身教授来说，自然反应一定会是去防守其他学者的攻击。恰恰相反，他给了其中一些人他的数据，并给予了他们大度慷慨的评论。他想成为整个事件中一位受人尊敬的人，因为一定程度的谦卑才能获得真理。对于 30 多年前写的那篇论文，他现在能做的不多了。那时他没有伊泽科维茨和斯坦的数据做支持，而忽视了米勒和圣胡尔霍发现的偏差也不是他的错，再说其他人也没能看到这个偏差。这有点像责怪所有生在牛顿之前的人不懂得物理学的基本规律一样。

不管他喜欢与否，关于热手效应的真相终将揭晓，而吉洛维奇能做的至少是加速这个顿悟的进程。多年以前，当他发表了最初那篇论文时，没有料到自己会再次对热手效应做实验。不过，他现在又来做实验了。

一切都变了，但又好像什么都没变。篮球馆依然是一个进行实验的好地方。每一场比赛都是一群体型高大的男人完成运动壮举的疯狂表演，他们努力把一只皮球投进一个金属圈，不过，在马特和马克斯进行实验的这段时间，他们不必担心出现任何比赛中的狂喜或狂躁状态。研究热手效应的全部目的就是把在高度控制环境下得到的经验应用到可能发生任何事情的场合中。

有些环境里存在手气，但是也有一些环境里不存在手气。其实更麻烦的是在某些环境中手气可能存在，但前提是它们必须被正确地巧妙运用。

像马特、马克斯和威利这样的学生在康奈尔大学上学期间有时会被教导：我们倾向于相信运气的存在。但是在成长和找到我们在世界上的位置的过程中，最令人高兴的部分之一就是我们能意识到什么地方存在运气，什么地方不存在运气，而什么地方可能存在运气。我们敢相信我们能打破逻辑的纽带吗？或者说我们该接受自身的局限而坚持机会的基本法则吗？对运气的自然追求及其风险关乎生存。假如你是尼克·哈根，你会失去农场。但是，假如你是斯蒂芬·库里，你就能赢得一切。

一旦我们开始承认热手状态的存在，或至少承认热手状态可能存在，我们就能发现日常生活中的三分线。斯蒂芬·库里从玩游戏《NBA 嘉年华》到征战 NBA 这段时间，其热手状态的存在则经历了从真到假再到可能是真的过程。其中一些事必定与不可思议的运气有关。如果库里早几年或晚几年出现，如果他加入了另一支球队，如果他没有错过那辆巴士，如果他坐的那辆巴士没有在去往麦迪逊花园球馆的路上靠边停车，那么，库里或许不会成为有史以来最有影响力的球员之一。不过，机会出现的时候他猛扑了上去。

有时我们能利用我们受控环境中的规则变化，有时我们不得不在不受控的环境中为我们自己创造条件，而有时热手状态需要天赋、条件和有很多事情为我们开辟道路的好运气。但是，运气的诱惑是如此令人向往，以至于我们很自然地为此倾注资源，渴望好运连连。这是人之为人的一部分。我们在它们存在的地方、在它们不存在的地方、在它们可能存在的地方看到了它们。

不过现在没有时间去考虑这些，马特和马克斯热身完成，准备开始实验了。

马特绕着外缘投球，而马克斯待在篮下捡球再把球传回马特。马特投中的球比投失的多，他等不及连中三球就说自己手感热了。他觉得自己在一两个投篮之后就进入了状态，而有时他甚至在投失一次后也感觉像是有了热手状态。他嘟囔着“有了”“没有”，但多数时候是“有了”，声音大到可以让威利听见，好在写字板上做记录，然后把“有了”和“没有”转换成数据。

“连中三个，”吉洛维奇惊讶地屏住呼吸，“连中四个。这家伙是个好投手。”

马特一直在投篮，他一直感觉手在发热。

“有了。”马特说。

“五。”吉洛维奇说。

“有了。”

“六。”

“有了。”

“七，哇。”

“有了。”

“八。”

“有了。”

“九！”吉洛维奇说，“十一中十，十二中十一，十三中十二，十四中十三，十五中十四。米勒和圣胡尔霍看到会相当高兴。”

他并没有生气，反而被逗乐了。听起来他甚至还有点儿备受震撼。

“这是我们这里所有球员最出色的一次投篮。”吉洛维奇说。

等轮到马克斯投篮时，马特得去上课了，这也就意味着马克斯需要一个在篮下捡球的人。体育馆里只剩下其余三个人了。威利得在每次投球之前写“有了”“没有”。这也意味着只有两个人能做这份差事：吉洛维奇和我。我们都自愿在场地上跑来跑去地捡球，并希望传回给他的球恰到好处，这样他就能投出下一个好球，也让我们捡球时少跑些路。马克斯连投三轮，连汗都没出，而我倒觉得像是爬了乞力马扎罗山，整个下半身的剧烈酸痛是科学调查的代价。

我们离开体育馆，走回心理学大楼。吉洛维奇办公室的咖啡桌上有一摞打印的论文，我低头一看，注意到一些熟悉的名字：乔希·米勒和亚当·圣胡尔霍，原来他一直在看他们的研究。

吉洛维奇走到办公桌旁，伸手去拿另一摞，并翻阅了更多文件。这是过去几周威利对所有事情的记录。在他办公桌上等待编码然后解码的是数以百次计的投篮数据，这些数据来自像马特和马克斯这样的篮球运动员，除此之外还有他们对自己是否有热手状态的直觉判断。这是吉洛维奇拥有更好的数据之后的研究。

要知道这些数据能表达什么以及可能把他引向何方还需要不少时间。有关热手效应还需要思考些什么是吉洛维奇依然尝试回答的问题。但是现在已经太晚了，我知道我该走了，我说了再见，心里知道我们两个唯一能肯定的是这场可以回溯到几十年前的争论仍然未完待续。辩论还没有结束，或许永远不会结束。这难道不是这场辩论最精彩的部分吗？

# 资料来源说明

如果没有我前面那么多人所做的研究和那么多人与我抵掌而谈，《热手效应》必定难以成书。我由衷地感谢他们。

感谢凯尔·艾伦和派恩城巨龙队的每一个人，也对与我篮球生涯有关的所有人表示感谢。

考虑到我到联盟报道的第一年正好是斯蒂芬·库里崛起的那一年，我可能找不到更合适的时间开始关于 NBA 的写作了。我想库里会成为有史以来最有影响力的运动员之一，我也试图在我给《华尔街日报》写的有关他和金州勇士队的故事中展现这一点，故事之多，难以计数。本书第 1 章是基于对库里和他周围的人，如戴尔·库里、勇士队高管以及他青年时期的教练的采访。对每日报道球队的当地体育记者和记录了库里崛起传奇的篮球记者，我是满怀感谢的。我不会忘记库里手感火热的那个晚上，那时我在现场，我能读到关于库里戏剧性表现的报道，而且重构了那个场景。这一章里关于马克·特梅尔和他创作《NBA 嘉年华》的部分是依据对他的几次长时间采访而完成的。特梅尔很亲切，他允许我查阅有关他的出版物的剪报和他档案中的一些文件。格雷格·沃斯（Greg Voss）在《软线》（*Softline*）杂志上的记叙是对孩童时期的特梅尔的回顾与预见，而《猎杀屏幕日报》（*Kill Screen Daily*）的贾明·沃伦（Jamin Warren）对特梅尔的采访以及《复古游戏玩家》（*Retro Gamer*）的保罗·德鲁里（Paul Drury）给了我所需要的与他聊天的背景资料，至少使聊天的话题听起来并没有那么无知。《体育画刊》（*Sports Illustrated*）的亚历克斯·阿布诺斯（Alex Abnos）和丹·格林（Dan Greene）关于《NBA 嘉年华》的“口述历史”是一本很棒的读物，也是极好的资料来源。我从未玩过《漫游泡泡》，但是我在读了特梅尔给他的公司博客写的文章后，又觉得自己好像玩过这款游戏。

如果你想知道任何有关莎士比亚的事情，那么，詹姆斯·夏皮罗是一个能给你答案的人。如果没有他的书《李尔王之年：1606 年的莎士比亚》，我不可能写出第 2 章有关莎士比亚的部分。即使你对莎士比亚了解不多，阅读该书也是不可或缺的乐趣（也许尤其如此吧）。为这一章铺平道路的另一本书是约翰·利兹·巴罗尔的《政治、瘟疫和莎士比亚的戏剧》（*Politics, Plague, and Shakespeare's Theater*），该书以惊人的清晰度描写了有关瘟疫的事情。丽安·柯蒂斯几乎知道当今世界有关丽贝卡·克拉克的所有事情，这一章中引用的克拉克的每一句话都出自《丽贝卡·克拉克读本》，这是一本由柯蒂斯编辑的散文集和访谈集。关于《公主新娘》的文字已有数百万之多，而我读了不下百万字。这部影片的历史被刊登在《娱乐周刊》（*Entertainment Weekly*）的“口述史”栏目中、《综艺》（*Variety*）的“回顾”栏目中，以及由《好莱坞报道》（*The Hollywood Reporter*）主持的圆桌会议中。罗伯·莱纳在他的职业生涯中已经回答了成百上千的有关《公主新娘》的问题。除了所有关于莱纳的介绍和访谈，我还发现了凯里·埃尔威斯（Cary Elwes）的回忆录《如你所愿》（*As You Wish*），这与他在电影中的角色一样令人赏心悦目。

在很多人的帮助下，我在第 3 章勾画了我对 20 世纪 80 年代的斯坦福大学的理解，没有人比得上汤姆·吉洛维奇、罗伯特·瓦隆、李·罗斯，尤其是芭芭拉·特沃斯基（Barbara Tversky）[①]，我特别珍视她的评论。作为一名作家，当你得知迈克尔·刘易斯写过你要写的那个人，这种感觉相当糟糕，他的精彩之作《思维的发现》是了解丹尼尔·卡尼曼和阿莫斯·特沃斯基的必读之书。我引用了关于刘易斯的一些报道和研究来

① 美国艺术与科学院院士、美国心理科学协会前会长。芭芭拉·特沃斯基在其著作《行为改造大脑》中提出了 9 大认知定律，告诉我们语言不是思考的基础，行为才是。这本书向你展示了一种全新的思维方式，是一部开启心智阅读之旅的佳作！该书中文简体字版已由湛庐引进，由四川科学技术出版社于 2022 年出版。——编者注

支持我自己的观点，这感觉有点像把皮艇绑在了游艇上。同样重要的还有《特沃斯基精要》（*The Essential Tversky*）[①]，这是他最有影响力的论文集。卡尼曼为特沃斯基写的悼词是他应享的敬意。我还要感谢卡尼曼，在乔希·米勒的报告会上，在作自我介绍时，他没有撞上近在咫尺的出租车。除了我自己对吉洛维奇的采访外，我还引用了巴里·里萨兹（Barry Ritholtz）的播客节目《商业大师》（*Masters in Business*）和艾伦·雷夫曼（Alan Reifman）的博客《体育中的热手》（*The Hot Hand in Sports*）对他的两次长篇采访。特沃斯基早在我有机会向他提出有关热手的问题之前就病逝了，但很多记者都有幸与他聊过天，为此，我特别感谢凯文·麦基恩（Kevin McKean）发表在《发现》（*Discover*）上的那篇文章。感谢斯坦福大学的“口述历史”项目、纽约公共图书馆、丹尼尔·布恩区域图书馆（Daniel Boone Regional Library）。关于苹果公司“智能洗牌”的历史和乔布斯对这场怨愤的反应，我依靠的是史蒂文·利维（Steven Levy）的书《完美的事情：iPod 如何洗牌商业、文化和酷文化》（*The Perfect Thing: How the iPod Shuffles Commerce, Culture, and Coolness*）和他发表在《连线》杂志上的文章《iPod 随机播放的安魂曲》（Requiem for the iPod Shuffle）。卢卡什·波拉切克关于他的算法的书写要好过我，他还亲切地向我解释了

① 《特沃斯基精要》中文简体字版已由湛庐引进，将由浙江教育出版社于 2022 年出版。——编者注

他的工作。对于一些要求匿名却可能读到这本书的声田公司员工，我要说一句：您帮了大忙了。

戴维·布斯买下了《篮球规则》（底稿），但这只是因为乔希·斯瓦德（Josh Swade）。他的书《篮球的圣杯：一个球迷购买〈篮球规则〉底稿的旅程》（*The Holy Grail of Hoops: One Fan's Quest to Buy the Original Rules of Basketball*）是关于奈史密斯的创造性作品如何回到奈史密斯大道的最可靠的记述，而我从系列纪录片“ESPN 30 for 30”中的《哪里都没有家好》（*There's No Place Like Home*）这一集里获得了对话内容，该片由斯瓦德和莫拉·曼德（Maura Mandt）导演。一名记者的梦想是做一只墙上的飞虫。他就是。戴维·布斯本不必和我说话，但他还是这么做了，我非常感激，而且我知道这仅仅是因为亚历克斯·斯托克汉姆（Alex Stockham）的缘故。布斯不像别的亿万富翁那样经常见诸文字，不过在过去的几年里也已经有了一些对他的介绍。杰森·茨威格（Jason Zweig）发表在《华尔街日报》上的一篇文章是最出色的。感谢那些年对布斯做了详尽采访并将采访上传到 YouTube 网站的人们。感谢大卫·鲁宾斯坦的坦诚回忆。章节从甜菜开始！我无比感激尼克·哈根和莫莉·叶的热情、合作与友谊。不论什么时候，你若是想了解所有关于甜菜的事情，我都推荐《美国心脏地带》（*America's Heartland*）关于明尼苏达收获季的一集特别节目。丹·洛格（Dan Looker）发表在 2003 年 3 月版的《成功农业》

（*Successful Farming*）上的一篇文章和《波尔克县历史和传记汇编》（*Compendium of History and Biography of Polk County*）中的“伯恩特·哈根”条目介绍了哈根农场的历史，而《莫莉在农场：来自看似不可能的农场生活的食谱和故事》（*Molly on the Range: Recipes and Stories from An Unlikely Life on a Farm*）具备一种稀有的特色：它是一种不可多得的资源，也是我最喜爱的烹饪书之一。

锡拉丘兹大学交易记录访问信息交换所（Syracuse University's Transactional Records Access Clearinghouse）是一个十分有用的数据资源库。爱因霍恩法官在解释庇护法时宽厚慷慨。如果没有布鲁克斯棒球（Brooks Baseball）数据库，或者没有费尔南多·阿尔卡拉（Fernando Alcala）的支援，我就不可能写有关杰德·洛瑞的事。感谢所有报道贾斯汀·格里姆在得克萨斯游骑兵队的首秀的棒球记者。“即兴电台节目”（*Off the Lip Radio Show*）对比尔·米勒的深度采访帮助我了解了一个裁判的生活。

第 6 章的故事是这本书中最私密、最揭示个人事迹的展示，因此我无法恰当地表达我是多么感激每一位接受采访的人对我的信任。盖尔·奥兹、米奇·塔米尔，尤其是布莱恩·科普对我了解早期的 SportVU 提供了很大的帮助。约翰·伊泽科维茨和卡罗琳·斯坦不仅仅是很棒的比萨伴侣，而且非常慷慨地让我报道关于他们写的大学论文。在所有写过有关他们职业的人中，我发现扎克·洛（Zach Lowe）在Grantland[①]报道的故事是让我的想法清晰起来的那一个，这也是他成为世界上最好的NBA作家的另一个原因。

现在讲一下第7章，也是最后一章的资料来源。乔希·米勒和亚当·圣胡尔霍在忙于很多其他事务时还用无尽的耐心和幽默感向我解释了掷硬币的原理。我认识他们将近5年了，我有一种感觉：余生我将会一直阅读他们的作品。安德鲁·格尔曼同意在他坐满学生的教室前面接受采访，这真是一个很棒的主意。泰奥·梅登多普和路易斯·范蒂尔堡给了我难忘的回忆，唐·约翰逊同意和我一起围着休斯敦艺术博物馆散步，那是度过一个炎热下午的好办法。我很幸运在凡·高的书信全部被存档、标注之后写了这本书。有了随时可供查阅的凡·高博物馆，就不必在图书馆和博物馆里翻找满是灰尘的旧文件了。

我肯定会，但又希望我没有忘记任何人。

---

① ESPN的子网站，创立于2011年，致力于把体育和文化结合起来。——编者注

# 致 谢

第一次写书教会了我很多东西，其一就是我几乎不可能感谢到所有促成这本书付梓的人，反正事情就是这样。

我出色的经纪人埃里克·卢普弗（Eric Lupfer）把一个点子变成了一个提议，一个提议变成了一本书，一本书变成了一本更好的书。埃里克常常在我动笔之前就知道我要写什么，然后用得体的方式让我将其写出来。我十分感激有他在身边。我对克里斯蒂·弗莱彻（Christy Fletcher）和弗莱彻公司（Fletcher & Company）的每一个人怀有相同的感激之情。我非常幸运我的第一本书由杰夫·尚德勒（Geoff Shandler）负责编辑。杰夫对这本书充满远见，甚至在我不能完全确信能不能做到的时候也促使我把这一愿景付诸行动。假如你想感受他的智慧，这本书的每一页上都有。由他负责编辑本书，我深感荣幸。当他鞭策我将书稿撰写成形后，出版商 Custom House 和 HarperCollins 的杰夫团队就开始工作了。凯莉·乔治（Kayleigh George）、莫林·科尔（Maureen Cole）、杰西卡·罗兹勒（Jessica Rozler）、南希·谭（Nancy Tan）、莉亚·卡尔森-斯坦尼西奇（Leah Carlson-Stanisic）、普洛伊·西里潘（Ploy Siripant）、特里娜·亨恩（Trina Hunn）、莉特·斯特里克（Liate Stehlik）和本·斯坦伯格（Ben Steinberg）把文档变成了你正在读的书。了不起的莫莉·根德尔（Molly Gendell）确保了这一工作的顺利进行。汉克·塔克（Hank Tucker）还在读大学的时候，就努力翻阅了数以百计的学术论文，并把它们全部翻译成英语。约翰·维拉诺娃（John Vilanova）是我出色的顾问。他拆开手稿，通过了不起的工作确保这本书是对的。

剩下的错误全都是我的。

华尔街日报社是我学习如何成为一名记者的地方，没有人能比才华横溢的山姆·沃克（Sam Walker）对我的影响更大，对任何一个了解山姆的人来说，接受他的训练都是一场艰难的旅途，但对我而言却完全不同。如果不是山姆，我都不知道自己将要干什么，但是我能知道那会几近无趣。他带给了我一生的改变，我足够幸运。现在，我更幸运的是布鲁斯·奥沃尔（Bruce Orwall）成了我的报刊"拉比"。布鲁斯是一位极好的编辑，聪明、耐心，不仅允许我追逐疯狂的想法，还切实地去一一落实它们。这样，它们看起来就不那么疯狂了。如果没有他的坚定支持，也就不会有这本书。我真的希望他支持的体育队在下个世纪的某个时候拥有热手状态。

我还要感激迈克·米勒（Mike Miller）、马特·默里（Matt Murray）以及很多其他极好的同事，他们并排坐在场面非凡而富有灵感的新闻室里，我在写作此书时，他们中的大多数人都在直接负责报纸的体育报道：雷切尔·巴赫曼（Rachel Bachman）、布莱恩·科斯塔（Brian Costa）、吉姆·谢利乌斯米（Jim Chairusmi）、贾里德·戴蒙德（Jared Diamond）、汤加体育记者约书亚·奥彬森（Joshua Obinson），还有不知疲倦的安德鲁·比顿（Andrew Beaton）。我忘记谁了吗？哦，对了，令人难忘的杰森·盖伊（ Jason Gay）。杰森受人尊敬、慷慨大度、做事正确，还是这个星球上最有趣的作家。当我告诉人们我要给报社写体育报道时，他们几乎都会问我能不能写得像杰森·盖伊一样。我希望如此。他是我能想象到的最伟大的导师和榜样。

没有几个人提前读过这本书的早期草稿，乔纳森·克莱格（Jonathan Clegg）有一个非常好的习惯，每当我恳求他帮我看看书稿时，他总能改进我写的东西。当杰夫·福斯特（Geoff Foster）明确指出书里需要细致处理的内容时，我对他的眼神总是充满敬佩。山姆·沃克的编辑既让人心生忐忑又让人激动不已，这是让山姆·沃克编辑你的作品的完整体验。除了作为一个了不起的朋友，约翰·哈普汉姆（John Harpham）还是我认识的最聪明的人。我很激动能拜读他所有正在写的书。安德鲁·亚夫（Andrew Yaffe）读我的文章比任何人都读得多，至少如果算上格哈特（Gchats）的话，他对我忍受了这么久的回报就是被强迫读更多我写的文章。

感谢所有询问这本书进展的人，也感谢所有知而不问的人。给我提供了完成这本书所需的支持和娱乐消遣的朋友有：斯科特·卡奇奥拉（Scott Cacciola）、凯文·克拉克（Kevin Clark）、马克·特雷西、乔·克斯卡雷利（Joe Coscarelli）、内特·弗里曼（Nate Freeman）、丹·罗梅罗（Dan Romero）、萨姆·斯林科特（Sam Schlinkert）、凯蒂·贝克（Katie Baker）、J. R. 莫林格（J. R. Moehringer）、阿拉娜·纽豪斯（Alana Newhouse）、巴里·韦斯（Bari Weiss），非正统技术团队，摄影师萨曼莎·布鲁姆（Samantha Bloom）、安德鲁、克里斯滕·亚夫（Christen Yaffe）、格雷格、奥利维亚·比顿（Olivia Beaton）、马修·福特曼（Matthew Futterman）、艾米·爱因霍恩（Amy Einhorn）、马修·亨尼克（Matthew Henick）、阿莱娜·基洛赫（Alaina Killoch），还有很多其他我相信不需要时时想起但永远不会忘记的朋友。

还有我所有的家人！我要郑重感谢布尼克·罗斯托（Butnick-Rothaus）家族。克里夫（Cliff）、弗朗西斯卡（Francesca）、诺亚·西尔弗曼（Noah Silverman）、霍华德（Howard）和爱丽舍·布尼克（Elyse Butnick）永远值得特别提起。自从我被那些书吓到我后，雷斯尼科夫夫妇（The Resnikoffs）就一直在我身边。萨拉（Sara）和戴维·西尔弗（David Silver）让我保持理智，甚至在我把大把时间花在手机上时也还继续支持着我。温迪（Wendy）和杰西·科恩（Jesse Cohen）一直是我最忠实的粉丝和读者。他们是让一切成为可能的人，包括我那不太走运的篮球生涯。谢谢你们！

斯蒂芬妮·布尼克（Stephanie Butnick）是我感觉自己每天都拥有热手状态的原因。从开始到结束，她每天都和这本书生活在一起，一直编辑它，督促我，支持我，并总是保护我不受那只精神病猫的偶尔伤害。这本书的第一句话是献给她的，现在，我把最后一句话也献给她。

# 注 释

## 前 言
## 百发百中，连战连胜：真有热手这回事吗

1. Ben Cohen, "The Basketball Team That Never Takes a Bad Shot," *Wall Street Journal*, January 30, 2017.
2. Ibid.

## 第 1 章
## 从游戏和篮球开始认识热手效应

1. Greg Voss, "Sneaking Up on Success: An Interview with Mark Turmell," *Softline*, November 1981.
2. 除非特别标出，引用都来自作者采访。请参见“资料来源说明”。
3. Steve Wozniak, *iWoz: Computer Geek to Cult Icon* (New York: W. W. Norton, 2007).
4. David Fleming, "Stephen Curry: The Full Circle," *ESPN the Magazine*, April 23, 2015.
5. Alex Abnos and Dan Greene, "Boomshakalaka: The Oral History of NBA Jam," *Sports Illustrated*, July 6, 2017.
6. John Hollinger, PER Diem, ESPN, March 27, 2009.

7. Pete Carril, *The Smart Take from the Strong: The Basketball Philosophy of Pete Carril* (New York: Simon & Schuster, 1997), 133.

8. Emmanuelle Ejercito, "Everybody Loves Bob," *Daily Bruin*, February 27, 1997.

9. Tim Kawakami, "Bob Myers Interview: How the Warriors GM Was Hired [ . . . ]," *Talking Points* (blog), *Mercury News*, March 11, 2016.

10. Ben Cohen, "The Golden State Warriors Have Revolutionized Basketball," *Wall Street Journal*, April 6, 2016.

11. Jim Johnson, "Pacers Beat Warriors After 4th-Quarter Scuffle," Associated Press, February 26, 2013.

12. Mihaly Csikszentmihalyi, *Flow: The Psychology of Optimal Experience* (New York: Harper Perennial, 1991), 48.

13. Lee Jenkins, "Stephen Curry's Next Stage: MVP Has Warriors Closing in on the NBA Finals," *Sports Illustrated*, May 20, 2015.

14. Frank Isola, "Stephen Curry Scores 54 Points at Garden [ . . . ]," *New York Daily News*, February 28, 2013.

15. Scott Fowler, "Curry Hits Broadway with Rare Performance," *Charlotte Observer*, March 1, 2013.

16. Kathleen Elkins, "NBA Star Stephen Curry Shares the 3 Moments When He Knew He'd 'Made It,'" CNBC, September 7, 2016.

## 第 2 章
## 热手期：让你事业开挂的高能时期

1. J. Leeds Barroll, *Politics, Plague, and Shakespeare' s Theater: The Stuart Years* (Ithaca, NY: Cornell University Press, 1991), 152.

2. Herbert F. Peyser, "Gifted Artists Join in Unique Recital," *Musical America*, 1918.

3. Ellen D. Lerner, "Musicologist Ellen D. Lerner Interviews Rebecca

Clarke, 1978 and 1979," in *A Rebecca Clarke Reader*, ed. Liane Curtis (Bloomington: Indiana University Press, 2004), 204.

4. Robert Sherman, "Robert Sherman Interviews Rebecca Clarke About Herself," in Curtis, *Rebecca Clarke Reader*, 172.
5. Hiram Kelly Moderwell, "Makers of Music," *Vogue*, April 15, 1918.
6. Rebecca Clarke, "Rebecca Clarke's 1977 Program Note on the Viola Sonata," in Curtis, *Rebecca Clarke Reader*, 226.
7. Lerner, "Musicologist," 205.
8. Sherman, "Interviews Rebecca Clarke," 171.
9. Ibid., 176.
10. Curtis, introduction, *Rebecca Clarke Reader*, 4n5.
11. "Interviews Rebecca Clarke," 176.
12. Curtis, introduction, *Rebecca Clarke Reader*, 1.
13. Sherman, "Interviews Rebecca Clarke," 176–77.
14. Ibid., 77.
15. Peter G. Davis, "Rewarding Program Assembled by Toby Appel for Viola Recital," *New York Times*, April 4, 1977.
16. Sherman, "Interviews Rebecca Clarke," 179.
17. Roger Ebert, review of *This Is Spinal Tap, Chicago Sun-Times*, March 1, 1985.
18. Ron Base, "Fathers of the Princess Bride," *Toronto Star*, September 26, 1987.
19. Susan King, "'The Princess Bride' Turns 30: Rob Reiner, Robin Wright, Billy Crystal Dish About Making the Cult Classic," *Variety*, September 25, 2017.
20. Drew McWeeny, "The M/C Interview: Rob Reiner Talks 'Flipped,' 'Princess Bride,' 'Misery' and More," *HitFix*, August 4, 2010.
21. Lu Liu et al., "Hot Streaks in Artistic, Cultural, and Scientific Careers," *Nature* 559, no. 7714 (July 2018): 396–99.

22. Jonathan Bate, *Soul of the Age: A Biography of the Mind of William Shakespeare* (New York: Random House, 2009), 4.
23. James Shapiro, *The Year of Lear: Shakespeare in 1606* (New York: Simon & Schuster, 2015), 29.
24. Ibid., 292.

第 3 章
# 相信热手是一种认知适应，不是认知错觉

1. Lukáš Poláček, "How to Shuffle Songs?" *Spotify Labs*, February 28, 2014.
2. Steve Jobs Keynote, World Wide Developers Conference 2005。
3. Dave Lee, "How Random Is Random on Your Music Player?" BBC News, February 19, 2015.
4. C. Stewart Gillmor, *Fred Terman at Stanford: Building a Discipline, a University, and Silicon Valley* (Stanford, CA: Stanford University Press, 2004).
5. "Eulogy for Amos Tversky (June 5, 1996)," in Daniel Kahneman, "Biographical," Sveriges Riksbank Prize in Economic Sciences in Memory of Alfred Nobel 2002, Nobel Prize.
6. *David and Goliath: Underdogs, Misfits and the Art of Battling Giants* by Malcolm Gladwell (Little, Brown, 2013).
7. Afterword by Daniel Kahneman in *The Essential Tversky*, page 366.
8. Amos Tversky and Daniel Kahneman, "Judgment Under Uncertainty: Heuristics and Biases," *Science* 185, no. 4157 (Sept. 27, 1974): 1124.
9. Amos Tversky and Daniel Kahneman, "Belief in the Law of Small Numbers," *Psychological Bulletin* 76, no. 2 (1971): 106.
10. *How We Know What Isn' t So: The Fallibility of Human Reason in*

*Everyday Life* by Thomas Gilovich (Free Press, 1991), 19.

11. Kevin McKean, "The Orderly Pursuit of Pure Disorder," *Discover*, January 1987.
12. Kahneman, "Biographical."
13. Andreas Wilke and H. Clark Barrett, "The Hot Hand Phenomenon as Cognitive Adaptation to Clumped Resources," *Evolution and Human Behavior* 30, no. 3 (May 2009): 161–69.
14. Tommy C. Blanchard, Andreas Wilke, and Benjamin Y. Hayden "Hot-Hand Bias in Rhesus Monkeys," *Journal of Experimental Psychology: Animal Learning and Cognition* 40, no. 3 (July 2014): 280–86.
15. James Gleick, "'Hot Hands' Phenomenon: A Myth?" *New York Times*, April 19, 1988.
16. Thomas Gilovich, Robert Vallone, and Amos Tversky, "The Hot Hand in Basketball: On the Misperception of Random Sequences," *Cognitive Psychology* 17, no. 3 (July 1985): 313.
17. "High-Handed Professor's Comments Called Hot Air," *USA Today*, August 30, 1985.
18. Kevin McKean, "When You're Hot, You're Not," *Discover*,June 1985.
19. Sylvia Nasar, *A Beautiful Mind: A Biography of John Forbes Nash Jr*. (New York: Simon & Schuster, 1998), 372–73.
20. McKean, "Orderly Pursuit."

## 第 4 章 热手背后的思维陷阱一：热手谬误

---

1. James Naismith, *Basketball: Its Origin and Development* (Lincoln: University of Nebraska Press, 1996), 21.

2. Ibid., 23.

3. Ibid.

4. Ibid., 37.

5. Ibid., 42.

6. Ibid., 53.

7. Ibid., 60.

8. Eugene F. Fama, "The Behavior of Stock-Market Prices," *Journal of Business* 38, no. 1 (Jan. 1965): 34.

9. David Booth speech and Q&A, VIP Distinguished Speaker Series, McCombs School of Business, University of Texas, Austin, February 26, 2013.

10. Ibid.

11. Ibid.

12. Molly Yeh, *Molly on the Range: Recipes and Stories from an Unlikely Life on the Farm* (New York: Rodale, 2016), 18.

13. Ibid, 133.

14. R. I. Holcombe and William H. Bingham, eds., "Bernt Hagen," *Compendium of History and Biography of Polk County, Minnesota* (Minneapolis, MN: W. H. Bingham, 1916), 312–13.

15. Vanessa Sumo, "The Science," *Chicago GSB Magazine*, Winter 2009: 18.

16. Shawn Tully, "How the Really Smart Money Invests," *Fortune*, July 6, 1998.

17. Ibid.

18. Booth speech and Q&A, VIP Distinguished Speaker Series.

19. Lydialyle Gibson, "Return on Principles," *University of Chicago Magazine*, January–February 2009.

20. Ibid.

21. Andrew Mauboussin and Samuel Arbesman, "Differentiating Skill

and Luck in Financial Markets with Streaks," *SSRN* (2011).

22. Warren Buffett's comments at the 2006 Berkshire Hathaway annual meeting are found in CNBC's Warren Buffett Archive.
23. Warren Buffett wrote about the bet in Berkshire Hathaway's 2016 annual report, 22.
24. Ibid., 24–25.
25. Warren Buffet, "To the Shareholders of Berkshire Hathaway Inc.:".
26. David Booth interview by James K. Glassman, George W. Bush Presidential Center, September 18, 2012.
27. Edward Lewine, "There's a Method to My Desk's Madness," *New York Times*, May 18, 2013.
28. Robert A. Guth, "Chicago Business School Gets Huge Gift," *Wall Street Journal*, November 7, 2008.
29. The descriptions of the auction lots are taken from Sotheby's catalog.
30. James Barron, "He's Auctioned the 1776 Declaration, Twice," *New York Times*, July 4, 2000.
31. Christopher Michaud, "Magna Carta Fetches $21.3 Million at Sotheby's Auction," Reuters, December 18, 2007.
32. Julie Segal, "David Rubenstein's Monopoly Money," *Institutional Investor*, May 4, 2017.
33. *There' s No Place Like Home*, dirs. Maura Mandt and Josh Swade, *30 for 30*, ESPN Films, 2012.

第 5 章

## 热手背后的思维陷阱二：赌徒谬误

1. 西格 · 梅杰达尔的故事可参见 Sam Walker's *Fantasyland: A Season on Baseball's Lunatic Fringe* (New York: Viking, 2006)，他和杰德 · 洛瑞

的故事可参见 Ben Reiter's *Astroball: The New Way to Win It All* (New York: Crown, 2018)。

2. 关于比尔·米勒的人生故事，我参考了以下材料：Scott Fields, "The Boy of Summer," *UCLA Magazine*, October 1, 2010, and Bruce Weber, *As They See' Em: A Fan's Travels in the Land of Umpires* (New York: Scribner, 2009)。
3. 米勒的采访可参见他接受 *Off the Lip Radio Show* 的采访。
4. Jeff Sullivan, "Incredulous Responses to Bill Miller's Strike Zone," FanGraphs, October 30, 2017.
5. Michael Lopez and Sadie Lewis, "An Exploration of MLB Umpires' Strike Zones," *Hardball Times*, May 4, 2018.
6. 关于每场比赛的 PITCHf/x 数据可在 Brooks Baseball 的官网查询，参见 brooksbaseball.net。
7. Daniel Chen, Tobias J. Moskowitz, and Kelly Shue, "Decision Making Under the Gambler's Fallacy: Evidence from Asylum Judges, Loan Officers, and Baseball Umpires," *Quarterly Journal of Economics* 131, no. 3 (Aug. 2016): 1181–242.
8. Rachel Croson and James Sundali, "The Gambler's Fallacy and the Hot Hand: Empirical Data from Casinos," *Journal of Risk and Uncertainty* 30, no. 3 (2005): 195–209.
9. Ibid., 205.
10. Pierre-Simon Laplace, *Philosophical Essay on Probabilities*, trans. Andrew I. Dale (1814; New York: Springer, 1995).
11. Peter Ayton and Ilan Fischer, "The Hot Hand Fallacy and the Gambler's Fallacy: Two Faces of Subjective Randomness?" *Memory & Cognition* 32, no. 8 (Dec. 2004): 1369–78.
12. Peter Ayton, "Fallacy Football," *New Scientist*, September 19, 1998.
13. Ayton and Fischer, "Hot Hand Fallacy," 1370.
14. Jaya Ramji-Nogales, Andrew I. Schoenholtz, and Philip G. Schrag,

"Refugee Roulette: Disparities in Asylum Adjudication," *Stanford Law Review* 60, no. 2 (Nov. 2007): 295–411.

15. Ibid., 302.

第 6 章

## 从"简热"到"复合热"：全面认识影响热手的因素

1. Albin E. Johnson, "What I Saw in Sweden," *Rotarian*, September 1944.
2. Ray Furlong, "Wallenberg family mark centenary with plea for truth," BBC News, August 8, 2012.
3. Ingrid Carlberg, *Raoul Wallenberg: The Biography*, trans. Ebba Segerberg (London: MacLehose Press, 2015), 44.
4. Raoul Wallenberg, *Letters and Dispatches, 1924–1944*, trans. Kjersti Board (New York: Arcade, 2011), 111.
5. Ibid., 69.
6. Carlberg, *Raoul Wallenberg*, 110.
7. Ibid., 203.
8. John Bierman, *Righteous Gentile: The Story of Raoul Wallenberg, Missing Hero of the Holocaust* (Toronto: Bantam Books, 1983).
9. Per Anger oral history interview by Joan Ringelheim, United States Holocaust Memorial Museum Collection, January 19, 1995.
10. Bierman, *Righteous Gentile*.
11. Carlberg, *Raoul Wallenberg*, 280.
12. Ibid., 365.
13. Per Anger oral history interview.
14. Kati Marton, *Wallenberg: Missing Hero* (New York: Arcade, 1982).
15. Ibid.
16. Carlberg, *Raoul Wallenberg*, 386.

17. Bierman, *Righteous Gentile*, 100.

18. Per Anger oral history interview.

19. Carlberg, Raoul Wallenberg, 439.

20. Maj von Dardel letter to Eleanor Roosevelt, November 30, 1946, Franklin D. Roosevelt Presidential Library and Museum.

21. Carlberg, *Raoul Wallenberg*, 634.

22. Stu Borman, "A Chemistry Spy Story," *Chemical & Engineering News*, February 18, 2013.

23. Elenore Lester and Frederick E. Werbell, "The Lost Hero of the Holocaust: The Search for Sweden's Raoul Wallenberg," *New York Times Magazine*, March 30, 1980.

24. Carlberg, *Raoul Wallenberg*, 630.

25. Marvin W. Makinen and Ari D. Kaplan, Cell Occupancy Analysis of Korpus 2 of the Vladimir Prison, SwedishRussian Working Group on the Fate of Raoul Wallenberg, December 15, 2000.

26. Scott Harris, "Caltech Student Has the Stats to Make It to the Major Leagues," *Los Angeles Times*, June 6, 1990.

27. Michael Lewis, "The King of Human Error," *Vanity Fair*, December 2011.

28. Ibid.

29. Marvin W. Makinen and Ari D. Kaplan, *Cell Occupancy Analysis of Korpus 2 of the Vladimir Prison*, Swedish-Russian Working Group on the Fate of Raoul Wallenberg, December15, 2000.

30. Josyp Terelya, *Josyp Terelya: Witness to Apparitions and Persecution in the USSR* (Milford, OH: Faith Publications, 1991), 132.

31. Allan Shen, "Renowned Mathematician and Professor Elias Stein Passes Away at 87," *Daily Princetonian*, February 5, 2019.

32. Ben Cohen, "Moneyball 2.0: Students in Harvard Club Prep to Be GMs," *ThePostGame*, February 24, 2011.

33. Michael Lewis, *Moneyball: The Art of Winning an Unfair Game* (New York: W. W. Norton, 2003), 130.
34. Amos Tversky and Thomas Gilovich, "The Cold Facts About the 'Hot Hand' in Basketball," *Chance* 2, no. 1 (1989): 21.
35. "The Most Unlikely College Basketball Result of 2010," *Harvard Sports Analysis Collective*, August 6, 2010.
36. John Ezekowitz email to Carolyn Stein, December 20, 2012.
37. Adam Davidson, "Boom, Bust or What?" *New York Times Magazine*, May 2, 2013.
38. Gilovich et al.: "The Hot Hand in Basketball."
39. Kirk Goldsberry, "DataBall," *Grantland*, February 6, 2014.
40. Bill James, "Underestimating the Fog," *Baseball Research Journal* 33 (2004): 29.
41. Ibid., 33.
42. Ibid.
43. Andrew Bocskocsky, John Ezekowitz, and Carolyn Stein, "Heat Check: New Evidence on the Hot Hand in Basketball," *SSRN* (2014).
44. Ibid.
45. Larry Summers email to Carolyn Stein, February 27, 2014.

第 7 章
## 抓住热手，赢得稀有的连胜

1. 关于米斯塔的生平故事参见 Louis van Tilborgh, Teio Meedendorp, and Oda van Maanen, "'Sunset at Montmajour' : A Newly Discovered Painting by Vincent van Gogh," *Burlington Magazine*, 155, no. 1327 (Oct. 2013): 696–705。
2. Alex Danchev, *Cézanne: A Life* (New York: Pantheon Books, 2012).
3. Richard J. Jagacinski, Karl M. Newell, and Paul D. Isaac, "Predicting

the Success of a Basketball Shot at Various Stages of Execution," *Journal of Sport & Exercise Psychology* 1, no. 4 (1979): 301–10.

4. Joshua B. Miller and Adam Sanjurjo, "Is It a Fallacy to Believe in the Hot Hand in the NBA Three-Point Contest?" IGIER Working Paper No. 548, *SSRN* (2015).
5. Ronald Pickvance, *Van Gogh in Arles* (New York: Metropolitan Museum of Art, 1984), 11.
6. Vincent van Gogh letter to Theo van Gogh, March 9, 1888.
7. Vincent van Gogh letter to Theo van Gogh, July 5, 1888.
8. Vincent van Gogh letter to Theo van Gogh, August 13, 1888.
9. Joshua B. Miller and Adam Sanjurjo, "Surprised by the Hot Hand Fallacy? A Truth in the Law of Small Numbers," *Econometrica* 86, no. 6 (Nov. 2018): 2019–47.
10. Gleick, "'Hot Hands' Phenomenon."
11. Jordan Ellenberg, "'Hot Hands' in Basketball Are Real" *Slate*, October 26, 2015.
12. Mary Dahdouh, "He Wed Science with Art, Solving Mystery of 'Sunset at Montmajour,'" *Houston Chronicle*, September 23, 2013.
13. Louis van Tilborgh et al., "Weave Matching and Dating of Van Gogh's Painting: An Interdisciplinary Approach," *Burlington Magazine*, February 2012.
14. 梅登多普在一场TEDx演讲中讲述了鉴定凡·高作品的过程，参见"Discovering Vincent van Gogh's *Sunset at Montmajour*" at the University of St. Andrews。
15. "How Do You Spot a Real Van Gogh?" *Economist*, September 24, 2013.
16. Van Tilborgh, Meedendorp, and Van Maanen, "'Sunset at Montmajour.'"
17. Frederique Haanen email to Don Johnson, September 9, 2013.

18. Andrew Gelman, "Hey—Guess What? There Really Is a Hot Hand!" *Statistical Modeling, Causal Inference, and Social Science*, July 9, 2015, statmodeling.stat.columbia.edu/2015/07/09/hey-guess-what-there-really-is-a-hot-hand.
19. Yosef Rinott and Maya Bar-Hillel, "Comments on a 'Hot Hand' Paper by Miller and Sanjurjo (2015)." *SSRN* (2015).

# 参考文献

## 书籍

Barroll, J. Leeds. *Politics, Plague, and Shakespeare's* Theater: The Stuart Years. Ithaca, NY: Cornell University Press, 1996.

Bate, Jonathan. *Soul of the Age: A Biography of the Mind of William Shakespeare*. New York: Random House, 2009.

Bierman, John. *Righteous Gentile: The Story of Raoul Wallenberg, Missing Hero of the Holocaust*. Toronto: Bantam Books, 1983.

Carlberg, Ingrid. *Raoul Wallenberg: The Biography*. Translated by Ebba Segerberg. London: MacLehose Press, 2015.

Carril, Pete. The *Smart Take from the Strong: The Basketball Philosophy of Pete Carril*. New York: Simon & Schuster, 1997.

Csikszentmihalyi, Mihaly. *Flow: The Psychology of Optimal Experience*. New York: Harper Perennial, 1991.

Curtis, Liane, ed. *A Rebecca Clarke Reader*. Bloomington: Indiana University Press, 2004.

Danchev, Alex. *Cézanne: A Life*. New York: Pantheon Books, 2012.

Ellenberg, Jordan. *How Not to Be Wrong: The Power of Mathematical Thinking*. New York: Penguin Press, 2014.

Elwes, Cary. *As You Wish: Inconceivable Tales from the Making of The*

*Princess Bride*. New York: Touchstone, 2014.

Gelman, Andrew and Deborah Nolan. *Teaching Statistics: A Bag of Tricks*. Oxford: Oxford University Press, 2002.

Gillmor, C. Stewart. *Fred Terman at Stanford: Building a Discipline, a University, and Silicon Valley*. Stanford, CA: Stanford University Press, 2004.

Gilovich, Thomas. *How We Know What Isn't So: The Fallibility of Human Reason in Everyday Life*. New York: Free Press, 1991.

Gladwell, Malcolm. *Blink: The Power of Thinking Without Thinking*. New York: Little, Brown, 2005.

——.*David and Goliath: Underdogs, Misfits, and the Art of Battling Giants*. New York: Little, Brown, 2013.

——.*The Tipping Point: How Little Things Can Make a Big Difference*. Little, Brown, 2000.

Goldman, William. *The Princess Bride: S. Morgenstern's Classic Tale of True Love and High Adventure*. New York: Harcourt Brace Jovanovich, 1973.

——.*Which Lie Did I Tell? More Adventures in the Screen Trade*. New York: Pantheon Books, 2000.

Goldsberry, Kirk. *SprawlBall: A Visual Tour of the New Era of the NBA*. New York: Houghton Mifflin Harcourt, 2019.

Helvey, Jennifer. Irises: *Vincent van Gogh in the Garden*. Los Angeles: J. Paul Getty Museum, 2009.

Kahneman, Daniel. *Thinking, Fast and Slow*. New York: Farrar, Straus & Giroux, 2011.

Kahneman, Daniel, Paul Slovic, and Amos Tversky. *Judgment Under Uncertainty: Heuristic and Biases*. Cambridge: Cambridge University Press, 1982.

Laplace, Pierre-Simon. *Philosophical Essay on Probabilities*. Translated by Andrew I. Dale. New York: Springer, 1995.

Levy, Steven. *The Perfect Thing: How the iPod Shuffles Commerce, Culture, and Coolness*. New York: Simon & Schuster, 2006.

Lewis, Michael. Moneyball: *The Art of Winning an Unfair Game*. New York: W. W. Norton, 2003.

——.*The Undoing Project: A Friendship That Changed the World*. London: Allen Lane, 2017.

Marton, Kati. *Wallenberg: Missing Hero*. New York: Arcade, 1982.

Naifeh, Steven and Gregory White Smith. *Van Gogh: The Life*. New York: Random House, 2011.

Naismith, James. *Basketball: Its Origin and Development*. Lincoln: University of Nebraska Press, 1996.

Nasar, Sylvia. A Beautiful Mind: *A Biography of John Forbes Nash Jr*. New York: Simon & Schuster, 1998.

Pickvance, Ronald. *Van Gogh in Arles*. New York: Metropolitan Museum of Art, 1984.

Reich, Nancy B.," Rebecca Clarke: An Uncommon Woman." *A Rebecca Clarke Reader*, edited by Liane Curtis. Somerville, MA: The Rebecca Clarke Society.

Reifman, Alan. *Hot Hand: The Statistics Behind Sports' Greatest Streaks*. Washington, D.C.: Potomac Books, 2011.

Reiter, Ben. *Astroball: The New Way to Win It All*. New York: Crown, 2018.

Shapiro, James. *The Year of Lear: Shakespeare in 1606*. New York: Simon & Schuster, 2015.

Simmons, Bill. *The Book of Basketball: The NBA According to the Sports Guy*. New York: Ballantine/ESPN Books, 2010.

Swade, Josh. *The Holy Grail of Hoops: One Fan's Quest to Buy the Original Rules of Basketball*. New York: Skyhorse Publishing, 2013.

Terelya, Josyp. *Josyp Terelya: Witness to Apparitions and Persecution in the USSR*. Milford, OH: Faith Publications, 1991.

Thompson, Marcus, II. *Golden: The Miraculous Rise of Steph Curry*. New York: Touchstone, 2017.

Tromp, Henk. *A Real Van Gogh: How the Art World Struggles with Truth*. Amsterdam: Amsterdam University Press, 2010.

Tversky, Amos. *The Essential Tversky*. Edited by Eldar Shafir. Cambridge, MA: MIT Press, 2018.

Walker, Sam. *Fantasyland: A Season on Baseball's Lunatic Fringe*. New York: Viking, 2006.

Wallenberg, Raoul. *Letters and Dispatches, 1924–1944*. Translated by Kjersti Board. New York: Arcade, 2011.

Weber, Bruce. *As They See' Em: A Fan's Travels in the Land of Umpires*. New York: Scribner, 2009.

Wozniak, Steve. *iWoz: Computer Geek to Cult Icon*. New York: W. W. Norton, 2007.

Yeh, Molly. *Molly on the Range: Recipes and Stories from an Unlikely Life on a Farm*. New York: Rodale, 2016.

## 学术论文

Albert, Jim. "Streaky Hitting in Baseball." *Journal of Quantitative Analysis in Sports* 4, no. 1 (2008): 1–32.

Albert, Jim, and Patricia Williamson. "Using Model/Data Simulations to Detect Streakiness." *American Statistician* 55, no. 1 (Feb. 2001): 41–50.

Arkes, Jeremy. "Do Gamblers Correctly Price Momentum in NBA Betting Markets?" *Journal of Prediction Markets* 5, no. 1 (2011): 31–50.

——. "The Hot Hand vs. Cold Hand on the PGA Tour." *International*

*Journal of Sport Finance* 11, no. 2 (May 2016): 99–113.

——. "Misses in 'Hot Hand' Research." *Journal of Sports Economics* 14, no. 4 (Aug. 2013): 401–10.

——. "Revisiting the Hot Hand Theory with Free Throw Data in a Multivariate Framework." *Journal of Quantitative Analysis in Sports* 6, no. 1 (Jan. 2010): 1–12.

Attali, Yigal. "Perceived Hotness Affects Behavior of Basketball Players and Coaches." *Psychological Science* 24, no. 7 (July 2013): 1151–56.

Ayton, Peter, and Ilan Fischer. "The Hot Hand Fallacy and the Gambler's Fallacy: Two Faces of Subjective Randomness?" *Memory & Cognition* 32, no. 8 (Dec. 2004): 1369–78.

"Barbara Tversky: An Oral History." Conducted by Natalie Marine-Street. Stanford Historical Society Oral History Program, Stanford University Department of Special Collections and University Archives, 2017.

Bar-Eli, Michael, Simcha Avugos, and Markus Raab. "Twenty Years of 'Hot Hand' Research: Review and Critique." *Psychology of Sport and Exercise* 7, no. 6 (2006): 525–53. Berry, Scott M. "Does 'the Zone' Exist for Home-Run Hitters?" Chance 12, no. 1 (1999): 51–56.

Blanchard, Tommy C., Andreas Wilke, and Benjamin Y. Hayden. "Hot-Hand Bias in Rhesus Monkeys." *Journal of Experimental Psychology: Animal Learning and Cognition* 40, no. 3 (July 2014): 280–86.

Bocskocsky, Andrew, John Ezekowitz, and Carolyn Stein. "Heat Check: New Evidence on the Hot Hand in Basketball." *SSRN* (2014).

Bondt, Werner P. M. De. "Betting on Trends: Intuitive Forecasts of Financial Risk and Return." *International Journal of Forecasting* 9, no. 3 (Nov. 1993): 355–71.

Booth, David. Interview by James K. Glassman. George W. Bush Presidential Center, Dallas, TX, September 18, 2012, bushcenter.

Boynton, David M. "Superstitious Responding and Frequency Matching in the Positive Bias and Gambler's Fallacy Effects." *Organizational Behavior and Human Decision Processes* 91, no. 2 (2003): 119–27.

Brown, William O., and Raymond D. Sauer. "Does the Basketball Market Believe in the Hot Hand? Comment." *American Economic Review* 83, no. 5 (Dec. 1993): 1377–86.

Burns, Bruce D. "Heuristics as Beliefs and as Behaviors: The Adaptiveness of the 'Hot Hand.' " *Cognitive Psychology* 48, no. 3 (May 2004): 295–331.

Burns, Bruce D., and Bryan Corpus. "Randomness and Inductions from Streaks: 'Gambler's Fallacy' Versus 'Hot Hand.' " *Psychonomic Bulletin & Review* 11, no. 1 (Feb. 2004): 179–84.

Camerer, Colin F. "Does the Basketball Market Believe in the 'Hot Hand' ?" *American Economic Review* 79, no. 5 (Dec. 1989): 1257–61.

Caruso, Eugene M., Adam Waytz, and Nicholas Epley. "The Intentional Mind and the Hot Hand: Perceiving Intentions Makes Streaks Seem Likely to Continue." *Cognition* 116, no. 1 (July 2010): 149–53.

Castel, Alan D., Aimee Drolet Rossi, and Shannon McGillivray. "Beliefs About the 'Hot Hand' in Basketball Across the Adult Life Span." *Psychology and Aging* 27, no. 3 (Sept. 2012): 601–5.

Chen, Daniel, Tobias J. Moskowitz, and Kelly Shue. "Decision Making Under the Gambler's Fallacy: Evidence from Asylum Judges, Loan Officers, and Baseball Umpires." *Quarterly Journal of Economics* 131, no. 3 (Aug. 2016): 1181–242.

Clark, Russell D. "An Analysis of Streaky Performance on the LPGA Tour." *Perceptual and Motor Skills* 97, no. 5 (Oct. 2003): 365–70.

——. "Examination of Hole-to-Hole Streakiness on the PGA Tour." *Perceptual and Motor Skills* 100, no. 3 (June 2005): 806–14.

——. "An Examination of the 'Hot Hand' in Professional Golfers."

*Perceptual and Motor Skills* 101, no. 3 (Dec. 2005): 935–42.

Cotton, Christopher, and Joseph Price. "The Hot Hand, Competitive Experience, and Performance Differences by Gender." SSRN (2006).

Croson, Rachel, and James Sundali. "The Gambler's Fallacy and the Hot Hand: Empirical Data from Casinos." *Journal of Risk and Uncertainty* 30, no. 3 (2005): 195–209.

Csapo, Peter, et al. "The Effect of Perceived Streakiness on the Shot-Taking Behaviour of Basketball Players." *European Journal of Sport Science* 15, no. 7 (2014): 647–54.

——. "How Should 'Hot' Players in Basketball Be Defended? The Use of Fast-and-Frugal Heuristics by Basketball Coaches and Players in Response to Streakiness." *Journal of Sports Sciences* 33, no. 15 (2015): 1580–88.

Csapo, Peter, and Markus Raab. " 'Hand Down, Man Down.' Analysis of Defensive Adjustments in Response to the Hot Hand in Basketball Using Novel Defense Metrics." *PLoS ONE* 9, no. 12 (2014).

DeLong, J. Bradford, et al. "Positive Feedback Investment Strategies and Destabilizing Rational Speculation." *Journal of Finance* 45, no. 2 (June 1990): 379–95.

Dohmen, Thomas, et al. "Biased Probability Judgment: Evidence of Incidence and Relationship to Economic Outcomes from a Representative Sample." *Journal of Economic Behavior & Organization* 72, no. 3 (Dec. 2009): 903–15.

Dorsey-Palmateer, Reid, and Gary Smith. "Bowlers' Hot Hands." *American Statistician* 58, no. 1 (Feb. 2004): 38–45.

Durbach, Ian N., and Jani Thiart. "On a Common Perception of a Random Sequence in Cricket: Application." *South African Statistical Journal* 41, no. 2 (Jan. 2007): 161–87.

Durham, Gregory R., Michael G. Hertzel, and J. Spencer Martin. "The

Market Impact of Trends and Sequences in Performance: New Evidence." *Journal of Finance* 60, no. 5 (Oct. 2005): 2551–69.

Fama, Eugene F. "The Behavior of Stock-Market Prices." *Journal of Business* 38, no. 1 (Jan. 1965): 34.

Falk, Ruma. "The perception of randomness." Proceedings of the Fifth International Conference for the Psychology of Mathematics Education. Grenoble, France, 1981.

Filho, Edson Soares Medeiros, Luiz Carlos Moraes, and Gershon Tenenbaum. "Affective and Physiological States During Archery Competitions: Adopting and Enhancing the Probabilistic Methodology of Individual Affect-Related Performance Zones (IAPZs)." *Journal of Applied Sport Psychology* 20, no. 4 (2008): 441–56.

Fischer, Ilan, and Lior Savranevski. "Extending the Two Faces of Subjective Randomness: From the Gambler's and Hot-Hand Fallacies Toward a Hierarchy of Binary Sequence Perception." *Memory & Cognition* 43, no. 7 (Oct. 2015): 1056–70.

Gao, Shan, et al. "Second Language Feedback Abolishes the 'Hot Hand' Effect During Even-Probability Gambling." *Journal of Neuroscience* 35, no. 15 (Apr. 2015): 5983–89.

Gilden, David L., and Stephanie Gray Wilson. "On the Nature of Streaks in Signal Detection." *Cognitive Psychology* 28, no. 1 (Feb. 1995): 17–64.

——."Streaks in Skilled Performance." *Psychonomic Bulletin & Review* 2, no. 2 (June 1995): 260–65.

Gilovich, Thomas, Robert Vallone, and Amos Tversky. "The Hot Hand in Basketball: On the Misperception of Random Sequences." *Cognitive Psychology* 17, no. 3 (July 1985): 295–314.

Gould, Stephen Jay. "The Streak of Streaks." *Chance* 2, no. 2 (1989): 10–16.

Gray, Rob, and Jonathan Allsop. "Interactions Between Performance Pressure, Performance Streaks, and Attentional Focus." *Journal of Sport & Exercise Psychology* 35, no. 4 (Aug. 2013): 368–86.

Green, Brett, and Jeffrey Zwiebel. "The Hot-Hand Fallacy: Cognitive Mistakes or Equi-librium Adjustments? Evidence from Major League Baseball." *Management Science* 64, no. 11 (Nov. 2018): 4967–5460.

Gronchi, Giorgio, and Steven A. Sloman. "Do Causal Beliefs Influence the Hot-Hand and the Gambler's Fallacy?" Proceedings of the Thirtieth Annual Conference of the Cognitive Science Society, Washington, D.C., 2008, 1164–68.

Gula, Bartosz, and Markus Raab. "Hot Hand Belief and Hot Hand Behavior: A Comment on Koehler and Conley." *Journal of Sport & Exercise Psychology* 26, no. 1 (2004): 167–70.

Guryan, Jonathan, and Melissa S. Kearney. "Gambling at Lucky Stores: Empirical Evidence from State Lottery Sales." *American Economic Review* 98, no. 1 (Mar. 2008): 458–73.

Hales, Steven D. "An Epistemologist Looks at the Hot Hand in Sports." Journal of the *Philosophy of Sport* 26, no. 1 (1999): 79–87.

Iso-Ahola, Seppo E., and Charles O. Dotson. "Psychological Momentum: Why Success Breeds Success." *Review of General Psychology* 18, no. 1 (Mar. 2014): 19–33.

Jagacinski, Richard J., Karl M. Newell, and Paul D. Isaac. "Predicting the Success of a Basketball Shot at Various Stages of Execution." *Journal of Sport & Exercise Psychology* 1, no. 4 (1979): 301–10.

Jagannathan, Ravi, Alexey Malakhov, and Dmitry Novikov. "Do Hot Hands Exist Among Hedge Fund Managers? An Empirical Evaluation." *Journal of Finance* 65, no. 1 (Feb. 2010): 217–55.

James, Bill. "Underestimating the Fog." *Baseball Research Journal* 33 (2004): 29–33.

Jetter, Michael, and Jay K. Walker. "Game, Set, and Match: Do Women and Men Perform Differently in Competitive Situations?" *Journal of Economic Behavior & Organization* 119 (Nov. 2015): 96–108.

Ji, Li-Jun, et al. "Culture and Gambling Fallacies." *SpringerPlus* 4, no. 1 (Sept. 2015): 510.

Kahneman, Daniel, and Mark W. Riepe. "Aspects of Investor Psychology." *Journal of Portfolio Management* 24, no. 4 (Summer 1998): 52–65.

Kennedy, Patrick, David B. Miele, and Janet Metcalfe. "The Cognitive Antecedents and Motivational Consequences of the Feeling of Being in the Zone." *Consciousness and Cognition* 30 (Nov. 2014): 48–61.

Klaassen, Franc J. G. M., and Jan R. Magnus. "Are Points in Tennis Independent and Identically Distributed? Evidence from a Dynamic Binary Panel Data Model." *Journal of the American Statistical Association* 96, no. 454 (June 2001): 500–509.

Koehler, Jonathan J., and Caryn A. Conley. "The 'Hot Hand' Myth in Professional Basketball." *Journal of Sport & Exercise Psychology* 25, no. 2 (2003): 253–59.

Köppen, Jörn, and Markus Raab. "The Hot and Cold Hand in Volleyball: Individual Expertise Differences in a Video-Based Playmaker Decision Test." *Sport Psychologist* 26, no. 2 (2012): 167–85.

Korb, Kevin B., and Michael Stillwell. "The Story of the Hot Hand: Powerful Myth or Powerless Critique." International Conference on Cognitive Science, Sydney, 2003.

Larkey, Patrick D., Richard A. Smith, and Joseph B. Kadane. "It's Okay to Believe in the 'Hot Hand.' " *Chance* 2, no. 4 (1989): 22–30.

Lauer, Michael S. "From Hot Hands to Declining Effects: The Risks of Small Numbers." *Journal of the American College of Cardiology* 60, no. 1 (July 2012): 72–74.

Levy, Haim, and Moshe Levy. "Overweighing Recent Observations: Experimental Results and Economic Implications." In Marketing, *Accounting and Cognitive Perspectives*, edited by Rami Zwick and Amnon Rapoport, 155–183. Vol. 3 of *Experimental Business Research*. Boston: Springer, 2005.

Liu, Lu, et al. "Hot Streaks in Artistic, Cultural, and Scientific Careers." *Nature* 559, no. 7714 (July 2018): 396–99.

Livingston, Jeffrey A. "The Hot Hand and the Cold Hand in Professional Golf." *Journal of Economic Behavior & Organization* 81, no. 1 (Jan. 2012): 172–84.

Ma, Xiao, Seung Hyun Kim, and Sung S. Kim. "Online Gambling Behavior: The Impacts of Cumulative Outcomes, Recent Outcomes, and Prior Use." *Information Systems Research* 25, no. 3 (Sept. 2014): 511–27.

Mace, F. Charles, et al. "Behavioral Momentum in College Basketball." *Journal of Applied Behavior Analysis* 25, no. 3 (Fall 1992): 657–63.

MacMahon, Clare, Jörn Köppen, and Markus Raab. "The Hot Hand Belief and Framing Effects." *Research Quarterly for Exercise and Sport* 85, no. 3 (Sept. 2014): 341–350.

Mauboussin, Andrew, and Samuel Arbesman. "Differentiating Skill and Luck in Financial Markets with Streaks." *SSRN* (2011).

Miller, Joshua B., and Adam Sanjurjo. "A Bridge from Monty Hall to the Hot Hand: The Principle of Restricted Choice." *Journal of Economic Perspectives* 33, no. 3 (Summer 2019): 144–62.

——. "A Cold Shower for the Hot Hand Fallacy: Robust Evidence that Belief in the Hot Hand Is Justified." IGIER Working Paper No. 518, SSRN (2014).

——. "Is It a Fallacy to Believe in the Hot Hand in the NBA Three-Point Contest?" IGIER Working Paper No. 548, SSRN (2015).

——. “A Primer and Frequently Asked Questions for ‘Surprised by the Gamblers and Hot Hand Fallacies? A Truth in the Law of Small Numbers’ (Miller and Sanjurjo 2015).” *SSRN* (2016).

——. “Surprised by the Hot Hand Fallacy? A Truth in the Law of Small Numbers.” *Econometrica* 86, no. 6 (Nov. 2018): 2019–47.

——. “A Visible (Hot) Hand? Expert Players Bet on the Hot Hand and Win.” SSRN (2017).

Miller, Joshua B., and Andrew Gelman. “Laplace's Theories of Cognitive Illusions, Heuristics, and Biases.” SSRN (2018).

Miller, Steve, and Robert Weinberg. “Perceptions of Psychological Momentum and Their Relationship to Performance.” *Sport Psychologist* 5, no. 3 (1991): 211–22.

Miyoshi, Hiroto. “Is the ‘Hot-Hands’ Phenomenon a Misperception of Random Events?” *Japanese Psychological Research* 42, no. 2 (May 2000): 128–33.

Morrison, Donald G., and David C. Schmittlein. “It Takes a Hot Goalie to Raise the Stanley Cup.” *Chance* 11, no. 1 (1998): 3–7.

Narayanan, Sridhar, and Puneet Manchanda. “An Empirical Analysis of Individual Level Casino Gambling Behavior.” *Quantitative Marketing & Economics* 10, no. 1 (Mar. 2011): 27–62.

Oskarsson, An T., et al. “What's Next? Judging Sequences of Binary Events.” *Psychological Bulletin* 135, no. 2 (Mar. 2009): 262–85.

Parsons, Stephanie, and Nicholas Rohde. “The Hot Hand Fallacy Re-Examined: New Evidence from the English Premier League.” *Applied Economics* 47, no. 4 (2014): 346–57.

Powdthavee, Nattavudh, and Yohanes E. Riyanto. “Would You Pay for Transparently Useless Advice? A Test of Boundaries of Beliefs in the Folly of Predictions.” *Review of Economics and Statistics* 97, no. 2 (May 2015): 257–72.

Raab, Markus, Bartosz Gula, and Gerd Gigerenzer. "The Hot Hand Exists in Volleyball and Is Used for Allocation Decisions." Journal of Experimental Psychology: *Applied* 18, no. 1 (Mar. 2012): 81–94.

Rabin, Matthew. "Inference by Believers in the Law of Small Numbers." *Quarterly Journal of Economics* 117, no. 3 (Aug. 2002): 775–816.

Rabin, Matthew, and Dimitri Vayanos. "The Gambler's and Hot-Hand Fallacies: Theory and Applications." *Review of Economic Studies* 77, no. 2 (Apr. 2010): 730–78.

Ramji-Nogales, Jaya, Andrew I. Schoenholtz, and Philip G. Schrag. "Refugee Roulette: Disparities in Asylum Adjudication." *Stanford Law Review* 60, no. 2 (Nov. 2007): 295–411.

Rao, Justin M. "Experts' Perceptions of Autocorrelation: The Hot Hand Fallacy Among Professional Basketball Players." Working paper, 2009.

Redelmeier, Donald A. and Amos Tversky. "Discrepancy Between Medical Decisions for Individual Patients and for Groups." *New England Journal of Medicine* 322, no. 16 (1990): 1162–64.

Rinott, Yosef, and Maya Bar-Hillel. "Comments on a 'Hot Hand' Paper by Miller and Sanjurjo (2015)." SSRN (2015).

Roney, Christopher J. R., and Lana M. Trick. "Sympathetic Magic and Perceptions of Randomness: The Hot Hand Versus the Gambler's Fallacy." *Thinking & Reasoning* 15, no. 2 (2009): 197–210.

Schilling, Mark F. "Does Momentum Exist in Competitive Volleyball?" *Chance* 22, no. 4 (2009): 29–35.

Shea, Stephen. "In Support of a Hot Hand in Professional Basketball and Baseball." *PsyCh Journal* 3, no. 2 (June 2014): 159–164.

Sinkey, Michael, and Trevon Logan. "Does the Hot Hand Drive the Market? Evidence from College Football Betting Markets." *Eastern Economic Journal* 40, no. 4 (Sept. 2014): 583–603.

Smith, Gary. "Horseshoe Pitchers' Hot Hands." *Psychonomic Bulletin &*

*Review* 10, no. 3 (Sept. 2003): 753–58.

Smith, Gary, Michael Levere, and Robert Kurtzman. “Poker Player Behavior After Big Wins and Big Losses.” *Management Science* 55, no. 9 (Sept. 2009): 1547–55.

Stern, Hal S., and Carl N. Morris. “A Statistical Analysis of Hitting Streaks in Baseball: Comment.” *Journal of the American Statistical Association* 88, no. 424 (Dec. 1993): 1189–94.

Stöckl, Thomas, et al. “Hot Hand and Gambler’s Fallacy in Teams: Evidence from Investment Experiments.” *Journal of Economic Behavior & Organization* 117 (Sept. 2015): 327–39.

Stone, Daniel F. “Measurement Error and the Hot Hand.” *American Statistician* 66, no. 1 (2012): 61–66.

Stone, Daniel F., and Jeremy Arkes. “March Madness? Underreaction to Hot and Cold Hands in NCAA Basketball.” *Economic Inquiry* 56, no. 3 (July 2018): 1724–47.

Suetens, Sigrid, Claus B. Galbo-Jørgensen, and Jean-Robert Tyran. “Predicting Lotto Numbers: A Natural Experiment on the Gambler’s Fallacy and the Hot-Hand Fallacy.” *Journal of the European Economic Association* 14, no. 3 (June 2015): 584–607.

Sun, Yanlong, and Hongbin Wang. “Gambler’s Fallacy, Hot Hand Belief, and the Time of Patterns.” *Judgment and Decision Making* 5, no. 2 (Apr. 2010): 124–32.

——. “The ‘Hot Hand’ Revisited: A Nonstationarity Argument.” *PsyCh Journal* 1, no. 1 (June 2012): 28–39.

Sun, Yanlong, and Ryan D. Tweney. “Detecting the ‘Hot Hand’ : A Time Series Analysis of Basketball.” Paper presented at the Forty-First Annual Meeting of the Psychonomic Society, New Orleans, LA, 2000.

Sundali, James, and Rachel Croson. “Biases in Casino Betting: The Hot Hand and the Gambler’s Fallacy.” *Judgment and Decision Making* 1, no. 1 (2006): 1–12.

Tversky, Amos, and Daniel Kahneman. "Belief in the Law of Small Numbers." *Psychological Bulletin* 76, no. 2 (1971): 105–10.

——. "Judgment Under Uncertainty: Heuristics and Biases." *Science* 185, no. 4157 (Sept. 27, 1974): 1124–31.

Tversky, Amos, and Thomas Gilovich. "The Cold Facts About the 'Hot Hand' in Basketball." *Chance* 2, no. 1 (1989): 16–21.

——."The 'Hot Hand': Statistical Reality or Cognitive Illusion?" *Chance* 2, no. 4 (1989): 31–34.

Van Tilborgh, Louis, et al. "Weave Matching and Dating of Van Gogh's Paintings: An Interdisciplinary Approach." *Burlington Magazine* 154, no. 1307 (Feb. 2012): 112–22.

Van Tilborgh, Louis, Teio Meedendorp, and Oda van Maanen. " 'Sunset at Montmajour' : A Newly Discovered Painting by Vincent van Gogh." *Burlington Magazine* 155, no. 1327 (Oct. 2013): 696–705.

Vergin, Roger C. "Overreaction in the NFL Point Spread Market." *Applied Financial Economics* 11, no. 5 (2001): 497–509.

Wardrop, Robert L. "Simpson's Paradox and the Hot Hand in Basketball." *American Statistician* 49, no. 1 (Feb. 1995): 24–28.

——. "Statistical Tests for the Hot-Hand in Basketball in a Controlled Setting." Working paper, 1999.

Wilke, Andreas, and H. Clark Barrett. "The Hot Hand Phenomenon as a Cognitive Adap-tation to Clumped Resources." *Evolution and Human Behavior* 30, no. 3 (May 2009): 161–69.

Wilke, A., and R. Mata. "Cognitive Bias." In *Encyclopedia of Human Behavior*, edited by V. S. Ramachandran. Amsterdam: Elsevier, 2012, 531–35.

Xu, Juemin, and Nigel Harvey. "Carry on Winning: The Gamblers' Fallacy Creates Hot Hand Effects in Online Gambling." *Cognition* 131, no. 2 (May 2014): 173–80.

Yaari, Gur, and Gil David. " 'Hot Hand' on Strike: Bowling Data Indicates Correlation to Recent Past Results, Not Causality." *PLoS ONE* 7, no. 1 (2012).

Yaari, Gur, and Shmuel Eisenmann. "The Hot (Invisible?) Hand: Can Time Sequence Patterns of Success/Failure in Sports Be Modeled as Repeated Random Independent Trials?" *PLoS ONE* 6, no. 10 (2011).

Yuan, Jia, Guang-Zhen Sun, and Ricardo Siu. "The Lure of Illusory Luck: How Much Are People Willing to Pay for Random Shocks." *Journal of Economic Behavior & Organization* 106 (Oct. 2014): 269–80.

## 文章

Abbott, Henry. "Hot and Heavy: About NBA Shooting." *TrueHoop* (blog), April 17, 2009.

Abnos, Alex, and Dan Greene. "Boomshakalaka: The Oral History of *NBA Jam." Sports Illustrated*, July 6, 2017.

Al-Kuttab, Yasmine. "Once a Sculptor for Saddam Hussein's Regime, Now Living in Abu Dhabi." *National* (United Arab Emirates), March 14, 2013.

Anger, Per. Oral history interview conducted by Joan Ringelheim. United States Holocaust Memorial Museum Collection, January 19, 1995.

Appelbaum, Binyamin. "Streaks Like Daniel Murphy's Aren't Necessarily Random." *New York Times*, October 27, 2015.

Ayton, Peter. "Fallacy Football." New Scientist, September 19, 1998.

Barron, James. "He's Auctioned the 1776 Declaration, Twice." *New York Times*, July 4, 2000.

Base, Ron. "Fathers of the Princess Bride." *Toronto Star, September* 26, 1987.

"Bernt Hagen." In *Compendium of History and Biography of Polk County, Minnesota*, edited by R. I. Holcombe and William H. Bingham. Minneapolis, MN: W. H. Bingham, 1916, 312–13.

Bomsdorf, Clemens. " 'Fake' Van Gogh in Attic Turns Out to Be Real." Wall Street Journal, September 10, 2013.

Borman, Stu. "A Chemistry Spy Story." *Chemical & Engineering News*, February 18, 2013.

Bradshaw, Lauren. "Career-Spanning Interview with Director Rob Reiner." *Cloture Club* (blog), July 22, 2014.

Callahan, Tom. "When You're Hot, You're Hot . . ." *Time*, June 1988.

Cohen, Ben. "The Basketball Team That Never Takes a Bad Shot." *Wall Street Journal*, January 30, 2017.

——. "Does the 'Hot Hand' Exist in Basketball?" *Wall Street Journal, February* 27, 2014.

——. "The Golden State Warriors Have Revolutionized Basketball." *Wall Street Journal*, April 6, 2016.

——. "The 'Hot Hand' Debate Gets Flipped on Its Head." *Wall Street Journal*, September 28, 2015.

——. "Moneyball 2.0: Students in Harvard Club Prep to Be GMs." ThePostGame, February 24, 2011.

——. "Stephen Curry's Science of Sweet Shooting." *Wall Street Journal*, December 17, 2014.

Dahdouh, Mary. "He Wed Science with Art, Solving Mystery of 'Sunset at Montmajour.' " *Houston Chronicle, September* 23, 2013.

Davidson, Adam. "Boom, Bust or What?" New York Times Magazine, May 2, 2013.

Davison, Drew. "Justin Grimm Proves Up to Challenge for Texas Rangers." *Fort Worth Star-Telegram, June* 17, 2012.

Dembart, Lee. "Logic Says Lady Luck Is Mere Illusion, but Statistics Fail to Entice." Los *Angeles Times, July* 25, 1988.

Drury, Paul. "The Making of NBA Jam." *Retro Gamer*, May 2013.

Durrett, Richard. "Justin Grimm Gives Quality Father's Day Gift." *Texas Rangers Report* (blog), ESPN, June 16, 2012.

Ellenberg, Jordan. " 'Hot Hands' in Basketball Are Real." *Slate*, October 26, 2015.

——. "The Psychology of Statistics." *Slate*, November 2, 2015.

"The Most Unlikely College Basketball Result of 2010." *Harvard Sports Analysis Collective* (blog), August 6, 2010.

Fields, Scott. "The Boy of Summer." *UCLA Magazine*, October 1, 2010.

Fleming, David. "Stephen Curry: The Full Circle." *ESPN the Magazine*, April 23, 2015.

Forsberg, Myra. "Rob Reiner Applies the Human Touch." *New York Times*, October 18, 1987.

Foster, Clint. "Justin Grimm Achieves Childhood Dream." *Texas Rangers Report* (blog), ESPN, June 16, 2012.

Freeman, Rick. "Kaplan's Project Might Change Face of Baseball." *Trenton Times*, January 1991.

Furlong, Ray. "Wallenberg Family Mark Centenary with Plea for Truth." BBC News, August 4, 2012.

Gatehouse, Gabriel. "Baghdad Diary: Saddam's Sculptor Makes Comeback." BBC News, June 16, 2010.

Gelman, Andrew. "Hey—Guess What? There Really Is a Hot Hand!" *Statistical Modeling, Causal Inference, and Social Science* (blog), July 9, 2015.

Gibson, Lydialyle. "Return on Principles." *University of Chicago Magazine*, January–February 2009.

Gleick, James. " 'Hot Hands' Phenomenon: A Myth?" *New York Times*, April 19, 1988.

Goldsberry, Kirk. "DataBall." *Grantland*, February 6, 2014.

Goins, Richard. "Now Pitching New Statistics: Ari Kaplan." *Baseball America*, March 21, 1993.

Guth, Robert A. "Chicago Business School Gets Huge Gift." *Wall Street Journal*, November 7, 2008.

Haberstroh, Tom. "He's Heating Up, He's on Fire! Klay Thompson and the Truth About the Hot Hand." ESPN, June 11, 2017.

Harris, Scott. "Caltech Student Has the Stats to Make It to the Major Leagues." *Los Angeles Times*, June 6, 1990.

Hayes, Tim. "Grimm in the Bigs: The Timeline." *Bristol Herald Courier, June* 16, 2012.

"How Do You Spot a Real Van Gogh?" *Economist, September* 24, 2013.

Jenkins, Lee. "Stephen Curry's Next Stage: MVP Has Warriors Closing in on the NBA Finals." *Sports Illustrated*, May 20, 2015.

Jensen, Jon. "Meet the Man Who Sculpted Saddam Hussein." CNN, May 3, 2013.

Johnson, Albin E. "What I Saw in Sweden." *Rotarian*, September 1944.

Johnson, George. "Gamblers, Scientists and the Mysterious Hot Hand." *New York Times*, October 17, 2015.

Kabil, Ahmed. "How Warren Buffett Won His Multi-Million Dollar Long Bet." *Medium*, February 17, 2018.

Keller, Bill. "Soviets Open Prisons and Records to Inquiry on Wallenberg's Fate." *New York Times*, August 28, 1990.

King, Susan. " 'The Princess Bride' Turns 30: Rob Reiner, Robin Wright, Billy Crystal Dish About Making the Cult Classic." *Variety*, September 25, 2017.

Kuttler, Hillel. "Sabermetrician Ari Kaplan Uses the Science of Balls and Strikes to Illuminate the Fate of Holocaust Rescuer Raoul Wallenberg." *Tablet*, October 2, 2017.

Lee, Ashley. "NYFF 2012: Rob Reiner, Billy Crystal, Robin Wright Spill Secrets About the Making of 'Princess Bride.' " *Hollywood Reporter*, October 3, 2012.

Lee, Dave. "How Random Is Random on Your Music Player?" BBC News, February 19, 2015.

Lester, Elenore, and Frederick E. Werbell. "The Lost Hero of the Holocaust: The Search for Sweden's Raoul Wallenberg." *New York Times Magazine*, March 30, 1980.

Levy, Steven. "Requiem for a Shuffle." *Wired*, August 2, 2017.

Lewine, Edward. "There's a Method to My Desk's Madness." *New York Times*, May 18, 2013.

Lewis, Michael. "The King of Human Error." *Vanity Fair*, December 2011.

Looker, Dan. "Up Beet." *Successful Farming*, March 2003.

Loomis, Carol J. "Buffett's Big Bet." *Fortune*, November 2009.

Lopez, Michael, and Sadie Lewis. "An Exploration of MLB Umpires' Strike Zones." *Hardball Times*, May 4, 2018.

Lowe, Zach. "Biting the Hot Hand: Basketball's Enduring Streakiness Debate Rages On." *Grantland*, September 20, 2013.

Lowenstein, Roger. "Why Buffett's Million-Dollar Bet Against Hedge Funds Was a Slam Dunk." *Fortune*, May 11, 2016.

Madden, Michael. "Chilling the Hot Hand." *Boston Globe*, September 10, 1985.

Mahany, Barbara. "Captive Truth: U. of C. Chemist Works to Liberate the Facts on Raoul Wallenberg." *Chicago Tribune*, October 1, 1991.

McKean, Kevin. "The Orderly Pursuit of Pure Disorder." *Discover*, January 1987.

——. "When You're Hot, You're Not." *Discover*, June 1985.

McWeeny, Drew. "The M/C Interview: Rob Reiner Talks 'Flipped,' 'Princess Bride,' 'Misery' and More." *HitFix*, August 4, 2010.

Michaud, Christopher. "Magna Carta Fetches $21.3 Million at Sotheby's Auction." Reuters, December 18, 2007.

Miller, Joshua, and Adam Sanjurjo. "Momentum Isn't Magic: Vindicating the Hot Hand with the Mathematics of Streaks." *Conversation*, March 28, 2018.

Morrissey, Kate. "Iraqi Sculptor Hopes for New Life in U.S." *San Diego Union-Tribune*, November 23, 2017.

Preston, Julia. "Big Disparities in Judging of Asylum Cases." *New York Times*, May 31, 2007.

Reifman, Alan. "Transcript from Tom Gilovich Online Chat." *Hot Hand in Sports*, September 2002.

Remnick, David. "Bob Dylan and the 'Hot Hand.' " *New Yorker*, November 9, 2015.

Rottenberg, Josh. "*The Princess Bride*: An Oral History." *Entertainment Weekly*, October 14, 2011.

Segal, Julie. "David Rubenstein's Monopoly Money." *Institutional Investor*, May 4, 2017.

Seides, Ted. "Why I Lost My Bet with Warren Buffett." *Bloomberg*, May 3, 2017.

Shen, Allan. "Renowned Mathematician and Professor Elias Stein Passes Away at 87." *Daily Princetonian*, February 5, 2019.

Silverman, Jeff. "Roundabout Director Rob Reiner Makes His Movies Work—Somehow." *Chicago Tribune*, October 4, 1987.

Singal, Jesse. "How Researchers Discovered the Basketball 'Hot Hand.' " *New York*, August 14, 2016.

Smith, Hedrick. "U.S. Exchanges 2 Russian Spies for 2 Americans." *New York Times*, October 12, 1963.

Sommer, Jeff. "Challenging Management (but Not the Market)." *New York Times*, March 16, 2013.

Stromberg, Joseph. "Scientists Dismissed 'Hot Streaks' in Sports for Decades. They Were Wrong." *Vox*, June 3, 2015.

Sullivan, Jeff. "Incredulous Responses to Bill Miller's Strike Zone." FanGraphs, October 30, 2017.

Tully, Shawn. "How the Really Smart Money Invests." *Fortune*, July 6, 1998.

Vinocur, John. "Swedish Hero Is in Soviet, Panel Says." *New York Times*, January 16, 1981.

Voss, Greg. "Sneaking Up on Success: An Interview with Mark Turmell." *Softline*, November 1981.

Wallace, Anise C. "Perils and Profits of Pension Advisers." *New York Times*, September 11, 1983.

Warren, Jamin. "Mark Turmell." *Kill Screen*, May 12, 2011.

Wolff, Alexander. "The Olden Rules." *Sports Illustrated*, November 25, 2002.

Yeh, Molly. "In Season: Sugar Beets." *Modern Farmer*, October 23, 2013.

Zimmer, Carl. "That's So Random: Why We Persist in Seeing Streaks." *New York Times*, June 26, 2014.

Zweig, Jason. "Making Billions with One Belief: The Markets Can't Be Beat." *Wall Street Journal*, October 20, 2016.

视频资料

"Bill Miller (Major League Baseball Umpire)." *Off the Lip Radio Show*, January 24, 2017.

"David Booth Interview." Index Fund Advisors, October 12, 2016.

"Dean's Distinguished Speaker Series: David Booth." Hosted by Judy Olian. UCLA Anderson School of Management, January 29, 2014.

"An Interview with the Chicago Team Who Is Investigating the Fate of Raoul Wallenberg." By Lisa Pevtzow. Jewish United Fund, April 8, 2013.

Kestenbaum, David, and Jacob Goldstein. "Brilliant vs. Boring." Episode 688, *Planet Money* (podcast), NPR, January 23, 2019.

Meedendorp, Teio. "Discovering Vincent van Gogh's *Sunset at Montmajour*." TEDx Talks, University of St. Andrews, June 16, 2014.

"Morning Session—2006 Meeting." Warren Buffett Archive, CNBC, May 6, 2006.

Ritholtz, Barry. "Thomas D. Gilovich Talks About Human Behavior." *Masters in Business* (podcast), *Bloomberg*, January 25, 2018.

"Special Episode: Sugar Beet Harvest." *America's Heartland*, January 26, 2011.

"VIP Distinguished Speaker Series: David Booth, CEO of Dimensional Fund Advisors." McCombs School of Business, University of Texas, Austin, February 26, 2013.

# 未来，属于终身学习者

我这辈子遇到的聪明人（来自各行各业的聪明人）没有不每天阅读的——没有，一个都没有。巴菲特读书之多，我读书之多，可能会让你感到吃惊。孩子们都笑话我。他们觉得我是一本长了两条腿的书。

——查理·芒格

互联网改变了信息连接的方式；指数型技术在迅速颠覆着现有的商业世界；人工智能已经开始抢占人类的工作岗位……

未来，到底需要什么样的人才？

改变命运唯一的策略是你要变成终身学习者。未来世界将不再需要单一的技能型人才，而是需要具备完善的知识结构、极强逻辑思考力和高感知力的复合型人才。优秀的人往往通过阅读建立足够强大的抽象思维能力，获得异于众人的思考和整合能力。未来，将属于终身学习者！而阅读必定和终身学习形影不离。

很多人读书，追求的是干货，寻求的是立刻行之有效的解决方案。其实这是一种留在舒适区的阅读方法。在这个充满不确定性的年代，答案不会简单地出现在书里，因为生活根本就没有标准确切的答案，你也不能期望过去的经验能解决未来的问题。

而真正的阅读，应该在书中与智者同行思考，借他们的视角看到世界的多元性，提出比答案更重要的好问题，在不确定的时代中领先起跑。

## 湛庐阅读 App：与最聪明的人共同进化

有人常常把成本支出的焦点放在书价上，把读完一本书当作阅读的终结。其实不然。

---

时间是读者付出的最大阅读成本

怎么读是读者面临的最大阅读障碍

“读书破万卷”不仅仅在“万”，更重要的是在“破”！

---

现在，我们构建了全新的“湛庐阅读”App。它将成为你“破万卷”的新居所。在这里：

- 不用考虑读什么，你可以便捷找到纸书、电子书、有声书和各种声音产品；
- 你可以学会怎么读，你将发现集泛读、通读、精读于一体的阅读解决方案；
- 你会与作者、译者、专家、推荐人和阅读教练相遇，他们是优质思想的发源地；
- 你会与优秀的读者和终身学习者为伍，他们对阅读和学习有着持久的热情和源源不绝的内驱力。

图书在版编目（CIP）数据

热手效应 /（美）本 · 科恩（Ben Cohen）著；靳清，李澍，郝思琪译 . -- 杭州：浙江教育出版社，2022.10

书名原文：The Hot Hand

ISBN 978-7-5722-2134-7

Ⅰ . ①热… Ⅱ . ①本… ②靳… ③李… ④郝… Ⅲ . ①决策学 Ⅳ . ① C934

中国版本图书馆 CIP 数据核字（2022）第 156954 号

浙江省版权局
著作权合同登记号
图字：11-2022-269号

上架指导：行为科学 / 经济学



**热手效应**

RESHOU XIAOYING

［美］本 · 科恩（Ben Cohen）著

靳　清　李　澍　郝思琪　译

---

**责任编辑：**洪　滔
**美术编辑：**韩　波
**责任校对：**李　剑
**责任印务：**陈　沁
**封面设计：**ablackcover.com
**出版发行：**浙江教育出版社（杭州市天目山路40号　电话：0571-85170300-80928）
**印　　刷：**天津中印联印务有限公司
**开　　本：**880mm × 1230mm　1/32
**印　　张：**11.125　　**字　　数：**231千字
**版　　次：**2022年10月第1版　　**印　　次：**2022年10月第1次印刷
**书　　号：**ISBN 978-7-5722-2134-7　　**定　　价：**99.90元

---

如发现印装质量问题，影响阅读，请致电 010-56676359 联系调换。